CHARLES DU BOS

EXTRAITS

D'UN

JOURNAL

1908-1928

EXTRAITS
D'UN JOURNAL
1908-1928

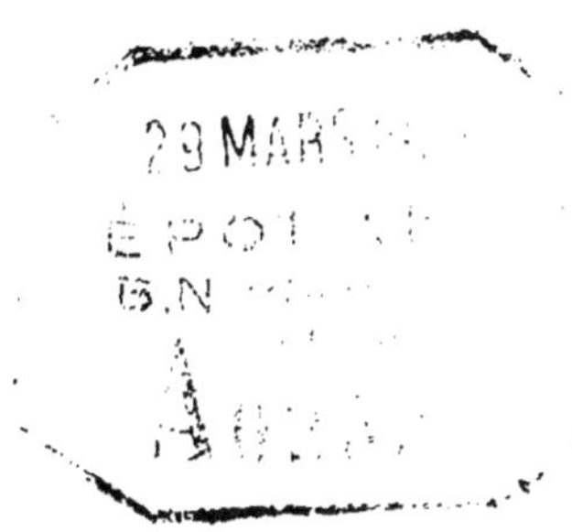

CET OUVRAGE, ACHEVÉ D'IMPRIMER LE
22 DÉCEMBRE MIL NEUF CENT VINGT-
HUIT, A L'IMPRIMERIE DE TRÉVOUX,
A ÉTÉ TIRÉ A 800 EXEMPLAIRES :
100 EXEMPLAIRES, NUMÉROTÉS DE 1
A 100 SUR JAPON IMPÉRIAL, ET 700
EXEMPLAIRES, NUMÉROTÉS DE 101
A 800 SUR VÉLIN DU MARAIS.

CE TIRAGE CONSTITUE L'ÉDITION
ORIGINALE.

EXEMPLAIRE N°

CHARLES DU BOS

EXTRAITS
D'UN JOURNAL

1908-1928

ÉDITIONS DE LA PLÉIADE
J. SCHIFFRIN, PARIS, 2, RUE HUYGHENS

Mardi 15 Décembre,
Paris, 49, rue de la Tour.

Levé à 6 heures. Achevé d'annoter les *Unterhaltungen über literarische Gegenstände*, commencé à relire *Der Tod des Tizians*, et dicté à Z. des indications pour le petit article sur Hofmannsthal. Idée d'un grand travail sur l'*état lyrique* et son expression dans la poésie moderne. Une étude sur Stefan George constituerait un centre favorable. Depuis mon initiation aux poètes anglais à Oxford (1900-1901), aux poésies de d'Annunzio, de Hofmannsthal et de George (Florence et Berlin, 1904-1905), puis, le printemps et l'été derniers, à Novalis, ces préoccupations sont toujours plus ou moins restées au premier plan de ma conscience ; — et en même temps je n'arrive à les rattacher à aucun poète français excepté Baudelaire, — le Baudelaire du *Balcon*, de la *Chevelure* et par dessus tout de l'*Invitation au Voyage*. Il ne s'agirait nullement d'un travail *historique*, mais bien d'une exploration de certaines régions obscures de la *vie spirituelle*.

A 1 heure, descendu au Louvre en tramway jusqu'à la Place de la Concorde, puis à pied à travers les Tuileries. Temps bien meilleur, un peu plus froid, mais sec : dans le ciel il y a encore lutte entre le gris et le bleu. Commencé la *Vie de Henri Brulard.* C'est la première fois que j'aborde vraiment Stendhal. En ai été empêché jusqu'à ce jour par une défiance malaisée à définir. Peut-être l'ennui des mots de lui que l'on cite, toujours les mêmes. Peut-être aussi la crainte qu'un homme aussi *moderne* ne me parût quelque peu suranné par les objets auxquels sa curiosité s'attache. Mais de ce point de vue plus qu'étroit, à la lettre absurde, j'ai définitivement triomphé cet été grâce à la lecture d'un livre dont l'auteur croit devoir gourmander sérieusement les romantiques, en particulier ce pauvre Shelley, de n'avoir pas apprécié l'art italien du XVᵉ. Et nous, comme me le disait l'autre jour Jean-Louis Vaudoyer, peut-être serons-nous en défaveur plus tard pour avoir insuffisamment apprécié l'art italien du XVIIᵉ. Qu'il est puéril de vouloir qu'un homme ait été différent, au lieu d'extraire de ce qu'il fut le maximum de substance qu'il peut avoir à nous apporter. Quelle jolie note et si juste sous sa forme humoristique que celle où Stendhal, s'adressant à 'Mes-

sieurs de la police — pour les duper certes, mais (et c'est ici l'amusant) restant sincère, restant *lui* dans le temps même où il souhaite leur donner le change — leur indique ainsi le plan de l'ouvrage : « Rien de politique dans ce roman. Le plan est : *Un exalté dans tous les genres qui, dégoûté et éclairé peu à peu, finit par se consacrer au culte des hôtels* ». A rapprocher du titre choisi par Barrès pour une étude sur Marie Bashkirtseff : *Notre-Dame du Sleeping-Car*. Stryenski a publié *Brulard* en 1890. *Sous l'OEil des Barbares* et *Un Homme Libre* sont antérieurs, mais l'influence de Stendhal a dû être considérable sur le jeune Barrès. Quelle profondeur dans ce passage du premier chapitre : « *Mais sentir le défaut d'un autre, est-ce avoir du talent ?* Je vois les plus mauvais peintres voir très bien les défauts les uns des autres: M. Ingres a toute raison contre M. Gros, et M. Gros contre M. Ingres. (Je choisis deux artistes dont on parlera peut-être encore en 1935) ». Combien de fois, en présence des défauts d'un écrivain, n'ai-je pas senti que je les eusse évités ! *Mais qui me prouve que j'aie en moi assez d'étoffe pour détenir jusqu'à la possibilité de ces défauts ?* Le talent n'est-il pas composé le plus souvent d'un ensemble de forces à l'équilibre instable, les unes supérieures, les autres *la rançon des premières*. Si l'équilibre est parfaitement maintenu, celles-ci passent à un plan où elles nous demeurent invisibles. Mais il est rare que dans l'expression écrite nous ayons plus que *les tronçons d'un beau glaive.* C'est pourquoi Stendhal dit vrai : de son point de vue propre — qui est pour lui le point de vue vital — un artiste a toujours toute raison contre un autre, et réciproquement. Cette idée m'est si familière qu'il me semble parfois comme en éprouver jusqu'au contact. Je quitte X., je retrouve Y. : X et Y ne se comprendront jamais : en toute sincérité, je crois les comprendre tous deux. Mais précisément les pénètrerais-je à ce degré si l'étoffe personnelle ne me faisait défaut ?

Cet après-midi Z... et moi sommes allés pour la seconde fois voir danser Isadora Duncan au Théâtre de la Gaîté. Le programme était le même que l'autre jour. Dès le début, émotion poignante. Nul spectacle ne m'a atteint aussi profondément par des moyens aussi nobles. La danse : « Les jeunes filles de Chalcis jouent à la balle et aux osselets sur le rivage », puis celle : « Les jeunes filles de Chalcis voient la flotte grecque au loin et dansent de joie » transportent. On réalise enfin à quoi correspond le mot : *buoyancy.* Je suis de l'avis de Charles Lœser : tout, en ces danses, est nouveau, stimulant, tonique, — et l'on y peut trouver jusqu'à un mode de philosophie qui serait l'art vivant. A côté de cette femme, dont chaque geste a l'air de dénouer ou de trancher une énigme, tous nos efforts abstraits paraissent tant soit peu nigauds. Combien Nietzsche eût été heureux d'assister à cela ! Un des secrets d'Isadora, c'est sa parfaite maîtrise du temps, je veux dire que, lent ou vif, elle n'est jamais dominée par son propre mouvement ; toujours c'est elle qui le domine. Par où s'explique le miracle du geste relié au geste suivant : tout se passe par gradations non point du tout insensibles (au contraire, en cet art, tout est rigoureusement décomposé : chaque moment est nettement marqué), mais très exactement rythmées. Isadora, fidèle à l'esthétique des vases grecs, compose en décomposant, — d'où la vigueur et la noblesse conjuguées de son art. Quand elle jette ses mains en avant, les doigts écartés, elle semble à la fois fendre l'espace et le charmer. N'est-ce pas l'attitude même que devrait avoir le philosophe en face de ses problèmes ? L'idée d'effort devrait être, je ne dis pas bannie mais, de façon appréciable, transformée : seul est permis l'effort invisible, intérieur en quelque sorte à l'acte à accomplir ; mais l'effort autour de l'acte, celui qui est tâtonnement, hésitation, désemparement visible, il faut le condamner. Le mouvement, le geste précis, sont ceux dans lesquels l'effort disparaît derrière l'expression. Les mouvements, les gestes de notre esprit devraient acquérir semblable précision. Combien plus hautement applicable à Isadora Duncan qu'aux acrobates le si beau mot de Barbey d'Aurevilly : « Ce qu'ils font avec leur corps, nous devons le faire avec notre esprit ».

A la fin de la matinée, Isadora danse sur du Moussorgski, puis sur du Chopin, et si, pour ma part, ce que je préfère à tout, c'est de la voir danser sur du Glück, je dois reconnaître qu'elle ne s'y montre pas moins étonnante. Là où elle n'a pas d'intermédiaires plastiques, elle y supplée en marquant les *piano* et les *forte* de la musique par la manière dont elle appuie plus ou moins le pied à terre, et aussi grâce aux plus subtiles différences dans les balancements des bras. Elle termine en dansant, et cette fois sans musique aucune, une scène qu'elle intitule : La Jeune Fille et la Mort, — et, privée de tout accompagnement, de pouvoir danser cela sans ridicule tient vraiment du prodige. Je commence à croire en effet qu'elle est capable de danser n'importe quoi, et que c'est elle qui a raison lorsqu'elle dit à Charles Loeser: « *I can dance that armchair* ».

1910
Vendredi 17 Juin,
Vallée du Lys, La Celle Saint-Cloud.

En revenant de Paris, par le train, à propos de l'article si médiocre de X., je dis à Z. combien je suis frappé
du fait qu'un homme aussi intelligent puisse ajouter à
ce point créance à la vérité d'idées si construites. J'en
reviens toujours au mot (à mon gré le plus profond de
tous) de Benjamin Constant observant que « sur toute
question il avait toujours *une idée de plus* qui dérangeait
tout » : l'expression est d'autant plus juste que, dans une
discussion par exemple, la façon dont la plupart des
gens échafaudent leurs arguments évoque le dispositif
de deux armées en bataille avec leurs troupes symétri-
quement ordonnées : les arguments qui s'opposent l'un
à l'autre ont même force, même calibre, même volume
de telle sorte qu'on hésiterait à hasarder un pronostic si
d'avance on ne se désintéressait d'une lutte à tel point
artificielle et vaine. Dans le cerveau humain, on dirait que

sont logés un inconscient besoin de symétrie, une obscure
préoccupation d'art qui viennent maladroitement et prématurément cristalliser les formes si fluides de la vie spirituelle. (Il me semble que chaque fois que l'on donne le
plus petit coup de sonde on éprouve la difficulté qu'il y
a à réconcilier la manière de voir *psychologique* et la
manière de voir *esthétique*).

Il n'est guère de problème plus mystérieux et plus
gros de conséquences que celui des rapports de l'intelligence et de la volonté dans l'élaboration d'une œuvre
littéraire. Il n'y a pas d'erreur plus grave que de croire
que l'intelligence continue à être intéressée pendant
toute la durée du travail : le plus souvent, même dans
des œuvres qui ne sont aucunement méprisables, parfois
dans des œuvres qui *passent* pour grandes, l'intelligence
n'a fonctionné que tout au début, au moment de la conception : à ce moment, l'écrivain fait ce qu'il appelle
« son plan », c'est-à-dire trace à l'avance un certain nombre de cadres qui seront remplis par la volonté. Des esprits que l'on pourrait appeler *les encadreurs* : Y. et en
général presque tous les critiques contemporains; à l'exception de Bergson, la plupart des philosophes contemporains me paraissent, eux aussi, dans ce cas : ils tra-
cent autour de leur sujet, avec un soin minutieux, une
ligne comparable à celles qui séparent les pays sur les

cartes de géographie, et une fois qu'ils ont marqué, repéré les délimitations, ils se gardent bien de s'aventurer
à l'intérieur. Sainte-Beuve disait déjà en son temps (mais
dans un sens un peu différent, car il pensait à la documentation historique plutôt qu'à l'approfondissement
psychologique) : « Ceux qui en tous sujets ont par l'éloquence une grande route toujours ouverte se croient dispensés de fouiller le pays. »

Il ne s'agit pas bien entendu de poser entre l'intelligence et la volonté une distinction tout abstraite et arbitraire. Ce qui donne à l'intelligence tout ensemble son
poids et son allant, c'est une substructure volontaire dont
elle n'a même pas, et ne doit pas avoir, conscience ; mais
l'erreur, c'est de croire qu'une fois que l'intelligence l'a
mise en mouvement, lui a, sous les espèces du fameux
« plan », livré si l'on peut dire le *mot*, la volonté puisse
suffire à assurer la suite du fonctionnement. Ce serait
une importante tâche critique que d'étudier dans les œuvres littéraires ces rapports de l'intelligence et de la volonté. Toute phrase qui n'ajoute rien à la précédente
(ou, plus subtilement, qui n'y ajoute que par un de ses
membres) est un empiètement illégitime de la volonté sur
l'intelligence : à cet égard il faudrait scruter de très près
la notion de *développement* et celle de *paragraphe* : là
encore nous constaterions que le point de vue psycholo-

gique et le point de vue esthétique vont sans cesse à l'encontre l'un de l'autre. Dans une œuvre littéraire chaque parcelle de la matière traitée *must have been fused*, et c'est cette fusion qui ne s'obtient jamais quand la volonté seule est au travail. Il y a entre les deux conceptions un peu de cette différence magistralement établie par Bergson entre le temps extérieur et le temps intérieur, entre l'espace et la durée. Le mouvement véritable, quel qu'il soit, le mouvement d'une pensée créatrice aussi bien que le flux de la conscience individuelle, ne s'obtient jamais qu'en se mettant soi-même à l'intérieur du mobile ; — et c'est pourquoi, quand il est *véritable*, lui aussi, l'écrivain suit le pas de sa propre pensée au lieu de prétendre à la régler du dehors.

1910
Lundi 21 Novembre
Paris, 49, rue de la Tour.

« L'indice qu'il s'agit d'une œuvre divine et non humaine, c'est que l'homme, en agissant, fait non ce qu'il désire faire, mais ce qu'il ne peut pas ne pas faire ».

Tolstoï, — Lettre au Docteur Makovitsky, — 10-22 février 1895 (cité par *Le Matin* dans un article consacré à sa mort).

En ce jour si triste, si tragique même, parmi les témoignages dont les journaux débordent (et dont certains sont vraiment beaux), rien cependant ne nous a atteints — atteints en plein centre — comme cette phrase de Tolstoï lui-même, et dont la profondeur de beauté morale, transposée dans le monde de l'esprit, se trouve contenir la meilleure définition qui, à ma connaissance, ait jamais été donnée du génie. *Le génie, c'est essentiellement ne pas pouvoir ne pas faire.* — Et comme cette définition s'applique au génie de Tolstoï ! Tolstoï lui-même n'a peut-être presque jamais fait ce qu'il désirait, mais il ne pouvait pas ne pas faire *Guerre et Paix* et *Anna Karénine.*

20

1911
Vendredi 17 Novembre.
Paris, 49, rue de la Tour.

Je reprends ce matin *Hedda Gabler*. Je n'avais pas
relu la pièce — ni d'ailleurs rien d'Ibsen — depuis Berlin (novembre 1904 ou février 1905), époque où je l'avais
vu jouer par Madame Duse — de qui d'ailleurs, à mon
sens, c'était peut-être le plus beau rôle. — Une des trou-
vailles d'Ibsen dans cette pièce, c'est d'avoir fait du mari
philistin *ein Privatdozent der Kulturgeschichte*. Combien de fois Hedda ne lui reproche-t-elle pas d'être un
Fachmann ! Il y a quelque chose d'encore plus irritant
dans le *Fachmann* quand son domaine est intellectuel,
quand il a la réputation universelle d'être préoccupé de
la vie de l'esprit, — et qu'on sent pourtant que la vie
véritable de l'esprit lui est totalement étrangère. Une
femme comme Hedda ne peut pas ne pas sentir cela très
vivement, et en souffrir plus que si son mari était simplement le médecin du bourg d'Yonville : Charles Bova-
ry. — Rien n'est plus faux que l'idée que l'esprit français se fait d'Ibsen, ni plus divertissant que les limites
dans lesquelles il prétend l'enfermer. Il réduit la pièce

à un squelette théorique, à un extrait d'idées, puis il se retourne contre cet extrait et dit : Voyez comme c'est peu de chose ! Chez Ibsen au contraire, rien d'un dramaturge français. Le théoricien, c'est à Paris qu'il faut le chercher : on le trouvera partout. Rien ne réjouit et ne dilate physiquement le Français autant que la petite phrase générale : il s'en sait un gré infini. Chez Ibsen tout s'opère peu à peu. L'essentiel pour lui, c'est une certaine *Heimlichkeit* de l'atmosphère dans laquelle baignent les actions et les paroles des personnages: de cette *Heimlichkeit* elles demeurent si imprégnées que, même quand elles retentissent, elles ne détonnent jamais. Tout chez Ibsen est lent, graduel, tamisé : les propos n'y ont jamais ce *froid*, cette crudité comme sculpturale qu'ont les propos dans les pièces sérieuses des dramaturges français contemporains. La pensée d'Ibsen, si audacieuse soit-elle, préfère toujours l'expression que la vie a déjà préparée en l'habitant.

Mardi 3 Décembre,
Paris, 49, rue de la Tour.

Sorti un instant ce matin par un temps merveilleux :
ciel bleu pâle, air vif, stimulant. Commencé dans la
Revue Hebdomadaire du 23 novembre *La Colline Inspi-*
rée de Maurice Barrès. Comme je comprends que la plupart des gens avouent avec sincérité qu'ils trouvent cela
très ennuyeux ! Rien n'est plus ennuyeux que ces livres-
là pour tous ceux qui ne prennent pas à la beauté de la
phrase, au grand art d'écrire, un intérêt et un plaisir
exceptionnels. Mercredi dernier, à goûter ici, je disais
à Madame M., un peu agacé de l'entendre se plaindre de
l'ennui de *La Colline Inspirée* : « Les très belles choses
ne sont pas nécessairement amusantes ; Chateaubriand
aussi est ennuyeux en ce cas. » Je n'avais pas encore
commencé *La Colline Inspirée* et je ne savais pas combien ce que j'avançais là à tout hasard, et par mauvaise
humeur contre les gens qui veulent toujours être diver-

tis, était vrai. Barrès, dans la seconde partie de sa vie,
est de plus en plus près de Chateaubriand. Ce sout les
deux grands écrivains français qui tendent sans cesse
vers la haute généralité parce qu'elle est à la fois la matière et la condition de l'art le plus altier, — d'un certain
art souverain, définitif, intemporel, qui vous donne la
sensation qu'une chose est dite une fois pour toutes. Dès
que j'ai commencé à venir à Chateaubriand, en lisant
René à haute voix avec Z. (janvier 1911), j'ai tout de suite
senti combien le lieu commun fixé pour l'éternité était
la beauté essentielle et singulière de cet art. (Et naturellement, comme toujours, l'éternité de la forme enlève au
lieu commun son caractère de redite, « le place dans son
plus beau jour » (Vauvenargues sur Pascal), dans un
nouveau et comme dans son premier jour, de sorte que
nous avons l'émotion de découvrir un noyau lumineux là
où nous rejetons d'habitude une cosse vide.) Un tel art,
qui n'admet que des matériaux intemporels eux aussi,
qui renonce à tous les agréments, à tous les attraits *mi-
neurs*, — qui n'accueille ni la surprise ni la familiarité,
— qui est constamment *soutenu* (ses ennemis diraient
tendu), a besoin de ressources plus grandes et plus va-
riées qu'aucun autre. Il les trouve avant tout dans sa
syntaxe. De jour en jour la variété syntaxique m'apparaît davantage comme une des cîmes, peut-être conme

la cime la plus importante de l'art d'écrire. (V. cahier consacré à Alfred de Musset : notes du 4-5 décembre 1910). C'est elle qui donne à une page de Chateaubriand ou de Barrès la beauté si complexe, si savante et si sûre du plus beau dessin ornemental. La variété de la syntaxe fait qu'il n'y a plus dans la prose de ces phrases de transition sacrifiées, — sur lesquelles on passe, comme par une convention tacite, une loi non écrite du goût, à cause de ce qui précède et de ce qui suit : de tout, une syntaxe variée peut faire quelque chose, même de rien, même de ces jointures qui n'existent que pour le sens. Et ce n'est pas une valeur uniforme qu'elle donnera aux phrases : bien au contraire, c'est elle qui permet les délicates différences de relief, qui marque la différence des plans. Elle a vraiment toutes les qualités de l'arabesque dans l'art décoratif, de cette arabesque qui, par sa seule vertu, aux mains d'un artiste adroit, fait qu'il n'y a jamais dans le motif de parties mortes. C'est l'art dans la plus haute acception du mot, mais l'art seul qui amène un Chateaubriand ou un Barrès à cette généralité : c'est ce qui les rend si distants d'un Bossuet ou d'un Pascal chez lesquels la généralité est un besoin de sincérité intérieure, un besoin religieux et moral. Au lecteur superficiel, l'effet produit peut sembler le même ; mais, à vrai dire, ce sont deux sources aussi éloignées que possible, même si l'embouchure a l'air de les confondre. Un Chateaubriand, un Barrès ne sont tout à fait grands que dans les moments où leur style les porte à une hauteur où leur personne, abandonnée à elle-même, ne saurait se maintenir, qu'elle ne saurait même atteindre. Aussi, dès que la personne réelle intervient directement, elle dérange, elle rompt quelque chose : il y a comme une disproportion choquante entre la beauté de l'expression et cette personne : c'est comme si l'apparition brusque du visage déchirait le voile du temple, l'étoffe précieuse. Cela n'apparaît qu'assez rarement chez Barrès, sa personne étant présente d'une manière constante surtout dans les premiers livres, dans ceux où son style ne rejoint pas encore sa plénitude. Dans ses derniers livres au contraire Barrès introduit sa personne avec un tact, une adresse de grand artiste, à tel point que souvent il renforce l'effet par cette présence au lieu de le détruire. (Il y a néanmoins des exemples du contraire, surtout dans le premier en date des livres que je vise: *Du Sang, de la Volupté et de la Mort.* Z. (été 1911) m'a signalé plus d'un exemple où Barrès lui-même, par sa personne rappelée. imprimait une légère morsure à une très belle page). Mais chez Chateaubriand, surtout dans les *Mémoires d'Outre Tombe*, cela est constant ; et c'est ce qui fait que même maintenant où j'aime tant Chateaubriand, jamais les *Mémoires* ne me donnent la moitié du plaisir de *René* ni surtout d'*Atala*. J'ai refait l'expérience cet été : quand Chateaubriand parle à la première personne, le prestige si plein d'*Atala* se dépouille pour moi de son contenu imaginatif, de sa beauté de sentiment ; la nostalgie, un certain bien-être comblé s'évanouissent, il ne reste plus que l'admiration, le prestige est purement verbal. Il en va toujours de même pour moi avec un écrivain qui n'est à aucun degré *intime*. Qu'il y aurait de choses à dire sur les écrivains intimes et ceux qui ne le sont pas ! C'est l'an dernier quand j'ai relu les *Pages sans Titre* et le *Journal* de Maurice de Guérin (octobre 1911) que j'ai tout à fait senti ce qu'est l'*intimité* dans l'œuvre littéraire. Maurice de Guérin a un accent, rend un son tout intérieurs, tout intimes : le rapprochement que l'on a fait parfois entre Chateaubriand et lui est tout de surface. Il ne vaut que dans la mesure où il montre que dans les mondes même où se déploie l'imagination d'un Chateaubriand, l'*intimité* est possible puisque nous avons les *Pages sans Titre*, *Le Centaure* et *La Bacchante*.

J'ai eu grand plaisir à trouver, mercredi soir, 4 décembre, après avoir écrit ces pages, dans la *Nouvelle Revue Française* du 1er décembre, des observations très analogues de Thibaudet au sujet du *Gustave Flaubert* de Louis Bertrand. A propos du style des *Martyrs* et de *Salammbô*, il dit : « Style d'artiste, style qui est l'art pur plus que l'homme même et dans lequel l'homme cherche, au lieu et au contraire d'une expansion et d'une confidence, un départ, un alibi. Style toujours distant, et sur lequel l'intention demeure comme une lumière qui lui est propre, formellement présente. Style qui crée les objets avec sa propre matière, plutôt qu'il ne les suscite en une vision où ils apparaîtraient par eux-mêmes, détachés de lui. Style physique, qui vit par son « goût de chair », qui exige, pour les transformer en sa substance, une abondance incessante de sensations ». Et plus loin : « C'est précisément le rôle de Chateaubriand et de Flaubert que d'avoir renversé la formule classique, et de nous avoir fait dire à leur sujet : « L'homme, c'est le style ».

Samedi 28 Décembre,
Paris, 49, rue de la Tour.

Devant la photographie du portrait d'Antonio Brocardo, par Giorgione (Musée de Budapest). — Nul artiste au
même degré que Giorgione ne me donne la sensation
d'avoir accompli ce passage de l'émotion à la forme qui
m'apparaît comme le problème central de l'œuvre d'art.
Rien ici, de l'émotion, ne s'est perdu dans le passage :
tout entière elle est devenue forme. L'art souverain est
une incarnation : c'est le mystère profane correspondant
au mystère sacré. De même qu'on ne peut concevoir que
Dieu se révèle à nous d'une manière plus belle que par le
Mystère de l'Incarnation, de même on ne saurait imaginer pour l'artiste une plus haute et plus complète mani-
festation de sa personne que cette incarnation de l'émotion en forme. Les artistes dans l'œuvre desquels l'opération s'accomplit jusqu'au bout sont très rares. Giorgione a ceci d'unique que — dans le portrait de Buda-

pest comme dans celui de Berlin, dans la *Vénus* de Dresde comme dans le tableau Giovanelli, et non moins dans notre *Concert Champêtre* — tout est émotion « informée », — non seulement les visages, mais les cheveux, les mains, les vêtements et jusqu'aux parapets. Chez d'autres très grands artistes — parfois chez un Poussin, par exemple — une partie de l'émotion demeure errante sur la toile. Giorgione allie la grandeur de la forme à des proportions qui n'ont jamais rien de démesuré : grandeur parfaitement naturelle, adéquate : proportions nulle part « agrandies », ainsi qu'il advient quelquefois même dans les œuvres de maîtres indiscutables. Comme j'aime les étoffes des vêtements dans les portraits de Budapest et de Berlin ! Epaisses, on devine avec quel luxe secret elles sont doublées : elles s'offrent au regard avec je ne sais quoi de large et de noble: mates et quadrillées, elles dégagent un parfum viril. Le visage d'Antonio Brocardo : une eau précieuse, unie et de quel poids, qui affleure au bord de la coupe.

1913
Jeudi 17 Juillet
Carlsbad (Villa Silva).

Et erit tanquam lignum, quod plantatum est secus de-
cursus aquarum : quod fructum suum dabit in tempore
suo.

Et folium ejus non defluet : et omnia quæcumque fa-
ciet, prosperabuntur.

Psaume I, 3-4.

En marge du *et folium ejus non defluet,* saint Augustin inscrit ce commentaire : « Une feuille ne tombe point
quand on ne fait et ne dit rien de mal à propos ». Remarque d'une profondeur magique, et due à la justesse poignante de l'image, à sa puissance de suggestion. Toutes
les fois, non seulement que l'on fait ou que l'on voit faire
un acte, mais que l'on dit ou que l'on entend dire une
parole mal à propos, il semble que l'on perçoive le vol
oblique et languissant d'une feuille qui se détache, et

31

s'abat sur le sol où elle demeure gisante. La parole proférée (même si c'est un autre qui l'a proférée), on se sent plus pauvre et plus gêné, pauvre à la fois de la possibilité qu'elle enlève et de la petite chose qu'elle a mise à la place, et qui est là sous nos yeux, dans nos oreilles, qui survit et paraît exister, opaque et niaise. Tant que nous nous refusons à commettre ces actes, à prononcer ces paroles, nous sommes comme protégés par une épaisse frondaison ; mais dès que quelqu'un d'entre nous s'y abandonne, nous éprouvons en un frisson notre dénûment intérieur. Là réside sans doute le motif de ma croissante impossibilité à dire ou à entendre dire des choses sur les gens, à les juger ou à les entendre juger d'un de ces jugements courts, dénigrants et hargneux qui me font toujours songer au recul dégoûté d'un animal devant un mets. Ces paroles, ces jugements, je les regrette tant que je voudrais pouvoir les effacer avec une éponge comme la craie sur le tableau noir.

1913
Vendredi 21 Novembre,
Paris, 49, rue de la Tour.

Chez La Bruyère l'expression — d'une beauté comme
soulignée — déborde légèrement la pensée rien que par
la façon dont elle appuie sur elle. Elle a souvent quelque
chose d'un peu « trop », — riche à l'excès, telles certaines lignes, certains motifs d'architecture : elle n'est pas
strictement coextensive à la pensée, ainsi que chez les
prédécesseurs de La Bruyère, ou, après lui, chez Vauvenargues. On ne s'en aperçoit pas d'abord, parce que ce
« trop » (que je ne saurais mieux comparer qu'aux pleins
dans les modèles des cahiers d'écriture) ne détruit en rien
la précision, la parfaite propriété des termes. C'est une
pléthore du muscle. L'expression chez La Bruyère est
libre. — à la manière d'un muscle qui s'exerce à ses mouvements naturels. Mais comme les jeux des muscles sont
avant tout des jeux serrés, cette libération n'entraîne nul
relâchement, bien au contraire. Le muscle cependant,
sans être en rien séparable du corps même de la pensée,
est sensible ici par une sorte de saillie, par je ne sais

quel luxe de vigueur, une force un peu en mouvement qui circule comme une sève à travers tout le paragraphe.

En La Bruyère, le dernier venu de l'âge classique, les qualités à la fois les plus souterraines et les plus consubstantielles de cet âge sont arrivées à la conscience, — et le chapitre *Des Ouvrages de l'Esprit* promulgue les lois jusqu'alors non écrites dont l'application a fait la grandeur d'écrivain d'un Pascal, d'un Bossuet, d'un La Rochefoucauld, d'un Bourdaloue. Mais, comme il arrive parfois aux esprits pleinement conscients des qualités de l'âge qui les a précédés, la conscience même— surajoutée à ces qualités — les mue en quelque chose de très différent, parfois de tout contraire ; et souvent les esprits qui semblent le couronnement dernier d'un style sont ceux-là mêmes dont l'œuvre, sans qu'ils l'aient en rien voulu, inaugure un art, un style nouveaux. C'est ainsi que La Bruyère, qui a rédigé la plus complète rhétorique classique, est, en un certain sens très important, le premier en date des écrivains modernes. Il l'est parce que chez lui l'expression atteint à une vie intrinsèque, une vie déjà d'une intensité supérieure à la pensée qu'elle est chargée de rendre : origine de l'autonomie du style. Je relis à haute voix le portrait de Pamphile (*Des Grands*) : c'est vraiment là le style même.

1914
Mardi 31 Mars,
Paris, 49, rue de la Tour.

Comme Z. me relisait ce matin dans les *Soliloques* de
saint Augustin le passage suivant : « Vous ne voulez pas
que je cherche mon plaisir dans la suavité des fleurs et
des parfums, donnez-moi donc, pour ainsi dire, un nouvel odorat pour sentir l'odeur de votre vie divine, et pour
en chercher en vous et l'essence et les douceurs. Vous
me défendez de chercher ma félicité dans la délicatesse
des vins et des viandes, donnez donc à mon âme le goût
de votre sagesse, afin qu'elle connaisse par quelque sorte
d'expérience les douceurs infinies que vous préparez à
ceux qui vous craignent d'une crainte mêlée de respect
et d'amour », je lui disais : Il semble qu'il y ait chez
saint Augustin une délicatesse suprême qui l'incite à pa-
rachever et comme à caresser par l'expression les choses
dont il faut qu'il se détache au moment même où il va
s'en détacher. Le cercle à l'intérieur duquel il se meut

est toujours à tel point le cercle le plus large possible qu'accompli par lui, nul mouvement ne paraît jamais étriqué, ne revêt jamais le moindre caractère d'*antinomie*. Le détachement même est chez lui un mouvement qui a la douceur d'un mouvement floral. C'est qu'emplie tout ensemble de ferveur et d'ingénuité, lorsque son âme quitte un objet pour un autre plus hautement situé, elle sent d'un instinct sûr qu'elle retrouvera dans l'objet plus élevé le meilleur et l'essence de l'autre, avec toujours quelque chose de *plus*, — un *plus* qui vient et du nouvel objet et de son nouvel état. Cette certitude d'un accroissement sans rupture véritable confère à tous les gestes de saint Augustin — et non moins au détachement — la noblesse la plus aisée. Saint Augustin se détache des fleurs par un sentiment analogue à celui par lequel Parsifal les découvre sur la prairie.

Nous étions si attirés par Holbein aujourd'hui — à la suite de notre travail sur les notes concernant l'Estérel — que nous sommes allés feuilleter chez Giraudon les excellentes reproductions à la sanguine des dessins de Windsor. Dans beaucoup d'entre eux nous avons retrouvé ce côté cristal de roche et diamant qui nous frappe si souvent chez Holbein, — dans celui de Lady Vaux et plus encore dans celui de The Marchioness of Dorset.

L'art de Holbein, c'est l'extase de l'esprit en tant que faculté ; — l'art des linéaments ne saurait être poussé plus
loin. Combien il est satisfaisant qu'Holbein ait vécu pendant la maturité de son génie en Angleterre ! Où eût-il
trouvé ailleurs ces visages si beaux et si vacants, — si
disponibles pour l'artiste, — ces visages dans lesquels
l'expression transitoire, subjective, ne vient jamais contredire, déchirer, fausser l'ovale au repos ? De tels visages deviennent, grâce à Holbein, les lieux où se manifeste l'esprit. L'expression, jamais errante, se fixe toujours sur une ligne ; — soit qu'elle perche comme un
faucon au fond des yeux de Lady Audley, soit qu'elle
anime et gonfle la narine de Lady Vaux. Les autres
traits circonviennent, avec quelle largeur souveraine, le
caractère pour ainsi dire impersonnel du modèle, — ce
qui est en lui une variété de l'Homme ou de la Femme
plutôt que de John Fisher ou de Lady Audley.

Toutes les fois que je lis Bourdaloue, j'ai la sensation, beaucoup plus rare qu'on ne le croit communément, de voir fonctionner devant moi la pensée à l'état pur : la chaleur naît lentement et progressivement de la continuité de la pensée même. Il y a chez lui, selon l'expression toute faite et très bien faite, une chaleur de raisonnement. Le sentiment chez Bourdaloue, c'est la température la plus élevée de la pensée. J'ai noté plusieurs fois quelque chose d'analogue dans les sermons de l'Abbé Vignot, le seul vraiment grand prédicateur que j'aie jamais entendu : presque toute la première partie du sermon est faite de phrases délimitées avec une netteté froide et dans lesquelles la pensée paraît pour ainsi dire surveillée ; puis, à mesure que le sermon avance, la pensée se resserre, — et il semble que serrer sa pensée et en dégager le calorique soit chez l'orateur une seule et

même opération. Telle est l'émotion à la fois pressante
et pure — engendrée directement par l'esprit avec un
minimum d'intervention ou de déformation apporté par
la personnalité — qu'un Bourdaloue, qu'un Abbé Vignot
communiquent à leurs lecteurs ou à leurs auditeurs.

Bourdaloue est le plus expert des chirurgiens moraux. Entre ses mains, l'argument vaut le meilleur bis-
touri. Tous les temps de l'opération sont marqués : un
ordre, une sûreté, jamais un oubli. Comme le grand chi-
rurgien, il semble ignorer la lassitude, l'atonie, le dégoût devant la besogne. En lui la conviction a toujours
tellement raison, d'une raison impersonnelle, sans que
Bourdaloue semble rien y pouvoir, — et c'est cela qui
est un si beau spectacle : — le contraire de celui que donnent les gens chez lesquels c'est la personnalité qui veut
toujours avoir raison : même quand elle l'a en effet, nous
ne pouvons nous défendre d'une certaine irritation, et
d'un sentiment de monotonie et d'opacité.

Je regardais ce matin avec Z., dans le volume de reproductions de gravures d'après Watteau que je lui ai
donné hier, le portrait de Watteau par Boucher (dessin
du *Musée Condé* à Chantilly), et je lui disais combien
les mains de Watteau ont une grandeur délicate dans la
préhension des objets : il semble que les objets deviennent conducteurs de quelque électricité sous ses doigts,
et que ceux-ci vibrent de ce ravissement répété que donnent les sensations du toucher : chez Watteau, c'est un
ravissement nerveux au sens le plus haut, le plus spirituel du terme. Tout est si finement innervé dans l'art de
Watteau (surtout dans les dessins) ; et il existe un rapport obscur, mais certain, entre cette innervation et la
spiritualité très spéciale de son œuvre de dessinateur.

Je ne puis détacher les yeux de ce portrait. Ce n'est pas
seulement dans les mains, mais dans la tête, l'attitude,

le vêtement que je sens une vie nerveuse d'une qualité unique, parce qu'elle est toute grandeur, — alors que presque toujours la vie nerveuse visible rapetisse le modèle représenté aussi bien que le personnage vivant. La vie nerveuse de Watteau, c'est la race même dans ce qu'elle a de plus inaliénable. Vers quoi tend tout l'art d'un Van Dyck ; mais il n'y put parvenir parce que (surtout dans les portraits d'homme) il avait de la race une représentation toute matérielle, — ou, du moins, à point de départ exclusivement matériel. Les moins bons portraits d'hommes de Van Dyck sont des portraits d'hommes de cercle. Son infériorité vient de là, — qui à son élégance même trace des limites : il croit trop qu'il suffit de veiller aux attaches.

Les visages de Watteau atteignent ainsi à une saturation nerveuse, ce qui est un cas pour ainsi dire sans analogue, — la saturation dans l'œuvre d'art naissant le plus souvent d'un poids uni, d'une unification par la plénitude. Chez Watteau, ce sont les accents et les ombres qui joignent à une vivacité, à une individualité qu'on n'a jamais surpassées, un air de famille, d'une noblesse quasi sourcilleuse — tous tributaires d'un système nerveux sensible jusqu'à la spiritualité.

Lundi matin 22 juin,
Musée des Arts Décoratifs. Collection Moreau-Nélaton.

Je suis venu revoir certains dessins de Corot pour
contrôler ma sensation d'une parenté entre Corot et Bergson. C'est le dessin de Corot représentant Castel Saint
Elie (vente Henri Rouart, décembre 1912) qui m'avait
suggéré ce rapprochement un matin où Z... me relisait
les premiers paragraphes de l'*Essai sur les Données Immédiates de la Conscience*. J'ai relu en me promenant
hier entre le goûter et le dîner les quinze premières pages, et je sens une affinité véritable. J'ai noté bien des
fois la tendresse avec laquelle Corot manipule, manie,
modèle la nature : Bergson procède avec la même tendresse à l'égard de la pensée. Tous deux, pleins à la fois
de respect et de précaution, épousent leur matière, loin
de la contraindre ou de la tordre en quoi que ce soit.
C'est le même modelé doux, — l'impression générale
obtenue par touches successives qui sont autant d'appro-

ximations délicates. La nature et la pensée sont lentement investies, sur plusieurs points successifs ; — et toutes deux obéissent à cette persuasion et la récompensent. Il y a chez Bergson et chez Corot un tel mélange de tendresse, d'humilité et de respect qu'ils ne font rien en vue du style : il n'y a jamais dans leur œuvre ni griffe, ni accent, ni raccourci : ils ne sauraient concevoir aucune déformation, même légitimée par l'art. Et pourtant le style s'est posé sur tout ce qu'ils ont fait, — revêtant le dessin, le tableau, la page, de cette unité plane, étale et supérieure qui n'est faite d'aucun sacrifice. Le dessin de Titien (coll. Bonnat) en ce moment à l'exposition des peintres de Venise, que j'avais rapproché de certains dessins de Corot, accentue à peine le trait, — mais, si légère que soit cette accentuation, c'est là que gît la différence.

Ici c'est l'admirable dessin à la plume de Cività Castellana 1826 (n° 109) qui est le plus caractéristique. Aussi les dessins d'arbres 110 et 111. Corot est tellement à l'intérieur de ce qu'il rend, — c'est ce qui explique que l'on ne sente jamais davantage l'émotion et la tendresse que dans les lignes si justes, si pures, si flexibles de ces arbres d'un rendu si exact et si précis qu'il semble impersonnel : dans cette impersonnalité-là, — que ce soit celle de Corot dessinant un arbre ou de Bergson suivant

une pensée, — l'émotion et la tendresse coulent comme
une sève naturelle, — et rien mieux que cette imperson-
nalité ne révèle la personnalité la plus haute comme en
transparence.

Les lignes de Corot indiquant les ondulations, les mouvements du sol (en particulier 110) ; certains paragraphes de Bergson qui s'arrondissent autour d'une vérité.

Dans des dessins comme le 112, sensation si directe de
la Dryade dans l'arbre, surtout aux points de flexion et
aux racines d'oliviers.

1914
Dimanche matin 28 Juin,
Vallée du Lys. La Celle Saint-Cloud.

Onze heures du matin: c'est le temps éclatant de Keats.
J'écris ces lignes assis dans l'allée des lys. Cette nuit les
premiers ont poussé, — et ce matin la propriété justifie
vraiment son nom : La Vallée du Lys. Il n'y a pas de
fleur que j'aime autant ; c'est la fleur du Jour, avec le
sens épanoui, resplendissant qu'a ce mot pour tous ceux
qui vont mourir ou que menace la mort, pour une Iphi-
génie et pour un Joas.

Rien ne révèle plus hautement que le lys combien dans
sa plénitude la pureté est vigueur et joie. La pureté qui
remplit tout son disque, — voilà ce dont le lys est l'image : l'impureté est une mutilation.

Dans la chair du lys quelle épaisseur sans lourdeur
aucune : une épaisseur immatérielle. Je songe à ce que
Z. disait de Keats : chez lui l'élément immatériel sort
toujours de l'élément nourri. Dans le lys, comme dans

la poésie de Keats, cette alliance — d'un tel prestige —
de l'épaisseur et de l'allégresse.
A la surface de la chair, « un givre invisible descend »
Leur parfum : un vol de miel ; Keats, là encore.
Et toujours il faut penser à l'adjectif : joyeux.

Jeudi 12 Avril,
Paris, 15, Avenue d'Eylau.

J'ai repris beaucoup de Sainte-Beuve (*Lundis et Nouveaux Lundis*) ces dernières semaines. Combien de fois n'ai-je pas déjà éprouvé qu'il n'y a pas de lecture plus agréable dans les moments où l'on est trop souffrant pour pouvoir écrire ! C'est tout ensemble la nourriture la plus substantielle et la moins pesante. Les articles de Sainte-Beuve sont tout digérés — par lui-même. La matière à traiter n'a jamais été plus parfaitement assimilée que par lui. C'est le verre d'eau bu à la source. L'esprit goûte je ne sais quelle délicate accélération de ses facultés intellectuelles, — *a subtle exhilaration of the mind.* Un *Lundi* de Sainte-Beuve agit sur l'intelligence comme un appel discret, mais persuasif, — d'autant plus stimulant qu'il est plus insidieux : le jeune chien flaire la piste et s'y engage avec alacrité. Nous avions causé de Sainte-Beuve, Gide et moi, en février ; je lui avais dit que je considérais les *Lundis* comme son moment de perfection, que dans les *Nouveaux Lundis* je sentais la sécheresse d'un jugement peut-être trop définitivement fixé et arrêté. Quand Gide est revenu me voir — mardi 27 mars — il m'a dit qu'il n'était pas tout à fait de mon avis, qu'ayant relu un peu des deux séries, il mettait les *Nouveaux Lundis* plus haut, précisément à cause de la part plus grande faite au jugement. J'ai voulu alors vérifier mon impression, j'ai repris les *Nouveaux Lundis* (II, IV, V) et les *Lundis* (II, VIII), et mon impression s'est au contraire fortifiée : elle a atteint son point culminant hier au soir en relisant l'article sur Malherbe et son école, *Lundis* (VIII). L'article est accompli d'un bout à l'autre, mais il y a une page, page 73 : « Le ton de Corneille est déjà trouvé... » qui est un chef-d'œuvre de prose française. Les plus belles pages des *Lundis*, c'est la justesse dans l'efflorescence : la pensée serpente comme ces teintes délicates dont certains marbres sont veinés.

1917
Lundi 30 Avril,
Paris, 15, Avenue d'Eylau.

Il y a bien longtemps que je n'ai plus écrit une ligne.
Je suis toujours aussi souffrant, et mon état ajoute encore à mon éternelle absence de premier mouvement, de
propulsion à écrire. Si le génie, comme je l'ai écrit au
moment de la mort de Tolstoï (cahier Tolstoï) en trans-
posant un peu une de ses paroles, consiste avant tout à
ne pas pouvoir ne pas faire, j'en suis singulièrement dénué. J'essaie de tendre le peu de volonté que je possède
vers l'acte d'écrire, et au moment de prendre la plume
tout se détend : une faiblesse physique réelle, — mais
qui sitôt perçue devient un motif d'excuse, — engourdit
et noue ma pensée : je suis alors la proie docile d'une
sorte de vertige métaphysique par quoi j'assiste au dé-
roulement d'une durée sur laquelle je ne puis rien : elle
est en moi pourtant cette durée, elle est mienne, et c'est
comme si elle coulait à côté de moi, parallèlement à moi.

La liberté même que dans son atonie mon esprit préserve lui nuit et renforce moins impuissance : elle engendre cette hésitation intérieure le long de laquelle, comme sur une pente trop facile, des idées successives ou même simultanées dévalent pour se perdre dans je ne sais quelle eau stagnante. Pendant tout le temps que se prolonge cet état, il règne en moi une opacité que rien ne transperce ni n'éclaire.

Je suis résolu à m'imposer la discipline la plus stricte
en ce qui concerne mes lectures. Personne n'a lu moins
de livres que moi d'un bout à l'autre, et personne n'a
plus voluptueusement cédé à la tentation d'en commencer vingt à la fois. Je n'ai pas en ce moment le *Journal*
de Vigny sous la main, mais je me souviens qu'il y dit
ceci ou quelque chose d'approchant : « Je ne peux plus
lire que les livres qui font travailler mon esprit. J'aime
labourer ». Le grand danger pour moi, c'est que tous les
livres font travailler mon esprit, et les mauvais non
moins que les bons. Pendant les cent premières pages,
c'est un perpétuel foisonnement, et aussitôt surgit le
dilemme : ou bien je prends des notes, et alors c'est un
travail indéfini qui retarde d'autant la lecture, — ou bien
je n'en prends pas, et alors le poids des notes qui n'ont
pas été prises pèse sur ma lecture, s'attache au livre com-

me un remords et m'incite, sans que je m'en rende distinctement compte, à l'abandonner pour un autre. Et ainsi de suite. Ce n'est pas que le livre cesse de m'intéresser; bien au contraire, c'est moi qui fléchis sous la somme des intérêts composés que j'ai contractés à son égard et dont je ne parviens pas à m'acquitter. Je ne peux pas suspendre, non pas mon jugement — car je juge peu : la faculté de jugement dans l'acception où l'on prend ordinairement ce terme n'arrivant à s'exercer chez moi que sur les ouvrages médiocres ou vraiment mauvais, — mais mon appréciation (dans la signification que Walter Pater donne à ce mot) jusqu'au terme de ma lecture. Mon esprit ne sait pas couronner, parce qu'il n'atteint pas le belvédère d'où l'on voit l'ensemble, et qu'il devance ainsi le moment où il convient de poser la couronne. Il est vrai que chemin faisant il a couronné tant de détails qu'il se présenterait sans doute au sacre les mains vides.

1917
Jeudi 9 Août,
Vallée du Lys, La Celle Saint-Cloud.

J'ai commencé ce matin *Aurélia* de Gérard de Nerval,
et Z. m'en a relu tout à l'heure les premières pages.
Comment décrire la légèreté unique de ce style ? Z. observe qu'il n'y en a pas auquel le mot de trame convienne
mieux. Trame aérienne pour ainsi dire, semblable à celle
que les Parques tissèrent pour le passage d'ici-bas d'un
aussi pur esprit. Dans le style de tels autres grands écrivains circulent au contraire, comme un sang pourpre et
vermeil, les humeurs dont ils sont injectés. Qui n'éprouve, dans les *Mémoires* de Saint-Simon, les *Confessions*
de Rousseau, le *Novembre* de Flaubert, la richesse des
tempéraments qui s'y incarnent ? Parlant de l'*Education
Sentimentale*, Henry James fait allusion à « cette fissure
par où s'épand la tristesse emmagasinée », et dont il dit
« qu'elle sauve la dignité morale de l'ouvrage ». Cette
tristesse toujours présente de Flaubert — qui monte avec

les années, mais ne déferle plus, comme les eaux mornes, stagnantes et plombées de quelque vaste étang — ne tiendrait-elle pas en partie à ce que Flaubert après *Novembre* n'a plus permis à son style de faire l'office d'appareil circulatoire ? Sans doute *Novembre* est un des livres les plus tristes qui soient, mais si la tristesse dans laquelle *Novembre* plonge l'âme du lecteur est indi-rible, du moins la tristesse de Flaubert lui-même y est-elle dite tout entière. On objectera que c'est parce qu'ici cette tristesse est le sujet même du livre ; et par ailleurs il est bien vrai que la confidence, la confession, lorsqu'elles échappent à l'écrivain dans la plénitude de sa sincérité, sont comme l'acte d'amour de l'esprit. Cependant il s'agit ici de quelque chose de plus diffus et de plus souterrain que du sujet de l'ouvrage: la tristesse n'y atteint un tel luxe dans l'aveu que parce que tout ce qui en Flaubert s'attristait a été admis à concourir à son expression : à mesure qu'il écrivait ces pages où s'étiraient ses multiples langueurs que la magie du style muait en forces, Flaubert dut ressentir un indéfinissable soulagement.

1917
Jeudi 13 Septembre,
Vallée du Lys, La Celle Saint-Cloud.

Z. me relit à haute voix après déjeûner le début des *Mémoires* du Cardinal de Retz. Dans l'ordre littéraire, Retz a été mon essentielle découverte de cet été. J'ai lu en juillet dans la *Collection des Grands Ecrivains* le premier volume et le début du second. J'ai dit bien des choses à Z. à ce sujet, mais j'ai eu le tort de ne pas les noter. Je les sens néanmoins susceptibles de revenir à une seconde lecture. Je ne sais s'il y a en français une prose qui m'apporte un plaisir aussi particulier, — je veux dire en tant que prose et tout à fait indépendamment de la pensée exprimée. J'y vois le chef-d'œuvre de la Renaissance française à l'école de l'Italie : un air de grandeur qui imprègne tout, et semble en souriant s'accorder avec une architecture modérée qu'encerclent des pièces d'eau intactes et luxueuses. Combien l'épisode **de** l'esturgeon, et la façon dont il l'introduit, me paraissent

55

convenir à Retz ! (1) La beauté de sa pensée et de son style — beauté si mûrie et toujours pour ainsi dire caressée des longs rayons d'un soleil automnal — évoque les carpes et les raisins de Fontainebleau. Avec lui, c'est comme si le XVIe siècle réapparaissait sous l'armure plus légère, plus svelte, mais non moins résistante du XVIIe. De quel ton dès le début ne parle-t-il pas des héros et des fortes maximes que commande le désir de les imiter ! C'est encore le ton de ces personnages du XVIe qui viennent de ressaisir l'antiquité et qui ne sont pas près d'y renoncer : à la manière d'une ivresse capiteuse, flotte autour d'eux le chimérique dessein de renouer la chaîne. Nul mieux que Retz ne me donne en France l'équivalent d'un grand personnage de la Renaissance Italienne.

1. — « Le jour de ma naissance, on prit un esturgeon monstrueux dans une petite rivière qui passe sur la terre de Montmirail, en Brie, où ma mère accoucha de moi. Comme je ne m'estime pas assez pour me croire un homme à augure, je ne rapporterois pas cette circonstance, si les libelles qui ont depuis été faits contre moi, et qui en ont parlé comme d'un prétendu présage de l'agitation dont ils ont voulu me faire l'auteur, ne me donnoient lieu de craindre qu'il n'y eût de l'affectation à l'omettre ».

1917

Lundi 22 Octobre, 7 h. moins 1/4, soir,
Vallée du Lys, La Celle Saint-Cloud.

Écrire — quand il ne s'agit pas d'un fragment ou du *Journal* — demeure pour moi une opération toujours aussi difficile et aussi lente. Pourquoi ? Sans doute est-ce d'abord que je n'ai pas, avant de me mettre à écrire, une vision assez claire des pensées que je veux exprimer, ni surtout de la chaîne qui les doit unir, — mais c'est, plus profondément, que si le plus léger intervalle s'écoule entre la conception de ces pensées et la découverte du moule verbal dans lequel elles devront être jetées, il se produit comme un renversement des valeurs : le mot — tel mot de la phrase précédente, ou tel mot isolé de la phrase à faire, surgi prématurément et autour duquel je cherche à tout construire, — telle métaphore que je veux poursuivre, ou telle nouvelle image que je désire introduire, — le mot donc régit et violente le travail de composition. En ce sens je n'échappe pas

57

aux reproches que mon ami Berenson faisait jeudi dernier aux *rhetoricians*. Le mal est d'autant plus difficile à extirper que si tel mot, telle image me fascinent à ce point, ce n'est pas parce que je vois en eux un substitut d'une pensée — la décoration qui masque une partie morte — mais tout au contraire, frappé momentanément d'enchantement, je me persuade que seul ce mot, seule cette image sont capables d'accoucher la pensée, de la produire au jour dans son intégrité la plus stricte. Et sans doute, en un sens, une pareille préoccupation est de l'essence de l'art d'écrire puisqu' « entre toutes les différentes expressions qui peuvent rendre une seule de nos pensées, il n'y en a qu'une qui soit la bonne » (La Bruyère. *Des Ouvrages de l'Esprit*). Mais encore faut-il que la pensée vive déjà d'une existence bien autonome, antérieurement à cette recherche de l'expression. Or, c'est là ce qui manque un peu chez moi : ma pensée a trop tendance à s'offrir comme une possibilité, comme une argile docile, à l'expression ; et la plus belle de celles qui se présentent la modèle à son gré, et, ce qui est peut-être plus grave, l'oriente, — en sorte que la direction ultérieure est donnée par l'expression plus que par la pensée même, ce qui prépare pour la phrase suivante un problème analogue, aussi captieux, et aussi malaisé à résoudre.

Je me souviens d'un soir — ce devait être en 1906 —
où j'avais relu du Keats dans l'après-midi, avec quelle
humilité et une admiration presque folle, et je me disais :
rien ne vaut le don de l'image, la faculté de penser par
images. Aujourd'hui il me semble que je porte la peine
de cette parole imprudente. Oui, l'image, c'est la chair
même du verbe d'un grand poète : mais dans l'œuvre
d'un prosateur, c'est la pensée qui doit tenir toute la
toile : les objets qui y sont représentés, ce sont les multiples aspects de cette pensée elle-même, et le rôle de
l'image se borne ici à établir une juste hiérarchie entre
les objets par la répartition savante de la lumière. Sans
doute le prosateur est d'autant plus grand que la lumière
se confond avec l'objet lui-même. Son idéal doit tendre
à écrire de la même manière que Vermeer peint. Dans
un tableau de Vermeer la lumière n'est pas la substance

même du tableau, mais il n'est pas une parcelle de la
toile qu'elle n'influence. Sainte-Beuve ne disait-il pas de
Montesquieu : « Chez Montesquieu parfois l'expression
se dore à sa cîme ». Mais parfois, et à sa cîme. Lorsque
j'essaie d'écrire, l'image forme trop la substance même
de mon style ; et comme ce qu'il y a sous l'image, c'est
une pensée, — une pensée qui n'a pas été préalablement
énoncée, et que l'image est précisément chargée de traduire —, il en résulte pour l'esprit un mélange d'abstrait
et de concret contre lequel Z. a bien raison de me mettre
en garde. En réalité, le grand prosateur se sert moins
de l'image que de la métaphore : dirigée par lui sur la
pensée, l'image fait l'office du projecteur qui éclaire le
tableau, mais le tableau préexiste. L'image tend à absor-
ber la pensée et à se fondre avec elle en un corps lumineux : apparue dans le ciel de l'intelligence postérieure-
ment à la pensée elle-même, la métaphore se pose sur la
pensée et la couronne.

Cette hantise, cet amour malheureux de l'image, si
j'en voulais saisir les secrètes origines, me ramènerait
au plus profond des dispositions si contradictoires de
ma nature. Dépourvu de toute autre imagination, de
toute autre invention que l'imagination, l'invention des
idées, l'idée cependant n'existe pour ainsi dire jamais
pour moi à l'état abstrait : elle est une sensation qui

s'épanouit en un sentiment, mais à aucun moment elle
ne se différencie de la sensation et du sentiment au point
de s'en détacher : l'intellectualisation — si l'on entend par
là l'opération qui dans un acte de pensée isole sévèrement l'élément intellectuel, le doue d'une vie indépendante et lui confère une valeur stricte — ne s'accomplit
jamais chez moi. Le point de départ du travail de l'esprit est presque toujours chez moi une sensation, une
sensation qui relève la plupart du temps de la sensibilité intellectuelle, mais qui est aussi précise et aussi puissante que les sensations qui nous arrivent par les sens ;
l'intensité de la sensation est telle qu'elle se communique
à l'âme tout entière, et sous la plénitude de l'afflux l'émotion jaillit aussitôt. Quand j'écris, c'est cet état complexe — état que je subis encore dans le moment même
où je cherche à le rendre par des mots — que je m'ef-
force de transporter sur la page, et dans cet effort réside
pour moi la seule sincérité possible. Mais cet effort épuise parce que c'est un effort hybride : il s'agit en effet
d'une part de traduire des idées dans un style qui préserve la vivacité de la sensation et qui baigne ces idées
dans la profondeur du sentiment qu'elles suscitent ; —
et d'autre part, quand on y est parvenu, l'effort se retourne pour ainsi dire contre lui-même, et nous éprouvons
l'impression que ce même style, à peine suffisant pour

la sensation et pour le sentiment, est déjà trop riche pour
l'idée. Mais ce qui doit me soutenir, c'est que, dans le
monde de la pensée, une œuvre est grande à proportion
des contradictions qu'elle recèle à sa base et qu'elle a
su résoudre dans l'exécution.

1917
Samedi 24 Novembre, 6 h. soir.
Paris, 15, Avenue d'Eylau.

Je causais l'autre soir avec Z. — après un essai assez
infructueux pour la rédaction d'une phrase — de mes
difficultés de travail, et je lui disais : au fond, la vraie
difficulté, c'est que je ne pense pas, — des pensées me
viennent : tout m'est donné, et rien n'est conquis. J'ai si
complètement vécu de mes dons et sur mes dons que je
n'ai jamais fait d'effort intellectuel, ni, par conséquent,
pris l'habitude de cet effort. Mon effort n'a jamais porté
que sur la mise en œuvre d'une pensée éclose spontanément, et même cet effort-là n'a pas été très fréquent, mes
pensées les meilleures surgissant d'ordinaire « toutes
armées ». comme le disait Sainte-Beuve des pensées de
Barbey d'Aurevilly. Mais l'effort intellectuel profond,
c'est celui qui suscite la pensée elle-même, qui l'amène
au jour. et c'est cet effort-là que je n'ai jamais fait. Tout
est à apprendre pour moi : il ne s'agit pas seulement

d'apprendre à écrire, comme je le croyais trop superficiellement, il s'agit avant tout d'apprendre à penser.

Comme je relisais l'autre jour le début de *l'Essai sur
les Données Immédiates de la Conscience* de Bergson,
je songeais que sur ce livre je voudrais prendre deux
séries de notes bien distinctes : les unes consisteraient
dans un extrait des vérités capitales contenues dans l'ouvrage, les autres monteraient le long des pensées exprimées jusqu'à la personnalité unique qui en est la source,
— la voie de la critique idéale étant la voie même de la
production, mais parcourue en sens inverse, le critique
ayant pour point de départ le point d'arrivée du créateur, et pour point d'arrivée son point de départ. J'observais que rares sont les livres pour lesquels j'éprouve
le besoin de prendre la première série de notes. C'est
qu'il est très rare qu'une vérité m'apparaisse comme distincte de celui qui l'a créée, et se suffisant à elle-même ;
ce n'est pas que peu de choses m'apparaissent comme
vraies, mais plutôt que tout m'apparaît vrai en fonction
de la force qui le produit : le rapport entre la pensée exprimée et le génie qui se tient derrière elle devient à mes
yeux comme un rapport d'identité ; et, plus la pensée
est puissante, plus elle me rejette et me replonge dans
l'esprit qui lui a donné naissance. C'est à tel point que si
l'on me demandait: « Trouvez-vous telle pensée de Joseph

de Maistre ou de Bossuet ou de Vauvenargues ou de Constant etc... *vraie* ? », quelque chose en moi répondrait instinctivement : « sans doute puisque c'est *sa* pensée ». Plus l'écrivain est grand et moins je parviens entre sa pensée et lui à couper le cordon ombilical (ce que Tourguéneff disait à Taine qu'un romancier doit toujours faire à l'égard de ses personnages). Mais, dans le cas de Bergson, de Henry James, et d'un très petit nombre d'autres, la vérité de leurs pensées m'apparaît en elle-même : j'éprouve à leur égard cette sensation-là *en plus* pour ainsi dire des sensations que je viens de décrire. L'explication doit en être que quelque chose dans ma nature leur est si étroitement uni que j'obéis à leur plus légère indication, et qu'une fois le départ donné ma pensée parcourt le chemin dans le sens où ils l'ont parcouru. Je descends le courant avec eux au lieu de le remonter comme avec les autres. J'éprouve quelque chose d'analogue toutes les fois où je me laisse porter sur les flots de saint Augustin.

Je me rappelle que P. A. me disait il y a plusieurs années, un jour que je lui avais lu des notes sur certains écrivains, qu'il souhaitait me voir continuer dans cette direction parce que, disait-il, en étudiant leur style, vous aboutissez toujours à des choses qui vont au profond de leur personne. Je sens tellement qu'il y a là, dans cet

abord de l'homme à travers le style, une pente naturelle
de mon esprit qu'il m'arrive parfois, même quand je
veux prendre une note sur telle pensée bien définie, de
glisser pour ainsi dire au-dessous de cette pensée et de
me perdre en considérations sur les mouvements souterrains spirituels dont elle est issue.

1918
Mardi 26 Février,
Paris, 15, Avenue d'Eylau.

Aujourd'hui IIe Mardi de Carême, Evangile, saint Matthieu XXIII, I-12. Le début de ce chapitre XXIII est si beau, si grand, qu'il m'entraîne à le lire tout entier, et Z. rentrant peu après, à le lui relire pour lui faire partager mon émotion. C'est le chapitre qui a pour refrain le : « Malheur à vous, Scribes et Pharisiens hypocrites », — le plus formidable anathème — et le plus pur — qui ait jamais été proféré à la face des hommes. Chaque discours du Christ est la grandeur même : c'est le modèle idéal et inaccessible, l'archétype de toute grandeur. Toute grandeur humaine découle de cette source, mais surtout elle tend à y remonter, elle y aspire, et sa grandeur propre ne se mesure que par la vigueur de l'aspiration et le degré auquel elle parvient à l'informer. En lisant ces prodigieux versets de l'Evangile de saint Matthieu, qui vous transportent brusquement au point d'où Dieu rassemble

67

les nuées, il me semble parfois apercevoir au-dessous,
bien au-dessous, suspendue entre ciel et terre, quelqu'une de ces créations qui, sur le plan humain, mar-
quent le sommet de la grandeur : une Sybille de Michel-
Ange foudroyée dans la méditation, ou le vol oblique de
la Walkyrie. Michel-Ange se débattait pour ainsi dire
aux flancs de cet anathème (voir dans le bloc-notes *raisin*
une note de 1913 sur un passage de saint Matthieu considéré comme une satire fantastique exécutée par Rembrandt). Toute parole du Christ a quelque chose de si
direct et de si plein que non seulement rien ne s'inter-
pose entre le sens et le mot, mais qu'il devient même
impossible d'admirer à quel point le mot rend le sens,
tant sens et mot ne font ici qu'un : c'est toujours essentiellement une *parole*, — la parole de vie éternelle.

« Ils lient des fardeaux pesants et difficiles à porter,
et les mettent sur les épaules des hommes, mais ils ne
veulent pas les remuer du doigt. » Parole d'une merveilleuse profondeur et applicable dans tous les domaines.
Nulle ne dépeint plus exactement cet esprit si répandu,
et qui est le contraire de l'esprit de charité, esprit qui
consiste à juger que tout est fait lorsqu'on a posé le problème en termes corrects : aux inférieurs, aux subordon-
nés de le résoudre. Et il advient souvent que la concep-

tion, pour qu'elle se présente aux regards sous une forme d'apparence plus nette et plus élégante, affecte des
lignes d'une précision si rigide et si minutieuse que l'exécution, que l'application en deviennent pratiquement
impossibles. Mais qu'importe aux Pharisiens de l'admi-
nistration ou des comités d'œuvres ! Ils contemplent la
savante ordonnance de leur ouvrage, — et inconsciemment ils jaugent de combien sera dorénavant accrue la
responsabilité de ceux à qui ils mettent un si bel outil
entre les mains et qui se montreront incapables de s'en
servir. Esprit d'organisation, disent-ils ; — c'est surtout
esprit de dureté. L'organisation aboutit toujours à la dureté, qu'elle contient pour ainsi dire en puissance, chaque
fois que ceux qui « lient des fardeaux pesants ne veulent
pas les remuer du doigt ». Du dehors, les spectateurs se
récrient sur la perfection des rouages ; mais que de matière humaine broyée à chaque tour de la machine !
Pour contrebalancer cette dureté inhérente à toute organisation, il faut dépenser des trésors d'intervention individuelle : il ne suffit pas de « remuer le doigt » : ce n'est
pas trop de l'homme tout entier — corps et âme, intelligence et sensibilité — pour faire tampon.

Continué à réfléchir sur le chapitre XXIII de saint Matthieu. « Ils aiment... à s'entendre appeler par les hommes *Rabbi* », et dans le texte grec, avec une insistance qui n'est pas négligeable, il y a *Rabbi, Rabbi.* Quelle fine notation d'une des formes les plus subtiles de la tentation —, de la satisfaction sourde et confuse, toute mêlée de gêne, de malaise, d'énervement impatient, que l'on éprouve à s'entendre appeler maître ou bienfaiteur ; et comme le malaise et l'impatience, qui persistent toujours chez les êtres un peu supérieurs, ne font que les tromper davantage en les rassurant ! « Puisque cela m'irrite ainsi, c'est donc que je n'y prends pas plaisir ». Et en effet l'on ne prend pas plaisir sur le moment aux expressions de maître ou de bienfaiteur, mais elles déposent pour ainsi dire dans notre inconscient, et pour peu qu'elles se renouvellent assez souvent la sensation que nous avons de notre personnalité en est enflée d'autant.

« Pour vous, ne vous faites pas appeler Rabbi ; car
vous n'avez qu'un seul maître, et vous êtes tous frères ».
Le Christ dit : « Vous êtes tous frères », il ne dit pas :
« Vous êtes tous égaux » ; s'il le dit quelque part dans
l'Evangile, ce ne saurait être que dans un sens spécial
et bien défini : l'égalité des âmes par rapport au salut :
de chacune d'elles le salut est d'un même prix, et d'un
prix infini, aux yeux de Dieu. Mais au point de vue humain et social, ce n'est pas sur l'égalité des hommes,
mais sur leur fraternité que le Sauveur porte l'accent.
Ne pourrait-on pas même soutenir que c'est parce que
les hommes sont inégaux qu'ils ont d'autant plus besoin
d'être frères ?

Dix heures et demie du soir... Ces derniers jours, j'ai relu, entre autres choses, un peu d'Emerson : le début du Tome I des *Journals* et les premiers essais de *Society and Solitude*. J'avais lu les douze volumes de la *Riverside Edition* à Oxford 1901 et à Paris 1902 ; j'avais même fait en mai 1902 dans une Université Populaire une conférence sur le Néo-Spiritualisme d'Emerson. Je croyais l'aimer beaucoup, mais au fond je me rends compte que j'aimais surtout en lui certaines de mes idées d'alors, comme il arrive si souvent dans la jeunesse. Je le lisais en fonction de Carlyle qui exerçait sur moi à cette époque une influence prépondérante : il m'était comme l'accompagnement de la grande voix clamant dans le désert. Pourtant je pressentais dans son spiritualisme un élément plus irréductible, plus intransigeant et plus natif que chez Carlyle, qui déjà m'attirait, — mais mon admi-

ration ne perçait pas jusqu'à l'homme véritable. — jusqu'à cette individualité si rare qu'on éprouve devant elle et comme pour elle un frisson singulier : on a toujours peur qu'Emerson n'ait froid. Certes sa fortune est bien authentique : pourtant on se prend parfois à lui souhaiter le manteau de saint Martin : il satisfait souvent, mais presque toujours à la réflexion : avant tout il fascine, comme certaines pierres qui dardent des rayons d'une lumière si pure et si aiguë qu'elle est presque intolérable, mais dont à cause de cela même notre œil ne parvient pas à se détacher. Minéral essentiellement d'ailleurs : ses pensées les plus fortes affectent les formes coniques des cristaux. Chacune d'elles se suffit. A chacune peut s'appliquer l'éloge qu'Emerson lui-même décernait à Landor : « Of many of Mr. Landor's sentences we are fain to remember what was said of those of Socrates ; that they are cubes which will stand firm, place them how or where you will ». (*Natural History of the Intellect*, page 212.)

Onze heures du matin. Après deux jours de pluie,
belle matinée pure et fraîche. De grosses nuées blanches
couvrent les flancs de la Vanoise, — la cîme plus cris-
talline et plus nette que jamais. Les montagnes aident
parfois l'imagination à se figurer les gigantesques espèces animales disparues : ce ne sont pas seulement les
proportions, c'est je ne sais quelle certitude imposante
dans la manière de s'affirmer jointe à l'étirement d'une
indifférence que l'on sent *extra* ou plutôt *supra*humaine.
L'autre jour, en lisant avec Z. devant la Vanoise le premier acte d'*Hamlet*, je lui disais que de même qu'à certaines pages de *Guerre et Paix* et d'*Anna Karénine* on se prend à murmurer : « c'est ainsi que parlerait
la *vie* si elle parlait », de même les expressions de Shakespeare nous apparaissent comme celles-là mêmes dont
se serviraient, non plus la vie, mais les plus grands ob-

jets naturels : une montagne, un glacier, s'ils condescendaient à s'exprimer. L'expression chez Shakespeare rend tout l'humain, mais toujours avec quelque chose de *plus*, quelque chose de plus vaste, de plus étoffé, de plus altier aussi, comme si le sentiment humain était éprouvé par un être d'un volume et d'une stature supérieurs, par une montagne ou par un grand fleuve. Shakespeare magnifie tout, — mais la grandeur ne s'atteint jamais dans son œuvre par une raréfaction, toujours par une pléthore. Ce qu'il y a d'unique chez lui, c'est que cette grandeur de l'expression s'applique à tout et n'entrave en rien l'infinie diversité, la discontinuité, la bigarrure des caractères dramatiques, — tandis que les plus grands parmi les autres n'y atteignent que par l'unité d'un style *soutenu*, par le ton de l'épopée. (Le Keats d'*Hyperion* et le Milton de *Paradise Lost*.)

1918
Mardi 3 Décembre,
Paris, 15, Avenue d'Eylau.

Je commence ce *Journal* à la requête de mon ami André Gide. Il est venu me voir ce matin, et nous sommes sortis un moment ensemble. Il m'a demandé si j'avais continué à tenir régulièrement mon journal, et comme je lui avouais que dans ces derniers temps je ne l'avais fait que d'une façon assez intermittente, il m'adjura de le reprendre et me dit : « Cher ami, n'abandonnez pas votre Journal : il se peut que vous ne parveniez pas à faire des œuvres. Mais votre Journal est une œuvre, est votre œuvre : ces difficultés multiples qui vous empêchent de produire constituent elles-mêmes le sujet de votre œuvre. Rappelez-vous ce que je vous disais à notre dernière conversation (Mardi 5 Novembre. *Journal* du 21 Novembre) : ces débats, ces angoisses, ces scrupules intérieurs, votre Journal doit en garder registre. Croyez-moi, plus d'un d'entre nous se reconnaîtrait dans votre

76

peinture, qui se sentirait par elle soulagé, et vous en demeurerait reconnaissant. Vous me dites que ce qui vous rend la période présente si pénible, c'est qu'au moment où vous avez le désir sincère de vous mettre pour de bon au travail, vous sentez que toute votre *house of thought* se désagrège : exactement, me dites-vous, je ne sais plus ce que je pense sur rien, je ne sens plus rien de solide sous les pieds ; il me manque les quelques points d'appui dont on ne doute pas, et dont il me semble que l'on a besoin pour pouvoir écrire. Mais, cher ami, ne serait-ce pas que vous tendez à obtenir de votre esprit une affirmation qu'il n'est pas en son pouvoir de donner? Des êtres comme vous et moi — esprits critiques, autocritiques surtout — (je me refuserai toujours à voir là des défauts) — sont des êtres de dialogue, et non des êtres d'affirmation. Voilà pourquoi quand vous m'avez lu ces pages sur votre frère je ne pouvais m'empêcher de faire des réserves : je vous vois qui essayez d'édifier des affirmations, mais elles seront toujours comme de hautes maisons que mine par en-dessous l'activité même de votre esprit. »

En entendant Boskoff jouer cet après-midi la 24ᵉ étude
de Chopin — qui est comme le mouvement perpétuel du
génie — Z. note les *pleins* et les *déliés* de Chopin dans
ces *Etudes* dont elle comparait naguère le plaisir qu'elles
donnent à celui que l'on éprouve à feuilleter des recueils
de dessins de maîtres.

Pendant le concert Boskoff (œuvres de Schumann) : la
musique de Schumann, musique d'un génie naturellement seul au milieu de l'inspiration ; la musique de Chopin, plutôt la musique d'un génie qui s'isole : le premier
se livre ; le second, tandis qu'il s'affirme, se garde pourtant.

Dans l'*Humoreske* de Schumann passe parfois l'écho
de ce premier bal idéal auquel la jeune fille n'assiste jamais qu'en imagination.

Onze heures du soir. — Nous venons de passer une

heure exquise dans mon cabinet de travail au rez-de-
chaussée 15 av. d'Eylau. Z. m'a relu les premières lettres
de Maurice de Guérin à Barbey d'Aurevilly , ainsi que le
début de l'étude de Barbey sur Guérin qui se trouve en
tête de notre petit volume. J'ai lu pour la première fois
ces lettres à La Celle Saint-Cloud en Octobre 1909 au moment où je projetais une étude sur les lettres de Barbey à
Trébutien ; je les ai reprises bien des fois depuis, et en
dernier lieu Vendredi 31 janvier, jour où j'étais plongé
dans la plus amère atonie, et où Guérin m'a rendu le seul
service que je demande alors à mes écrivains préférés :
celui de me nommer avec précision mon mal En me faisant sentir que je ne suis pas qu'une exception monstrueuse, eux seuls parviennent à rompre le maléfique enchantement. C'est dans le portrait de lui-même que Guérin envoie à Barbey que j'ai trouvé ce jour-là le passage
libérateur' : « Esprit mécontent, disposition à la satire
triste et amère, dominée par un amour et une puissance
extraordinaire pour l'idéal. Chutes subites de l'enthousiasme et de la gaîté mortellement blessés par des traits
connus de moi seul » (p. 64).

1920
Jeudi après-midi 22 Janvier
Ile Saint-Louis,

5 h. de l'après-midi... Pour contrôler mon allusion à Barrès au début de mon étude sur la Correspondance de Henry James (1), Z. me relit dans *Amori et Dolori Sacrum* la fin du premier chapitre de La Mort de Venise « L'impression, me dit-elle, que l'on a toujours avec Barrès, c'est que sur tous les points du monde il a pris, comme l'abeille, exactement la quantité de substance qu'il lui fallait pour faire son miel... J'ai toujours senti en lui cette économie, et c'est elle aussi qui est le contraire de James. Le caractère de l'assimilation est également différent : le *wedding cake* de James opposé au *pistil* de Barrès. La sensibilité de James n'est jamais objectivée ; Barrès sait ce qu'est sa sensibilité, ce que sont

(1) Allusion à une étude qui m'occupa fort en 1919-1920, qui ne fut pas alors conduite à terme, dont on trouvera plus tard les éléments dans le *Journal* et — je veux encore en garder l'espoir — dans mon futur livre sur Henry James

ses nerfs, quel rendement il peut attendre de leur collaboration. » Il y a chez Barrès, dans le point extrême jusqu'où il conduit l'art d'écrire, une parcelle de la nervosité de grande race que nous notions naguère dans les dessins de Watteau. Z. me lit ensuite le début du deuxième chapitre , et à propos du passage sur Chateaubriand elle me dit : « L'art est tellement grand dans ce livre que quand Barrès fait une remarque psychologique elle apparaît d'abord comme presque morte, prise dans l'opulent gaufrier de la phrase : c'est toujours le même métal, mais à un autre état de fusion. » L'observation est on ne peut plus juste, et me confirme dans mon ancien jugement qui a toujours placé le point de maturité et de perfection dans l'art de Barrès à *Du Sang* et à *Amori*. Dans les premiers livres les remarques psychologiques, bien loin d'être saupoudrées d'or, détonnent, se dandinent et posent un peu.

10 h. 1/4 du matin... Je suis venu avec Z. Le temps continue à être étincelant, froid et ensoleillé. Dans le taxi qui nous amenait, nous parlâmes du concert Capet d'hier au soir, et je disais à Z. que c'est de ces derniers mois que date mon appréciation complète du génie de Beethoven. Les *Trios* ont encore fortifié l'amour né avec la première audition des *Quatuors* (janvier 1911). Je transcris d'abord les notes prises hier au soir sur le programme.

Trio en Mi bémol majeur (op. 70, n° 2). *Poco sostenuto allegro ma non troppo.* Phrase du début, très lente, comme se creusant elle-même, à tendance fuguée, annonçant quelque peu la phrase qui ouvre le 14ᵉ *Quatuor*. Tout le long du second mouvement (*allegretto*) il semble que l'âme tire sa plus noble révérence. La phrase qui constitue le thème de tout le troisième mouvement : *alle-*

gretto ma non troppo s'allonge comme la chaîne de l'Estérel (v. mes notes Janvier 1914) : elle a le même caractère aérien de *surtout* posé, « d'air construit ». Dans le thème du début du Final (*allegro*) il y a une poésie de chute oblique de flocons de neige, aussi quelque chose qui rappelle la danse d'Isadora Duncan sur le *Moment Musical* de Schubert; — dans la tonalité générale du morceau, comme un élément pré-russe, pré-Igor. Tout le trio est une œuvre parfaite, un peu à la manière du 7ᵉ *Quatuor* (op. 59), de cette période médiane qui, dans la musique de chambre de Beethoven, donne des œuvres d'une plénitude heureuse : chaque mouvement s'offre tel un beau fruit dans une corbeille.

Trio à l'Archiduc en Si bémol (op. 97). Le thème du premier mouvement est à la fois glorieux et funèbre : il est comme le drapeau sur le mât que l'on hisse et que l'on amène tour à tour. Dans toute l'œuvre prévaut une dignité incomparable.

Schumann : *Trio en sol mineur* (op. 110). *Mouvementé, mais pas trop vite.* La grande phrase de Schumann a la forme de la nue, de la vague roulée, ourlée. Joseph Baruzi a raison de voir le sublime de Schumann dans le mouvement, dans le rythme. L'appuyé, le pesé de certaines montées rapides; rythme de marche. Tout le trio monte perpétuellement à l'assaut. Schumann donne pour

le 4ᵉ mouvement l'indication : *avec force et esprit*. Il y a
en effet tant d'esprit dans ce mouvement, comme souvent
dans la musique de S.

Je disais à Z.. que ce qui me frappait tant en ce moment dans la musique de chambre de Beethoven, c'est
qu'à l'épanchement le plus profond, le plus intérieur de
l'émotion, s'allie une souveraine noblesse, par où, sans
jamais « dominer » ses émotions (au sens un peu factice
du terme), Beethoven se trouve toujours maintenu légèrement au-dessus de chacune d'elles. La musique sourd
du dedans, mais se tresse en je ne sais quelle guirlande
grave et tristement sereine. Beethoven est comme à la
fois au centre et à la cîme. L'impression est assez différente de celle que donne Wagner, dont le prestige vient
de ce qu'à tout moment — et avec quelle magnifique
autorité — sa personne adhère totalement à la matière
musicale qu'elle informe, et qui lui devient alors comme
la tunique de Nessus.

Quand on écoute certaines phrases de Schumann, il
semble que l'on voie un oiseau fabuleux s'enfuir à tire
d'ailes dans le ciel.

1920
Paris, 15, Avenue d'Eylau.
Samedi 6 Mars.

Je commence ce Journal à 1 heure du matin. Nous rentrons du *Vieux Colombier* : G. G. m'avait donné des places pour la première du *Paquebot Tenacity* de Vildrac suivi du *Carrosse du Saint-Sacrement* de Mérimée. Nous avions emmené les M... Le *Carrosse du Saint-Sacrement* est une merveille, et l'interprétation (acteurs, décor, costumes) de tous points excellente. Copeau jouant le vice-roi du Pérou : gestes, jeux de physionomie, tons de voix on ne peut meilleurs. Jaloux m'avait dit dans l'après-midi chez M. C. : Vous verrez, cela tient la scène comme du Molière ou du Musset, et il avait bien raison. De plus en plus frappé dans tout ce qu'a fait Mérimée de la justesse et de la profondeur du mot de Pater sur le style de Mérimée: «*The perfection of nobody's style*». Au théâtre comme dans la nouvelle, le roman, le morceau de critique ou d'histoire, le style a la même sorte d'élégance

que les vêtements passés au papier de verre selon la mé-
thode de Brummel. A la fin de 1920 ce sera le cinquante-
naire de la mort de Mérimée : ce serait l'occasion de reprendre et de compléter mes notes de 1914. Il faudra le
faire l'été prochain dans quelques soirées à La Celle
Saint-Cloud. Jamais Z. et moi nous ne nous sommes
trouvés plus sensibles au plaisir de la comédie et même
du théâtre en général que ce soir. Ce léger rehaut, comme une sorte de fard spirituel, que la meilleure comédie
donne aux caractères, ces travers, ces saillies, ces impa-
tiences brusques des humeurs individuelles qui sont tout
le temps en action devant nous, transposent pour ainsi
dire d'un ton le réel, et le récrivent en un *pizzicato* vif,
alerte, dégagé. Le contraste entre la pièce de Vildrac et
celle de Mérimée était des plus instructifs : le théâtre ou
du moins la comédie a besoin d'une certaine convention,
si l'on entend par convention le jeu de l'esprit joué pour
le plaisir du jeu lui-même : tandis que pour le grand
romancier le réel doit être le courant, la nappe d'eau, ou
bien encore le lac pur, l'étang profond, — à l'auteur comique le réel doit surtout servir de tremplin qui le fasse
rebondir, d'où l'esprit s'élance pour exécuter ses tours
les plus réussis : Meredith savait cela qui dans *An Essay
on Comedy* et le chapitre liminaire de *The Egoist* insiste
toujours sur le rôle *intellectuel* au premier chef of the

Comic Spirit. Si, volontairement, le dramaturge se prive
de cette convention-là, il lui faut un véritable génie pour
maintenir tout le temps le contact avec la réalité, si modeste soit-elle par ailleurs. La pièce de Vildrac était bien
caractéristique à cet égard : ces pièces-là n'arrivent à
maintenir le contact avec la réalité que dans la mesure
où elles sont photographiques, c'est-à-dire anonymes et
au fond indifférentes : nous disons « oui » à certains passages, mais le même « oui » résigné, — acquiescement
facile et un peu morne, — certificat courant et machinal,
que nous décernons à la vie toutes les innombrables fois
où nous la constatons, où nous l'enregistrons sans qu'elle
éveille en nous réponse ou intérêt ; mais dès que Vildrac
essaie quelque chose de plus, qu'il nous adresse un
appel, à l'instant même où nous sentons notre intérêt
prêt à s'éveiller, Vildrac détonne : tout ce que ses personnages disent alors sonne faux ; il perd le contact
avec la vie dans la mesure même où il tend à s'élever
au-dessus d'elle parce qu'il n'est plus soutenu par rien :
il perd la réalité photographique et il s'est retranché le
jeu de l'esprit. Seul parmi les modernes Ibsen a su
triompher de cette difficulté, grâce à cette extraordinaire
Heimlichkeit de l'atmosphère que je notais naguère, et
qui assure à ses œuvres une enveloppe épaisse et sourde
dans laquelle nulle détonation ne peut éclater.

1920
Lundi 17 Mai,
Ile Saint - Louis.

Nous sommes installés depuis samedi soir à la Vallée du Lys, mais je passe toutes mes journées à Paris pour mon travail à la *American Library in Paris*, 10, rue de l'Elysée. Ainsi que je le ferai chaque fois où je ne serai pas invité chez des amis, je suis venu déjeuner seul ici dans mon merveilleux cabinet de travail ; j'avais éprouvé une fois déjà combien cette halte dans la silencieuse oasis de l'Ile Saint-Louis — où seuls m'arrivent les appels des sirènes des bateaux, pour moi depuis toujours le message le plus poétique et le plus exaltant — pose au milieu d'une journée qui n'est jamais faite que de pièces et de morceaux le point d'orgue de la paix comblée. Depuis le début de mars que je ne m'appartiens plus le problème reste toujours le même : utiliser toutes les retailles de la vie, et j'inscris comme un heureux augure qu'en venant ici en tramway j'ai rédigé une note sur Mérimée. Pour cela, le premier point, c'est de maintenir la tête absolu-

88

ment libre : je n'ai pas le temps, selon l'excellente formule de Balzac, d'envoyer à mon cerveau la fatigue d'une digestion : je dois pratiquer la plus complète sobriété, rester toujours en deçà même de ce que mon organisme a l'air — simple apparence d'ailleurs, car il s'en repent aussitôt — de réclamer. Puis, il faut développer chaque jour davantage la précision dans toutes les applications du terme : j'en possède heureusement déjà et les éléments et le goût. Mais, dans une vie comme la mienne, remplie jusqu'à craquer des occupations et des préoccupations les plus disparates, je m'aperçois sans cesse qu'avec la meilleure volonté il y a toujours quelque chose d'oublié. Avant chaque démarche nouvelle il est indispensable de prendre les cinq minutes de réflexion nécessaires, qui, loin d'être une perte de temps, sont au contraire son unique sauvegarde. Entre ces occupations disparates il ne faut pas essayer d'établir un lien ; il faut maintenir les cloisons étanches, et apprendre bien plutôt — ce qui est de beaucoup le plus dur — à passer au commandement, et selon les nécessités les plus urgentes, de l'une à l'autre. Il faut hélas davantage : résister au flux de l'inspiration sur le point où elle se produit si elle s'y produit à contre-temps, et tâcher d'en détourner le cours pour l'amener où il est momentanément exigé. C'est là que je suis vulnérable,

c'est là qu'une stricte discipline doit s'exercer, et elle ne
pourra s'exercer utilement que si tout dans mon existence est minutieusement préparé et réparti à l'avance :
l'emploi du temps ne suffit pas, c'est presque l'emploi
de la pensée — se préparer à faire travailler à tel moment l'esprit sur tel ou tel sujet déterminé, spécifié —
qui est requis. Le péril le plus grave, le plus traître
aussi, qui menace la vie de l'homme de pensée condamné à l'action, de celui dont l'existence n'est que mouvement perpétuel du corps d'un lieu à un autre, mouvement perpétuel de l'esprit d'un problème à un autre, et
cela toujours sans que corps et esprit aient rien à dire
dans le choix du lieu ou du problème, c'est que les passages, les moments intermédiaires, ceux où corps et
esprit se rendent d'ici à là, et qui constituent les seules
possibilités, les seules occasions d'un peu de pensée
libre et de travail efficace, finissent par sombrer dans la
vie purement végétative, par n'être plus que le rêve d'un
homme éveillé. Sans doute la fatigue, l'épuisement en
sont en partie la cause, mais d'autres forces, plus secrètes et d'autant plus nécessaires à dépister, sont ici à
l'œuvre : d'abord quand il y a eu préparation insuffi-
sante du thème particulier sur lequel l'esprit doit travailler, celui-ci en profite pour s'abandonner à ses indéci-
sions, à ses hésitations favorites : il vague de ci de là et

finalement ne se fixe nulle part. Mais il arrive aussi —
tentation plus subtile et plus dangereuse — qu'il s'attarde
là où il était tout à l'heure ou qu'il anticipe sur là où il
sera dans un instant, et, la fatigue du corps aidant,
l'homme finit par n'être plus qu'un colis dirigé sur une
certaine destination, ou un projectile lancé sur un but :
l'état d'inertie est alors complet. Et de fait telle est la vie
de la plupart des hommes d'action saisis dans l'intervalle de leurs actes. Ce danger guette toujours l'homme
de pensée condamné à l'action, et il n'en est pas contre
lequel il doive plus se tenir en garde.

On objectera : mais alors vous aboutissez à une tension perpétuelle ? Je n'en disconviens pas, mais je crois
que pour certains êtres dont je suis, la tension est non
seulement inévitable, mais qu'elle est par surcroît le seul
état favorable. La détente s'accompagne toujours chez
moi d'un abandon et comme d'une perte totale de ma
personnalité réelle. Sans doute un Butler pourrait soutenir, et soutiendrait certainement, qu'il faut voir dans
ce fait la preuve que l'être créé par cet état de tension ne
correspond pas en moi à l'être véritable. et c'est bien
pour cela que la lecture de Butler — *The Way of all
Flesh* et *Erewhon* au printemps de 1918 — m'a troublé
plus peut-être qu'aucune lecture ne l'avait fait depuis des
années : — c'est *The Way of all Flesh* qui déclencha le

trouble profond, mais même dans *Erewhon* (que je n'ai jamais pu prendre tout à fait au sérieux, et qui reste pour moi dans le plan de certaines réussites idéologiques d'Anatole France) il y a une petite phrase de la préface de la deuxième édition qui m'a fait subir assez longtemps un de ces envoûtements dont je suis coutumier: « *Things that sound true, and yet are false* ». Cependant, de l'examen de conscience auquel *The Way of all Flesh* m'a contraint, je suis sorti avec cette conviction renforcée qu'au même titre, et plus encore peut-être que ce qu'il est strictement, l'homme est ce qu'il veut être, à condition qu'il le veuille vraiment, — c'est-à-dire ici non pas qu'il ne tombe jamais, mais inlassablement qu'il se relève toutes les fois qu'il est tombé. Quel est donc l'écrivain anglais qui a dit : « *If he were but what he is, what a poor thing were man* ». Ce texte me hante, il faut que j'en retrouve l'origine. Toute mon éthique est à l'antipode de ce conseil d'un moraliste français — je crois que c'est Rivarol — : « Il faut glisser la vie, non l'appuyer ». J'éprouve chaque jour davantage le besoin de l'appuyer, et surtout de la serrer. Ce n'est en rien chez moi doctrine délibérée ; c'est tout simplement le sentiment que là et nulle part ailleurs réside pour moi la planche de salut, — la voie d'accomplissement.

Mercredi 25 Août,
Avenüe Gabriel. Sur un banc,
devant la pelouse que nous aimons.

Le don le plus mystérieux et le plus sûr à la fois de Tchékhov : l'instantanéité. A la première ligne de chacun de ses contes *on y est* : ce n'est même pas la sensation de plonger délibérément *in medias res* que donnent quelques grands romanciers. Plutôt le vol infaillible de l'oiseau: il file à tire d'aile, se pose ici, puis là. Cherchez à l'attraper, — c'est-à-dire ici à saisir le procédé, à comprendre comment l'effet est obtenu, — et il repart de plus belle. Tchékhov est la fugacité même. Nul don plus intransmissible que le sien : c'est pourquoi les jeunes anglais courent grand risque qui se mettent à son école. Le vol d'un oiseau s'admire, mais ne s'imite ni ne s'apprend. Tchékhov réussit à tout coup, — mais cette réussite est d'essence incommunicable, — et en dehors d'elle l'artiste en Tchékhov n'a rien à nous apprendre. Il n'en va pas de même de l'homme dont l'exemple — tel qu'il se montre dans les *Lettres* et la brève *Diary* — est le plus instructif et le plus bienfaisant qui soit. Il garde toujours et en toutes choses la position humaine centrale (v. et transcrire le grand passage de la *Diary*) : **on le** devine *aloof from*, sinon en réaction contre Dostoïevsky. Le don de l'artiste en lui est russe par son extraordinaire acuité de sensibilité esthétique ; mais l'esprit est européen dans le sens le meilleur et le plus étendu du mot, — tout moderne aussi, et c'est ce qu'aiment en lui les anglais : le courage intellectuel de Tchékhov est absolu ; et il ne verse pas plus du côté d'un Nietzsche que du côté mystique russe. Il ne verse jamais. Cela tient à la profondeur de sa faculté d'acceptation, et au fait qu'en lui, c'est l'esprit avant tout qui accepte.

1920
Mardi après-midi 31 Août,
Tramway Passy - Hôtel-de-Ville.

Les Russes — Dostoïevsky, dans une curieuse définition de Katerina Iwanowna (qui figure au tome XI de
l'édition Piper, page 346) : « Ein Mensch, der in seinem
ganzen Leben nich lebt, sondern sich selbst ausdenkt —
un être qui toute sa vie durant ne vit pas, mais ne cesse
de s'imaginer soi-même » ; Tchékhov dans l'incomparable figure du Lâptiév de *Trois Ans* : je pense surtout à
ce bout de dialogue avec Iârtsév : « Vous aimez la vie,
Gavrilytch ? — Oui, je l'aime. — Et moi, je n'arrive pas
à me bien comprendre à ce point de vue là. Ma disposition d'esprit est tantôt sombre, tantôt indifférente. Je suis
timide ; je n'ai pas confiance en moi ; ma conscience
prend peur : je n'arrive pas à m'adapter à la vie, à la
maîtriser », — peut-être parce qu'ils les sentent plus profondément, et qu'en tout cas il les vivent plus fréquemment que les gens des autres races, sont les seuls qui

95

aient su traduire, en leur morne grisaille, ces moments
étranges où l'on se demande si l'on vit, tant on a parfois
l'impression de voir la vie couler parallèlement à soi
sans jamais pouvoir s'abandonner à son courant. Moments où l'on ne peut s'empêcher de murmurer : suis-je
ou non en vie ? Rançon d'une conscience psychologique
trop développée, ce n'en est pas moins une angoisse indicible : on ouvre les yeux tout grands, on fait effort
pour réaliser l'existence matérielle des objets environ-
nants, mais cet effort même ne sert qu'à accroître et comme à creuser l'angoisse. Rien autant que cet état ne
donne la sensation du vieillissement.

Mardi 31 Août,
Dans le train qui me ramène de Paris à Vaucresson.

Sept heures et demie du soir... La vie que je mène —
si elle met sans relâche en mouvement et en activité ce
que l'on pourrait appeler l'épiderme de la pensée : les
pensées se lèvent comme des compagnies de perdreaux,
et la pire souffrance est de ne pouvoir s'arrêter pour les
descendre au vol, et surtout pour les disséquer dans le
silence du laboratoire — en revanche tue jusqu'à la possibilité d'une sensation. Ainsi que je le disais à Jacques
Rivière et aux Baruzi, la sensation est fonction d'un certain loisir : supprimez tout loisir et elle meurt à coup sûr,
tandis que la sensibilité et les facultés de l'esprit peuvent
au contraire s'exacerber. Je ne serais pas surpris que
ce fût cette mort de la sensation qui me donne l'impression angoissante que je notais cette après-midi de ne pas
savoir à certains moments si je vis ou si je ne vis pas.
Des natures à qui presque tout arrive par le canal de la

sensation pourraient y résister ; mais chez moi la sensation, bien plutôt que native, était une faculté acquise, —
grâce à notre amour, et à la vie merveilleusement pleine
et préservée que nous avions menée jusqu'à la guerre.
— Que le mot de Baudelaire: « J'ai grandi par le loisir »
va loin ! Et qu'il est vrai ! Que serais-je aujourd'hui sans
le loisir d'autrefois ! Je vis sur ce capital accumulé, et
sur rien d'autre. Et c'est grâce à lui que je peux écrire.
La pensée fonctionne encore, et peut-être davantage,
mais ces sensations, qui souterrainement l'alimentent,
sans lesquelles elle n'est plus que le fil de fer barbelé
d'une dialectique stérile et arbitraire, ce sont mes réserves que je dépense. Qu'adviendra-t-il le jour où elles au-
ront toutes donné ? Il me reste une ressource, et il faut
dans la mesure du possible en user : c'est le Louvre. En
face des tableaux, j'éprouve encore des sensations, et la
paix m'habite à nouveau. Rien n'égale le calme que me
versent certains tableaux, et le secret de l'attrait tout
puissant sur moi d'un Vermeer ou d'un Pieter de Hoogh,
d'un Van Eyck ou d'un Holbein git peut-être là, comme
aussi de ma relative injustice pour les peintres d'un génie
trop tourmenté ou trop mouvementé. Ces voluptés-là, je
les demande plus aux livres ou à la musique qu'aux tableaux. La sensation que me dispense une certaine paix
est chez moi une sensation comblée, — et presque le

comble de la sensation : le *Concert Champêtre*, l'*Ode to
Autumn* de Keats, le Baldovinetti du Louvre, la *Liseuse*
d'Amsterdam de Vermeer, tel portrait de Holbein, *Tivoli
vu de la ville d'Este* de Corot, le « Calme, calme, reste
calme » de Valéry dans *Palme* font appel en moi à quelque chose d'essentiel. Cette paix engendre un accord
parfait de toutes les facultés de mon être, — accord qui
n'est à aucun degré un abandon, — mais qui n'est pas
non plus cette tension par laquelle la suppression du
loisir m'oblige, faute de mieux, à le remplacer. Je dis :
m'oblige — non seulement au sens matériel, mais au
sens moral, — car tout abandon véritable m'est fatal.

Mercredi 22 Septembre,
Dans le train de Vaucresson à Paris.

Sept heures 3/4 du matin.... « Calme, calme, reste calme ». Que c'est difficile ! Et pourtant je sens que là seulement est la solution de la crise actuelle, interminable, — qui renaît chaque jour de ses cendres. Je lisais l'autre soir dans un des caractères de La Bruyère : « Il n'est pas un, mais plusieurs... *Il se succède à lui-même* ». Je me suis reconnu avec effroi. Sans doute j'ai toujours été plus ou moins ainsi, mais maintenant c'en est devenu effrayant : à dix minutes de distance je ne suis plus le même. D'où vient cette absence complète de toute stabilité en moi ? Je crois qu'elle se rattache à l'absence de vie végétative profonde : je suis ou en état d'activité intellectuelle plus ou moins près de la surface et accompagnée de conscience, ou alors dans l'automatisme pur ; de plus en plus rarement surviennent les moments de bien-être de l'inconscient qui, épaississant pour ainsi dire

la personnalité, la stabilisent et par là même la construi-
sent par en-dessous. Les variations brusques de la mé-
téréologie intime sont peut-être inévitables chez moi, —
mais il faut apprendre « to consume one's spiritual
smoke » sans qu'elle s'exhale au dehors en plaintes, même indirectes.

Dix heures et demie du soir... Gide est venu déjeuner seul avec moi hier, au restaurant italien de l'avenue Matignon. Après déjeuner je l'ai ramené à mon bureau rue de l'Elysée, et nous avons longuement parlé de Henry James. Je lui ai d'abord lu la lettre de Henry James à Paul Bourget à propos de *La Duchesse Bleue*. Pendant son séjour dans le Luxembourg, chez Madame M., il a lu coup sur coup : *The Lesson of the Master*, *The Death of the Lion*, *The Figure in the Carpet*, *The Pupil* (qu'il aime beaucoup, et met avec raison à part, comme antérieur à la formation de la vraie manière de James), *The Turn of the Screw* (l'œuvre qu'il admire le plus de toutes), et *The Beast in the Jungle* (qui le crispe d'autant plus qu'il trouve la nouvelle plus réussie). Ils ont eu làbas avec Madame M., Madame V. R. et E. d'interminables conversations où il ne manquait, dit-il, que moi. Et finalement Gide a résumé toutes ses impressions, ses restrictions et ses réserves, en une longue lettre qu'il a décidé de ne pas m'envoyer de peur, dit-il, de me faire de la peine, et surtout estimant avec raison que les réserves se nuancent et se précisent tout à la fois bien mieux dans la conversation. Sur mes instances, il m'a donné lecture de la lettre. Elle est, surtout dans la première partie, admirable de pénétration et de profondeur. Il me l'adressera sans doute, mais plus tard, une fois la position de James en France assurée, sous forme de lettre ouverte. De mémoire je ne puis que marquer certains points, mais non rendre la finesse, bien trempée comme une lame, de l'argumentation, et le bonheur demi-familier de l'expression. « James est souverainement intelligent, sans être toujours aussi intéressant qu'on le souhaiterait. (J'avais noté quelque chose d'analogue autrefois à propos de *The Ambassadors*). Ses nouvelles sont des merveilles d'agencement. C'est un maître cuisinier, — mais je préfère les quartiers de viande à peine accommodés d'un de Foë ou d'un Fielding. Ses personnages n'existent pas tant en eux-mêmes que par rapport les uns aux autres. (Ici je lui signale que c'est précisément le cas, et en un sens le sujet, dans *The Golden Bowl*, et qu'à mon avis plus d'une fois James traite pour ainsi dire les *Wahlverwandschaften* que Gœthe n'a vraiment réussies que dans quelques scènes isolées, le reste du livre étant, si on l'envisage d'un point de vue *jamesien*, du rem plissage). James est si détaché, comme Meredith si supérieur à ses personnages : il tire les ficelles de trop haut : un Stendhal, une Eliot, un Dostoïevski surtout sont engagés, ont partie liée avec les leurs ; et cela n'empêche pas Dostoïevski d'être impartial; chacun de ses personnages est la projection d'une des possibilités de son être propre : il envoie pour ainsi dire une partie de lui-même en chacun d'eux, et il en suit avec passion les péripéties de développement. La nouvelle ne pousse pas de prolongements dans le souvenir; quand tous les coups de l'horloge ont sonné, tout est fini. Il n'y a pas au fond de « Figure in the Carpet ». Dans tout cela une grande part de vérité: c'est quand Gide dit que James est *profane* qu'il y aurait à discuter: cela tient surtout à ce qu'il y a des textes et des aspects dont il n'a pas encore pris connaissance, et il l'admet lui-même très volontiers. (Comme je lui disais plus tard en le quittant Villa Montmorency: James est « entré en art » comme on « entre en religion », de la même manière qu'on se fait chartreux. La grande aventure de sa vie, ce sont ses relations *with* « *his Genius* » : voir le texte unique retrouvé par Percy Lubbock).

Quand il eut achevé de me lire sa lettre, je lui dis : « En somme vous reprochez à l'œuvre de James de se tenir loin de la vie, et en un sens vous avez raison. Les relations de l'œuvre de James avec la vie, c'est le problème qui me passionne le plus depuis quelques semaines, — et voici à quoi je suis arrivé. Les rapports de James avec la vie se réduisent strictement à recueillir de la vie le *germ*, — et ce qu'il reçoit est déjà un choix ; l'appareil enregistreur, l'instinct primitif, fonctionnent chez lui comme organe de sélection. C'est cela qui rend si difficile de trouver une commune mesure entre lui et les autres. James a toujours une avance au départ : les mêmes opérations que les autres exécutent en cours de route, qu'ils poursuivent chapitre par chapitre, ou même phrase par phrase, sont incluses chez lui dans l'acte initial. Le *germ* que tout ensemble il accepte de la vie et qu'il lui soustrait, il ne le veut que solide, résistant comme un noyau, et en même temps du volume le plus réduit possible, ou plutôt cette solidité le « *germ* » ne l'acquiert que dans la gestation : à l'origine, c'est une brise impalpable que la vie lui envoie, souffle dans sa direction. Et à partir de cet instant, volontairement il se bouche les oreilles, clot ses narines, ferme les yeux : de la vie, il ne veut pas savoir davantage, tant est profonde sa persuasion qu'elle ne peut que gâter en ajoutant. Vous avez parfaitement raison de le comparer à l'araignée qui tend sa toile. Ses rapports avec la vie, je les vois sous la forme du fil télé-

graphique qui court par-dessus les rails et parallèlement
à eux. Dans son œuvre, les pensées et les sentiments
des personnages ont la durée et le plein développement
qu'ils auraient en effet si chacun d'eux existait seul, pour
soi-même, sans être coupé, dévié par tous les autres, —
s'ils se mouvaient sur des lignes parallèles au lieu de se
résoudre en points d'intersection, — qu'ils auraient en un
mot si la vie n'existait pas. A cet égard James fait souvent songer à Bach (à cette musique astronomique dont
vous me parliez si bien un jour) — et aussi à Brahms chez
qui rien ne contrarie les amples volutes de chaque thème.
Chez Beethoven au contraire, au moment où le thème
ouvre sa plus large corolle, comme le coup de lance du
soldat romain au Golgotha, un second thème le transperce, — « et de la blessure jaillit le sang même de la
vie ». Comme j'exprimais tout cela à Gide, sans doute
avec une vivacité et une pointe qui me fuient aujourd'hui
que je les veux ressaisir, il me dit : « Que de fois n'ai-je
pas souhaité dans nos entretiens qu'il y eût une sténo-
graphe ! J'ai lu attentivement votre note sur *Mérimée
portraitiste* (N. R. F., 1ᵉʳ octobre). Comment se fait-il que
je ne retrouve pas dans ce que vous écrivez tout ce qui
fait le prix de votre conversation ? A quoi cela tient-il ?
Est-ce trop de conscience ? Pardonnez-moi, je vais employer deux expressions extrêmement vulgaires, — mais

dans vos écrits il me semble toujours que vous « tournez
autour du pot », alors que je voudrais vous voir « mettre
les pieds dans le plat ». Est-ce peur de votre propre pensée ? Je voudrais vous voir l'engager davantage ; je voudrais vous voir la compromettre. Comprenez-moi bien :
ce que je vous reproche, et c'est assez terrible de reprocher cela, c'est un excès de qualités : vous n'êtes pas en-
deçà, vous êtes au-delà : il y a des écrivains dont on voudrait qu'ils disent davantage, vous au contraire vous
dites trop, et vous arrivez ainsi à exténuer notre intérêt.
Est-ce votre extraordinaire politesse, votre faculté de
respect ? En tout cas vous expliquez trop, beaucoup trop,
— et vous oubliez le précepte de Montesquieu : « Pour
bien écrire, il faut sauter les idées intermédiaires », —
il y a chez vous comme un manque à gagner par crainte
de rien laisser perdre. Vous ne laissez plus rien à faire
au lecteur. Vous tracez tout le contour, tout le tour de
votre pensée. C'est pour cela que je redoute pour vous
la forme de l'étude, de l'article. Dans vos fragments, dans
votre Journal au contraire — qui par surcroît dessine si
admirablement votre figure — je ne sens jamais rien de
cela : je me rappelle tels passages de critique littéraire
par exemple dont je regrette de ne pas trouver l'équivalent dans vos écrits... Peut-être auriez-vous besoin quand
vous écrivez de vous adresser en pensée à quelque ami

imaginaire... Moi, c'est l'opposé : je suis gêné dans la conversation, et à l'aise devant le papier ». — « Vous avez entièrement raison, et vous êtes le seul qui puissiez me dire tout cela utilement, parce que le seul qui me compreniez assez à fond pour que j'aie la sensation que l'observation vient du dedans et non du dehors. Dans tout cela il y a tant de facteurs qui jouent. Quand je me suis essayé à écrire il y a vingt ans, tout ce que je faisais était sec, étriqué, sans *lié* et sans *ton* : sous l'influence de l'épanouissement par le bonheur que m'a donné Z., — et qui m'a révélé le monde des formes, de la beauté plastique, — sous l'influence aussi des tableaux et de la musique (auxquels je pense plus quand j'écris — au point de vue du ton, du pas, du rythme, de la durée — que je ne pense à des livres proprement dits), j'ai à la fois trop ralenti ma marche, et trop filé ma pensée. Pour tout, il me faut trop de temps : j'ai des mesures pour rien — qui ne seraient pas telles en musique, mais qui le sont en littérature. Henry James, avec les œuvres de qui j'ai tant vécu, — Bergson et l'idée de la durée réelle —, m'ont aussi inconsciemment orienté à cet égard. Il y a des moments où je me sens moi-même comme pris à mon propre enchantement, et je ne parviens pas à me désensorceler ; — ici encore, parce qu'influencé par Bergson je vois toujours un peu dans le fait que ce désensorcellement impli-

que un sectionnement du flux de la vie intérieure, une
rupture du *stream of consciousness*, un acte arbitraire
et *unconvicing*. En sorte qu'ayant chaque jour davantage horreur de la facilité je finis néanmoins par aboutir
à elle par un scrupule de conscience déplacé. Et pourtant
je ne prise, au fond de moi-même, — et en dehors des
manifestations d'un génie souverain qui d'ailleurs ne
semblent faciles que parce qu'elles ont toutes difficultés
vaincu, — que les choses difficiles. Je ne sais si je réus-
sirai à me vaincre à cet égard : je tenterai en tout cas
tout le possible, et je n'oublierai jamais ce jour et la tendre compréhension avec laquelle vous m'avez averti.
J'admire tant la manière dont vous-même avez su vous
imposer des disciplines ». — « Je n'en ai guère eu qu'une,
mais elle m'a beaucoup servi : tout jeune, j'ai toujours
été attiré surtout vers ce qui ne me ressemblait pas, vers
ce qui était loin de moi, — mais d'ailleurs c'est une discipline que l'on ne saurait toujours recommander : il y
a des gens qui ont besoin au contraire d'abonder dans
leur propre sens ». Comme Gide me disait ces mots, nous
étions devant la porte de la villa. Nous sommes montés
dans la belle petite pièce tout en haut, — et il m'a lu le
manuscrit de l'admirable préambule de la seconde partie
de *Si le Grain ne meurt*. Jamais la langue et le style chez
Gide n'ont été plus purs, plus transparents, plus parfaits

que depuis *la Symphonie Pastorale*, — il est absolument
maître de son instrument : personne aujourd'hui ne représente comme lui la tradition de Racine. En partant il
m'a redit avec encore plus d'urgence qu'autrefois: « Quoi
qu'il advienne, n'abandonnez jamais le fragment et le
Journal : c'est votre forme ».

Gide m'avait parlé si affectueusement de Z., me demandant : « Que pense-t-elle de tout cela ? » ; et elle et
moi en avons causé longuement hier au soir et ce soir.
Elle m'a dit : « Je me rends compte que je vous ai moi-
même poussé à expliquer, et je reconnais que nous avons
passé le but. Mais je ne le regrette pas, parce que sans
cela vous ne seriez jamais parvenu à écrire du tout.
Avant cela vous vous borniez à tout rejeter avec mépris ». Elle n'a pas tort, et il doit être encore possible de
freiner. Et d'ailleurs, comme je disais à Z. ce soir, il
faut accepter ses fatalités : je me rends bien compte que,
primitivement, je suis un être moral, et non un être intellectuel, — un être moral qui applique toutes ses forces —
et même les morales — à des objets et des préoccupations intellectuelles (ici encore je sens une analogie profonde avec Henry James : v. notes second cahier consacré à James). Je le sens très nettement quand je me trouve
avec X. qui est primitivement un intellectuel : tout
l'effort de Gide, moral à l'origine, a été de se muer en

intellectuel avant tout, et il l'est devenu. Cet entretien m'a profondément occupé, mais nullement déprimé, tant l'intérêt que me porte Gide ne fait qu'accroître, que creuser mon affection et ma gratitude. Ma vie reste heureuse et comblée : mon acceptation de tout est devenue ce qu'elle doit être : une joie dans le perfectionnement qu'il dépend de moi qu'elle apporte à ma vie et à ma nature. Tout en haut de la pyramide il y a l'amour de Z1 et de Z2 — pour tout le reste je fais simplement de mon mieux ; et si je n'atteins pas dans les fruits de mon travail la perfection que je voudrais, je saurais du moins que ce manque a une valeur d'expiation pour les années dont je n'ai pas fait ce que j'aurais dû, — et ainsi ce qui pourrait me désarçonner par les vains regrets et reproches se transformera peut-être en progrès spirituel.

Et maintenant dès demain — non, dès aujourd'hui, au travail... Une heure du matin vient de sonner.

Mardi soir 9 Novembre,
Paris, 15, Avenue d Eylau.

Onze heures et quart... Nous rentrons de la première séance du quatuor Capet reconstitué. Soirée inoubliable, ovations triomphales... Septième et quatorzième quatuors de Beethoven. Jamais le mouvement fugué par lequel commence le quatorzième ne nous avait paru à Z. et à moi si grand : nous avons eu la même sensation : nulle part n'est à ce point rendue l'absolue solitude de l'âme; à mesure que le thème initial se prolonge, il se dématérialise encore sans s'amincir — véritable miracle beethovénien — et l'âme passe lentement à l'horizon, ainsi que l'on s'imagine le Christ marchant sur les flots. L'*Adagio quasi un poco andante* dont l'ineffable aveu s'ouvre tel une large fleur entre le *Presto* et l'*Allegro* final, — cet Allegro qui d'abord bondit, mais ne peut se soutenir, tout abourdi par le poids du quatuor entier ; dont l'élan a peine à soulever tout ce qui s'est passé depuis l'origine et qui demeure, — tout ce qui est *arrivé* aux thèmes : plus d'une fois il s'y reprend, et cette lutte emplit toute la fin de l'œuvre et lui donne son sens. Comme je le disais à Z. aussitôt après, ce qui, ce soir, m'a frappé plus que tout, c'est à quel point, à mesure que le quatuor se développe, les thèmes sont comme labourés et roulent en eux-mêmes inlassablement tout ce qui leur est advenu depuis leur première apparition. Le : « Il roulait ses pensées dans son cœur » des héros d'Homère, et le vers de Baudelaire :

« La mer, la vaste mer, console nos labeurs ».

Avec Beethoven, je reviens toujours à mon idée de la blessure des thèmes, du coup de lance du soldat romain (v. mon entretien avec Gide — journal du Mardi 5 Octobre dernier). Chez Wagner seul les transformations des thèmes ont cette importance, mais avec des modalités toutes différentes (Journal du 24 Janvier 1920) : elles sont encore dans le plan de l'art, de l'adhésion absolue de la personnalité au sentiment exprimé, auquel la personne totale devient pour ainsi dire coextensive. Chez Beethoven, elles tombent sous la catégorie d'une tristesse métaphysique, — cette tristesse qui constitue ce surplus auquel je fais allusion dans les notes prises sur le programme. En rentrant, je rappelais à Z. l'inépuisable phrase

de Bossuet : « Le propre de la miséricorde, c'est de conserver » qui ferait une si belle épigraphe à des notes sur
Beethoven. — « Mais un des soldats lui transperça le côté
avec sa lance, et aussitôt il en sortit du sang et de l'eau. »
(Evangile selon saint Jean, XIX, 34).

1er mouvement. Sensation des étincelles qui jaillissent des bois si longtemps frottés. Ce que la musique de Beethoven peut faire d'un thème en restant sur ce thème, — en pesant sur lui : différence de musique et de littérature à cet égard, à cause du sens des mots.

2° *Allegretto sempre scherzando.* Derrière tous les jeux de Beethoven, cette force triste, inutilisée, présente, — lointain roulement de tonnerre. De temps à autre, envols brusques d'oiseaux légers. Chez Beethoven. il y a toujours ce surplus *brooding* au-dessus de ce qu'il crée.

3° *Adagio* — larme interminable qui descend lentement le long de la joue, — le passage au thème russe.

Prétendue froideur de Capet. Haine de la perfection, Baudelaire : « Le Français a une haine naturelle de la perfection. » *Etude sur Gautier.*

Samedi après-midi 11 Novembre,
Thé de l'Avenue d'Antin.

Venu ici en sortant d'un Festival César Franck, salle Gaveau. — Entendu pour la première fois le *Trio* en fa dièze, œuvre de sa vingtième année (1841). Le thème au début de l'*Andante* — et d'ailleurs l'*Andante* presque tout entier — est très caractéristique du Franck de l'avenir. Dans l'*Allegro* et l'*Allegro Maestoso*, la musique tourbillonne à l'excès : on pense aux chevaux de bois sur lesquels des enfants encore inexpérimentés foncent vers les bagues, mais les manquent. Le mouvement rapide, Franck du reste ne le maîtrise guère que dans les œuvres de la fin ; et encore ce mouvement rapide a-t-il toujours besoin en son cas d'une exécution particulièrement attentive, Franck étant parfois entraîné par son propre mouvement au point que la distinction s'en ressente. — Ce *Trio* confirme mes observations anciennes sur les œuvres de jeunesse des grands artistes par rapport aux chefs-d'œuvres de leur maturité : presque toujours le noyau du fruit futur est présent, mais sans la chair ni la pulpe. L'enveloppe fait défaut parce que c'est l'âme qui la donne, — et que dans la jeunesse on n'a pas d'âme, de spiritualité véritable, alors que pourtant plus que jamais on croit témérairement en avoir. C'est bien plus tard, quand on est le moins assuré d'avoir une âme, qu'on l'a le plus.

Le *Quintette* m'apparaissait aujourd'hui comme le plus formidable des orages d'été. C'est un monde à part, complet. Toutes les fois que je l'entends, je songe au mot de Poussin : « Chaque grand artiste est créé comme un monde ».

Un de mes projets les plus anciens, c'est d'écrire un jour une étude sur Bach afin d'exprimer tout ce que Bach a été dans ma vie. Remontons aux origines. Ainsi que tout enfant à qui l'on donne des leçons de piano, on m'a fait jouer quelques Préludes de Bach sans que, bien entendu, je fusse alors en état d'y comprendre ou d'y sentir quoi que ce soit. En novembre 1904, j'étais à Berlin depuis quelques semaines et je venais de me lier avec Reinhold et Sabine Lepsius, lorsqu'un soir où j'étais seul avec eux dans leur paisible salon du *Westend*, je priai Madame Lepsius de me faire de la musique. Elle me dit : « Quel est le musicien que vous préférez ? » et quelque chose en moi, avant que je n'aie eu le temps d'intervenir, répondit : Bach. Or, c'était là non pas une vérité, mais un désir. Je me trouvais alors dans l'état de quelqu'un qui, malheureux, ayant perdu toute domination sur lui-même, demande à l'Art de lui apprendre à se dominer, et je devinais que c'était cela précisément que Bach m'apporterait. Madame Lepsius me joua alors la *Cantate pour la Pentecôte* que je ne connaissais pas, et qui, depuis, est devenue un des centres de ralliement de ma vie. Jamais je n'oublierai cette soirée, ni le jour où. quittant avec tristesse mes amis de Berlin, Madame Lepsius eut la délicate pensée de m'envoyer, à la dernière heure, la partition de la *Cantate*. Depuis ce temps, et à travers des étapes dont mes journaux gardent la trace (Journal de 1909 : notes sur l'intellectualisation du cri chez Bach ; Journal de 1910 : notes sur l'*Adagio* du Cinquième Concerto Brandebourgeois et sur l'*Aria* de la Suite en ré), Bach est toujours resté mon grand recours. Je disais un jour à Z., il y a dix ans : « La musique de Bach présente ce caractère extraordinaire que, tout vînt-il à nous manquer, nous avons l'impression qu'elle serait toujours là, — je veux dire que si le monde était emporté dans quelque grand cataclysme, on ne conçoit même pas qu'elle pût y être englobée ». Comme je confiais ce sentiment à Gide, il me disait en éprouver un analogue : « La musique de Bach, ajoutait-il, est une musique astronomique ». Mot profond, et qui marque à merveille son indépendance vis-à-vis du monde au milieu duquel nous nous agitons. Sans doute en un sens cette indépendance tient à toute la mathématique qui y est incluse, — mais cette mathématique même devient pour nous le signe d'un certain ordre moral auquel nous manquons, mais qu'en quelques notes ou quelques accords elle nous restitue toutes les fois où nous l'entendons.

Un dimanche d'avril, à Nice, comme je jouais seul la *Cantate* sur le piano du Righi-Palace, j'éprouvai un peu plus nettement la nature de cette force de Bach. Peut-être n'y a-t-il jamais eu force plus formidable, et cependant il n'en est pas qui soit plus dégagée, plus loin de toute violence. C'est par là que Bach est à la fois si salutaire et presque inaccessible. Cette disjonction des idées de force et de violence, un très grand artiste — un Wagner, par exemple, dans *Parsifal* — parviendra à nous l'imposer par son art, mais en lui elle n'est pas primitive. Bach est le plus haut point de cette rare lignée dont j'ai écrit ailleurs qu'elle n'était pas à l'échelle humaine. Un Bach a tellement peu besoin de nous — je veux dire de l'attention que nous pourrions lui prêter — que ses œuvres nous donnent la sensation, lorsque nous les entendons, de s'être jouées indéfiniment durant tout l'intervalle qui s'est écoulé depuis que nous les avons entendues, et de continuer toujours indéfiniment à se jouer. A la cime, les *Psaumes* et Bach, à leurs rangs respectifs, Henry James, le Van Eyck du Louvre, la pensée de Valéry, Mallarmé (ce que l'on nous dit de l'homme plus encore que son œuvre), tels sont quelques exemples de ces génies que je n'appelle inhumains que parce qu'ils remplissent trop parfaitement l'archétype humain, qu'ils sont pleinement organisés. L'humanité, au contraire, se trahit chez la plupart d'entre nous par l'inorganisation, l'essoufflement, les interruptions, toujours par des *manques* ; — et là où il y a plénitude, nous sommes toujours tentés de dire qu'il y a inhumanité.

Dimanche dernier, nous avons rejoué, l'après-midi, Z. et moi, certains airs de la *Passion selon Saint Matthieu*. Bach prend quelques-uns de ces mots allemands qui s'accordent si bien à sa musique : *Busse, Reue*, et sa musique monte pour ainsi dire sur place, elle progresse en marquant le pas, selon l'expression militaire.

Comme Rivière a eu raison d'écrire autrefois : « La musique de Bach, c'est la musique de la contrition ». Elle excelle dans ce que l'Eglise définit comme la contrition parfaite, c'est-à-dire dans un état tout purifié du sentiment, où la faute n'est plus qu'en fonction de l'offense faite à la Perfection elle-même. Elle est comme un perpétuel *mea culpa*.

Et c'est la musique de l'absolue solitude. Plus rien que le dialogue de l'âme avec soi. Elle s'élève, et c'est la voix d'un être retiré à la tombée du jour dans le coin le plus sombre de la pièce. Pureté, force, perfection du paradis spirituel ; — et, dans l'âme de l'auditeur, honte sans analogue, sens aigu, poignant de ce à quoi l'on manque sans cesse. La musique de Bach est peut-être la seule forme sous laquelle je puisse encore concevoir une morale et une religion. Quelques mesures de lui, et le trouble, la paresse, la veulerie, ne peuvent plus tenir là-contre.

1922
Journal du Vendredi 28 Avril,
Ile Saint·Louis.

Je suis rentré d'Angleterre dimanche soir, et ces trois jours à Londres et à Stratford-on-Avon m'ont laissé un inoubliable souvenir. Je n'étais pas retourné en Angleterre depuis octobre 1905, c'est-à-dire au fond depuis une époque où mon amour pour l'Angleterre n'était rien auprès de ce qu'il est devenu dans l'intervalle, et j'ai pu me rendre compte que ce qui l'avait à ce point accru, c'était avant tout ma connaissance de l'œuvre de Henry James, — connaissance qui ne remonte vraiment qu'à 1907. Dès que j'ai mis le pied sur le sol anglais, il m'a semblé que je rentrais véritablement chez moi. Je me sentais d'accord, comme je ne me suis peut-être jamais senti d'accord, et avec les choses et avec les êtres. Un temps merveilleux, un ciel bleu et pourtant comme moite, partout cette brique rouge qui, même moderne, est pour moi la caractéristique même de l'Angleterre. Pays où tout à mes

123

yeux secrète une beauté qui est indépendante des notions
de beauté ou de laideur telles qu'elles se forment en nous
habituellement : tout ce qui est anglais a une façon à la
fois si vigoureuse et si tranquille de l'être. Dans Londres
même, cette absence du blanc qui fait qu'à côté de la
prédominance des rouges les gris et les bruns même les
plus sales éveillent des sensations visuelles. Ces façades
sans ornements, avec les petites fenêtres comme tournées
en dedans ; — cette carence totale du moindre désir de
produire de l'effet que l'on retrouve dans les voix basses,
dans la *shyness* et la *diffidence*. A Stratford, chez Lord
Sandwich, à *Crofts Hall*, cette maison Tudor si pure
avec ses poutres foncées et ses murs à la chaux : le *lawn*
irréprochable qu'encercle de partout le mur de briques
rouges. En allant à la *Wallace Gallery*, j'eus une vraie
joie à me rappeler que Henry James place dans Man-
chester Square la maison de l'héroïne de *la Leçon du
Maître* : Marian Fancourt. Le soir de mon retour à Paris, je disais à Z. que la seule intensité qui soit spécifiquement anglaise est l'intensité du repos, de la paix, de
la tranquillité. Revenant en auto de Stratford à Londres,
nous traversâmes Oxford, et j'eus l'émotion de passer
devant mes anciennes chambres de *Balliol*.

Pas pu tenir mon Journal depuis un mois, et pourtant
je ne connais plus la détresse qui me prenait si fort naguère, le sentiment des choses précieuses perdues.
J'éprouve au contraire que si les choses ont l'air en effet
d'être perdues, elles continuent à vivre en moi et se re-
trouvent. Peut-être est-ce dû à cette certitude nouvelle —
si tranquille, et qui, lorsqu'elle me visite, semble me verser une volupté analogue à celle du travail nocturne —
que j'écrirai un jour cette autobiographie à laquelle je
pense depuis quelques années : certitude si curieusement
forte aujourd'hui que les retards, les besognes accumu-
lées ne rencontrent plus chez moi que cette sorte de sourire accueillant que l'on a vis-à-vis des choses qui se
produisent sur un plan que justement l'on vient de quit-
ter. Nul doute que ce ne soit l'exemple de Proust, rendu
plus pressant et plus sensible par le choc de sa dispari-

tion, qui m'ait introduit sur ce plan nouveau : l'autre jour, regagnant l'Ile par notre passerelle whistlérienne, il me semblait l'entendre — lui que j'ai tant aimé et n'ai connu que sur son lit de mort — me dire : « Tu vois. Je l'ai fait. On ne croit pas que cela soit faisable ; on hésite, mais un jour viendra où comme moi tu te détacheras même des choses que tu aimes encore le plus, et plus rien ne te semblera du même prix, de la même importance que de dégager à mon imitation l'élément Montaigne que chacun de nous porte en soi. Comme Montaigne, tu te diras : « Je suis homme et porte en moi toutes les formes de l'humaine condition ». — Quand commencerai-je ? Je ne sais ; mais je sais que là est pour plus tard mon destin.

Et le plus curieux, c'est qu'écrivant sur Proust lui-même, et m'acquittant de mon mieux, — en composant cet article pour l'*Hommage* de la N. R. F. je n'avais qu'un sentiment : le désir que, s'il avait pu se pencher sur la page, il m'eût dit : « Ça va : il n'y a pas une banalité », — je gardais l'impression d'être dans une certaine mesure détaché de cet article dans le moment même où je l'écrivais ; et lorsque, dans la voiture qui nous menait chez Jacques Rivière, Z. m'a dit, en une de ces intuitions si justes et si comiques qu'elle a sans cesse à mon sujet : « Il n'y a vraiment que vous pour arriver à avoir

une ligne dans l'abstrait », j'ai éclaté de rire tant c'était
vrai. Non, à l'heure actuelle, c'est le livre qui se forme,
je pourrais presque dire qui s'écrit peu à peu en moi sur
Keats qui m'importe.

Hier matin impression assez particulière : j'étais très
faible, très fatigué, sans aucun désir ou vélléité d'aucune
sorte, et à cause peut-être même de tout cela — tel
Swann chez Madame de Saint-Euverte — j'ai eu la sensation physique du temps qu'il faisait comme il ne
m'était pas arrivé depuis des années. L'air était d'une
telle immobilité qu'il semblait que l'on avançât dans le
monde comme dans un élément à la fois irréel et confortable : le ciel, ni haut ni bas, d'un gris cendreux, uniforme et lisse ; une température, ni chaude, ni froide, pas
même tiède à proprement parler ; une neutralité générale, un cliché négatif des objets et des êtres. Cette impression s'est trouvée ouatée encore par la cocaïne que
le dentiste avait dû m'injecter. Je suis allé ensuite au
Café de la Paix où j'ai bu un café au lait qui a donné la
seule note positive à tout cela, mais d'un positif encore
uni et comme égalisé. Toute la matinée j'ai circulé à pied
relisant les Chants II et III d'*Endymion*, et marchant (je
ne m'en suis rendu compte qu'après coup) à tout petits
pas comme si j'avais peur de déranger en moi cet état

physique si rarement ressenti, éprouvant peut-être aussi
— car je suis puéril à ce point — un plaisir à mettre mon
pas au *tempo* d'*Endymion*, car justement pendant toute
la matinée j'avais *mused* sur l'extraordinaire lenteur du
tempo de Keats.

Et cette lenteur, comme la question des *tempi* en général chez les grands poètes, pourquoi n'y pas consacrer
une de mes conférences du *Vieux-Colombier* et ne pas
essayer de serrer de près et pour de bon ce que j'appelle
le *pas* des écrivains ? Oh ! je sais (et précisément un des
progrès de ma sévérité a été de m'en rendre compte ces
derniers temps) qu'il est plus agréable de s'enivrer comme je le fais de ce mot de *pas* en me disant à moi-même :
je sais bien ce que j'entends par là ; mais je serais encore
plus sûr de l'entendre si bien quand je l'aurai approfon-
di et, ce qui est plus grave et plus compromettant, exposé. Ce qui me gêne, c'est, je ne dis pas seulement mon
ignorance, mais mon inaptitude pour tout ce qui touche
la prosodie et la métrique, et d'ailleurs tant française qu'anglaise. Oui, je suis évidemment très fier
lorsque j'ai parlé de l'allitération et des voyelles ouvertes
ou fermées. Z. me disait de me renseigner auprès de R.
C. Trevelyan, et il est certain que je n'ai jamais rencontré pareil roi de la science du vers. En tout cas il faut

qu'il me donne des indications de livres, et que, pour ce
qui a trait à la prosodie française, j'en demande à X.
— qui bien entendu me répondra : « Cher ami, ne savez-
vous pas qu'il n'existe rien sur rien ». Cependant je n'en
noterai pas moins, si hasardeux qu'il puisse être, mon
embryon de métaphysique à ce sujet en ce qui concerne
Keats. D'abord ce qui me frappe de plus en plus à mesure que je l'étudie, et que je confiais à l'Abbé Bremond
l'autre jour, c'est qu'à côté de lui tous les autres poètes
paraissent dans le travail de l'expression n'avoir fourni
que le quart à peu près du travail qu'à chaque fois lui
fournit. Prenons par exemple Baudelaire de qui, dans
mon étude sur lui, je disais qu'il fut le premier en France
à charger chaque mot isolément du halo et de la frange
des significations associées. Cela reste vrai en soi, mais
de lui à Keats — par rapport au mot isolé — il y
a la même différence qu'entre un brûle-parfums et une
pêche. Le terme *fruit* me revient toujours avec Keats,
et il doit jouer dans mon étude un rôle de premier plan.
Plénitude, rondeur, succulence, duvet, saturation et
éclat, il y a en lui tout de la pêche. Autre point : ce travail quadruple auquel je faisais allusion tient à ce que
jamais chez Keats *la valeur du mot n'est déterminée par
ses seules relations avec les autres mots du vers ou de la
phrase poétique.* Je me sens ici au bord de l'indicible ;

mais il m'apparaît que chez le grand poète français la valeur du mot est de *position*, au moins autant, sinon plus, que *d'essence* ; il ne serait pas impossible que (Baudelaire mis à part néanmoins), là où elle paraît d'essence (Racine, Valéry), cela soit dû surtout à un sens miraculeux des positions. Chez Keats, il y a dans toute pièce suprême je ne sais quelle superposition de trajets suivis par l'agencement des mots, et le plus haut situé de tous, le plus unique, c'est celui qui semble naître de l'attouchement d'une étoile par un fruit.

Et ceci nous expliquerait sans doute pourquoi le *tempo* de Keats est, et doit être, si lent. Les mots sont ici comme les fruits d'or du Jardin des Hespérides ; et quand on joue à la balle avec ces fruits-là, il n'est pas concevable que l'on brusque les opérations. De plus l'expression est si pleine, si chargée qu'il faut en quelque sorte qu'on lui donne le temps de produire, de développer en nous sa vertu. Sidney Colvin — de qui le livre, à mesure que je m'en sers davantage, m'inspire une estime croissante — a une formule heureuse lorsqu'il dit que Keats *distille* toujours et ne *décrit* jamais (c'est son point d'antithèse avec Gautier qui décrit à merveille, mais reste en deça de toute possibilité de distillation), et ceci me ramène à une de mes plus anciennes images sur Keats : celle du

Journal de septembre 1909 où je dis à peu près que dans un grand vers de Keats chaque mot ressemble à un coureur qui se porte à son tour sur la ligne de départ.

Dans cette dernière quinzaine, j'ai relu deux fois d'un bout à l'autre *Endymion*. Reconnaissons d'abord qu'il faut adorer Keats pour se livrer à ce genre d'exercice, et cela non pas du tout seulement à cause des inégalités, des digressions et des monotonies tout ensemble du poème, mais parce qu'au fond si nous sommes tout à fait sincères, il faut un effort pour lire, avec une attention qui ne fléchisse point, un poème de longue haleine. Pour ma part, je ne l'ai jamais fait que pour Keats, et je suis à peu près certain que lorsque l'été prochain je le ferai pour Dante et pour Milton, il me faudra le même effort. A cet égard, il y a non seulement une justesse, mais une sagesse esthétique dans la doctrine de Poe en faveur du poème court. Cependant, à quelques objections que soit toujours sujet, à mes yeux, le poème long, il y a quelque chose d'héroïque et comme une *gentilezza signorile* dans l'entreprise. La lecture d'*Endymion* — surtout du quatrième chant que je n'avais peut-être jamais étudié d'assez près avant aujourd'hui — m'a fait sentir l'infinie valeur psychologico-métaphysique des problèmes qui y sont abordés. J'en touche certains dans mon cours de

demain ; d'autres, je pourrai peut-être les traiter au
Vieux-Colombier. Il serait bon — ce que je laisse volontairement de côté demain — d'amorcer ce qu'*Endymion*
nous révèle sur la position de Keats vis-à-vis de l'amour,
— sur quoi d'ailleurs j'aurai peut-être à revenir chez les
Maurois dans ma dernière leçon si j'ai le temps d'abor-
der l'épisode Fanny Brawne. Chez le Keats du début,
celui qui écrit dans une de ses lettres à peu près ceci :
« Les femmes sentent bien que dans mes poèmes elles
sont classées avec les bonbons et les entremets », il y a
un très curieux mélange : d'abord une admiration éperdue devant la beauté physique, le caractère bel objet ani-
mé de la femme, combinée avec une chevalerie à son
égard issue de Spenser, et un besoin constant de la protéger ; d'autre part, il n'y a pas de doute que, lorsqu'il
parle de la femme, jusque vers le milieu de 1818, il est
d'une mièvrerie, d'une pâmoison, d'une complaisance et
comme d'un retournement de l'expression sur soi (son
expression devient à ces moments-là *curiously sugary :
it is no longer the women but what he says of them that
becomes truly sweetmeats*) qui rend ces passages d'une
vulgarité assez déplaisante ; mais il en est d'autres —
honnis ceux-là par les parfaits gentlemen que sont Sidney
Colvin et Selincourt — dont je ne peux pas dire que je
les aime, mais qui en tous cas posent un problème d'un

intérêt singulier: ce sont ceux où *feverishly boyishly*, le
jeune Keats ne prétend à rien de moins qu'à nous décrire
la possession physique ; et si je trouve qu'il échoue,
qu'entends-je par là, si ce n'est peut-être qu'il réussit ?
En tout cas il nous donne exactement ce je ne sais quoi
de si merveilleusement déplaisant qu'est la chose sans
plus. Plus tard, grand magicien qu'il est, il saura trouver ces équivalences par la transposition qui sont le salut à cet égard non seulement de l'artiste, mais de l'acte
même. Dans certaines des *Odes*, dans celle à la Mélan-
colie en particulier, il y a comme ce balancement idéal
du monde dans lequel la possession transporte lorsqu'elle
s'est elle-même transcendée. Mais je ne vois pas très bien
comment sans tomber dans le pharisaïsme — et mes
chers amis anglais ne craignent pas cette chute confortable — on peut faire le procès des peintures amoureuses
de Keats sans faire du même coup le procès de ce qu'elles
dépeignent. Non, il y a là chez Keats, comme le prouve
son admirable note marginale sur son exemplaire de
Burton, toute la sincérité du dualisme lacéré. *Keats is
safe as long as he stares and gazes, a miserable madman
— a « fever of himself », as he so beautifully says in the
revised Hyperion — as soon as he touches, because then
he cannot stop.* Et le Keats d'avant Fanny Brawne, celui
de ce renoncement en vertu de la beauté même, dont je

parlerai demain, au fond ne peut pas à la fois aimer une femme et accomplir sa destinée de poète. C'est pourquoi (et je regrette que le temps me fasse défaut pour décrire demain la figure de Peona, la sœur d'Endymion) le bonheur le plus vrai que la femme lui apporte, c'est quand il trouve en elle une sœur, celle qui évente et panse en même temps les multiples blessures reçues à la poursuite de l'idéal. Dans quelle mesure peut-on aimer un être particulier — j'entends dans un sens plénier — sans faillir à la grandeur d'une tâche immatérielle, et qui précisément, parce qu'immatérielle, demande en nous l'homme tout entier, *leaves so to speak nothing over* ? Problème passionnant, magnifique, et autour duquel je voudrais dans mon livre sur Keats faire graviter tout ce qui a trait à l'amour.

Lundi après-midi 15 Janvier, 4 heures.
Ile Saint-Louis.

En lisant hier après-midi, dans le numéro d'hommage
de la N. R. F., le fragment de *La Prisonnière*, je sentais
l'impossibilité d'illusion d'un Proust s'insinuer en moi
d'une façon toujours plus pénétrante, et en même temps
j'étais tout imbibé de l'étrange poésie qui s'en dégage.
La poésie de la désillusion, oui, il y a là vraiment une
forme de poésie tout à fait spéciale à Proust, et sur laquelle il nous faudra revenir. Le *moi* apparaît tel une
barque frêle engagée dans un système stellaire, et tra-
versé de part en part par des rayons irrésistibles et insa-
nes qui font communiquer des astres en le transperçant.
(Ceci, simple amorce, et combien grossière, d'une idée
à suivre, à creuser). Peut-être cette poésie naîtrait-elle
d'un état second du sentiment de la solitude. Jusqu'ici,
la solitude humaine conçue sous l'aspect de gigantesques
forces hostiles s'abattant avec un deploiement inutile sur

un être courbé, mais que — je ne sais pourquoi — nous visualisons comme relativement fixe et immobile sous le coup (Pascal), ou se redressant en un beau geste humain qui avant Proust semblait à l'abri de tout comique, mais qui depuis…: le geste du Vigny de la *Mort du Loup* et *du Mont des Oliviers*. Chez Proust, la solitude de l'homme paraît toujours d'un être en mouvement : toujours il navigue: l'une après l'autre les flèches cosmiques l'atteignent, le traversent : il ne peut plus saigner ; chacune de ses blessures le porte un peu plus près de la mort, et cependant il retient quelque chose d'*uncannily* imperméable : il ressemble à son propre médium, — et il continue de naviguer, nul ne sachant pourquoi, lui seul s'éprouvant pris dans une sorte de mouvement perpétuel, pouvant toujours prévoir le temps qu'il fera en lui demain, dans un an, dans dix ans… sa souffrance dégage comme des bouffées de chloroforme ou d'éther… (mais encore une fois arrêtons-nous : ceci est peut-être riche d'avenir, mais non encore mûr).

Que j'ai eu tort de ne pas noter en détail le soir même l'observation si pénétrante que m'avait faite Vernon Lee chez Madame Duclaux à la fin de mai dernier, à savoir qu'elle n'avait jamais rencontré en littérature un animal à sang plus froid que Proust. Elle me disait : « La lenteur de la circulation, et en même temps l'insistante pré-

sence de je ne sais quel élément cutané, me rendent
Proust par moments intolérable. » Ce sont là en effet
deux points que j'estime de particulière importance, et
dont chacun trouve du reste dans le numéro d'Hommage
sa confirmation : le premier, dans le si remarquable
article de Ortega y Gasset : « comme si le rythme de
l'auteur était moins léger que le nôtre et mettait un perpétuel *ritardando* à notre hâte » : le second, dans la magistrale constatation de Boylesve : « atmosphère attiédie,
singularisée et comme imprégnée d'une odeur de peau ».

Mercredi après-midi, 4 heures, 13 Juin.
Vallée du Lys, La Celle-Saint-Cloud.

Hier, après déjeuner, en traversant le Luxembourg, beaucoup songé à Loti dont la mort m'avait trouvé d'abord assez *callous* (je n'avais rien relu de lui depuis plusieurs années et je ne sais pourquoi — ou plutôt je le saurai très bien, si j'en prends un jour, comme il le faudrait, la peine — Loti s'est toujours composé assez mal dans mon souvenir), puis au contraire m'a envahi d'un remords brusque de ne lui avoir jamais apporté le moindre témoignage de son vivant. J'avais avec moi *Fantôme d'Orient* que je tenais naguère pour son chef-d'œuvre : je l'ai rouvert çà et là et mon impression s'est confirmée. Loti est de ces auteurs (il en existe quelques-uns) dont le charme le plus subtil réside peut-être dans ce qu'ils côtoient tout le temps le désastre pour tout le temps se sauver dans la plus simple, la plus mystérieuse réussite. Un de ses secrets (et c'est en ce sens — malgré

l'ingrédient de pose et de fatuité qui s'y glisse (fatuité
d'ignorance comme chez un Lamartine « fatuité angéli-
que ») — qu'il avait le droit de se dire extra-littéraire,
qu'il l'était en effet, c'est que son attitude vis-à-vis des
mots est celle de l'Ingénu, — je veux dire qu'elle témoigne de la plus candide impudeur : ce sentiment qui mar-
tyrise certains d'entre nous — et moi jusqu'à un point
morbide — à savoir que les mots ont servi, ont été em-
ployés, nous arrivent après avoir passé par mille mains
et été pliés à mille usages, Loti semble ne l'avoir jamais
éprouvé : tranquillement, le périple de sa rêverie s'accomplit comme s'il était le premier homme au premier
jour de la création, et que personne jamais ne se fût avisé d'écrire. *There is scarcely one of his effects that any
of us could have produced, because each of us would
have blushed before the indispensable means of obtai-
ning them : Henry James, who loved him till the end and
always said that he could not account for it,* écrivait un
jour à Gosse à propos de *Matelot* : « *I swallowed him
like a philtre or a baiser* ». *Impossible to improve upon
that.* Loti en effet pénètre sensuellement ; ou plus exactement — mais délicat à imprimer ! — il correspond à
ce qui traîne de sensualité, après l'acte, dans la fatigue
amoureuse, à cette sensation que le Sturel de Barrès
mettait au-dessus de tout dans l'amour, et qui me paraît

pouvoir être rendue par l'expression : faire la planche.
C'est l'état de l'être qui se défait. Etat voisin, mais non
identifiable à celui que j'ai défini chez Jaloux : Jaloux à
cet égard est comme équidistant de Tourguéniev et de
Loti : je ne m'étonne pas qu'il sente Loti à fond, qu'il
en parle toujours si bien. Mais la rupture de l'être est
chez Tourguéniev et Jaloux de nuance plus métaphysique : chez Loti, de nuance plus irrésistiblement enfan-
tine, celle de l'enfant qui a peur la nuit dans le noir. Loti
n'a d'ailleurs jamais caché cette sensation de peur, d'effroi, presque d'épouvantement devant la mort et le mystère de l'univers, et il est toujours le plus lui-même
quand il reste le petit enfant. Il y a quelque chose de
touchant, mais de condamné d'avance, lorsqu'on le
voit partir pour la Terre Sainte ou pour l'Inde,
interroger l'Evangile ou les brahmes. Parmi les grands
artistes, le moins intellectuel, le moins capable d'intellectualisation qui fut jamais : à cet égard il offre le plus
curieux, le plus instructif contraste avec Chevrillon : plusieurs fois ils firent les mêmes pèlerinages et en apparence avec le même objet; mais la trame du style de Chevrillon est toute tissue de pensées: il est le maître du paysage pensé, et si dans son art même ne se trahissait un
excès d'application tendue (qui peut-être lui vint de son
oncle Taine, lequel présida à ses débuts, — bien qu'à

mon avis Chevrillon ait bien plus en lui de l'artiste
véritable que Taine), il n'y aurait à peu près rien à
reprocher à ses livres. Chez Loti, au contraire, ce qui
peut subsister de pensée n'a valeur que d'un *background*
qui rehausse ; et pour ma part moins ce *background*
dans son cas intervient, plus Loti me dispense de contentement.

Je songeais hier en me promenant à quel point Loti fut
un génie féminin : ce trait même de la candide impudeur dans l'usage des mots est féminin au premier chef.
(Que l'on songe aux derniers livres de Gérard d'Hou-
ville). Le génie féminin flatte, caresse. enlace ; il a un
désarmant besoin de plaire.

Je me rappelais l'époque où, âgé de quinze ans, je
lisais *Ramuntcho* tandis que le livre paraissait dans la
Revue de Paris. La phrase par laquelle Ramuntcho prélude : « Les tristes courlis, annonciateurs de l'automne
ne.... » m'avait à la lettre ensorcelé. (J'ai relu *Ramuntcho* avec Z. à Saint-Jean-de-Luz en septembre 1914 et
y ai pris un plaisir encore accru). Ce dut être vers ce
temps que. pour définir la prose de Loti. j'aboutissais
à l'épithète : cendrée ; elle est juste. elle rend cette poudre impalpable qui flotte sur ses phrases.

Fantôme d'Orient a ceci en plus des autres livres de
Loti que la condensation en ces trois jours de course

éperdue pour retrouver le fantôme donne au livre une composition, à l'impression une unité de lieu qui ici ajoutent encore au caractère poignant : combien admirable la méditation de Rochefort, le soir qui précède le départ, avec le rythme de ses alternances !

J'ai commencé hier matin la cure de lit que le D^r C.
exigeait depuis des mois. Il n'y a pas de doute qu'immédiatement les souffrances ont décru, presque disparu : je
puis dormir sans prendre de belladone, et il est certain
que si j'ai la patience de persévérer dans le repos *all
will soon be well again.* Malheureusement il n'est pas
moins certain que, comme il arrive toujours lorsqu'on
s'arrête. je sens ma fatigue au centuple, m'endors dès
que j'essaie de travailler ; à la faveur de quoi je m'aperçois de la difficulté grandissante que j'éprouve lorsque
la sagesse, le devoir même me commanderaient d'accepter de ne rien faire. Il y a là en mon cas un problème
presque fascinant, non sans gravité d'ailleurs, inquiétant
peut-être par ce qu'il m'apprend sur moi-même. Je suis
dans un de ces moments où je me demande *if I am any-*

*thing else than an abnormal, an almost monstruous
sense of duty : what I mean is that when I am not doing
(by which I mean working creatively : no other form of
doing remains open or conceivable to me) I loose all
sense of existing at all.* Cette mort de la sensation — qui
me préoccupait si fort dans l'été de 1920 à la Bibliothèque Américaine, — je la constate aujourd'hui et non sans
effroi comme un fait accompli ; et bien entendu. l'expérience n'est significative que dans les rares moments où,
rendu au repos, il me serait loisible d'avoir des sensations, et où précisément j'en ai encore moins que dans
l'ordinaire de ma vie, — alors que, dans l'ordinaire de
ma vie, de n'en avoir pas davantage j'incrimine le manque de temps qui peut-être au contraire suscite les quel-
ques-unes qui me restent. Au fond cela tient — comme
je l'ai indiqué plus d'une fois — à ce que la sensation
plénière suppose, en l'être chez qui elle se produit, cette
part de bienheureuse passivité qui chaque jour me fuit
davantage. Il y a toujours eu chez moi un minimum d'in-
néité passive ; mais ce minimum même, il y a longtemps
qu'il a disparu ; et je présente ce paradoxe de quelqu'un
qui est tout activité, mais dont l'activité même s'exerce
toujours dans la zone de la méditation. Est-ce parce que
depuis des années la vie m'a supprimé le repos que lorsque le repos s'offre à moi je n'en puis plus rien faire ? —

ou bien au contraire (et ceux qui inclinent à une vision providentielle des évènements, à cet *amor fati* que parfois j'accueille, mais plus souvent rejette, penseraient sans doute ainsi) la vie, devinant en moi semblable disposition, me retire-t-elle le repos à cette fin ? Je l'ignore : Z., arguant de nos expériences toutes les fois où nous nous retrouvons seuls et loin *from the usual round of occupations and preoccupations*, estime que la faculté de sensation me fait retour avec le loisir ; — et c'est bien pour cela qu'un tel découragement s'est abattu sur moi lorsque j'ai dû reconnaître que nous ne pouvions prendre cette année ces quelques jours de solitude et d'air de montagne au Col de la Faucille. En confirmation de ce que je notais en 1920, de ce que j'ai d'ailleurs signalé dans mon étude sur Amiel, j'ai pu vérifier dans mes quelques visites à l'exposition belge que les tableaux — et peut-être les tableaux seulement — continuaient à m'apporter de riches et d'authentiques sensations. Garder le contact avec les tableaux, aller plus fréquemment que je ne l'ai fait ces derniers mois au Louvre est en mon cas une mesure d'hygiène plus encore que de culture.

Il me semble qu'il y a des siècles que je n'ai dicté un journal, et certes je ne garde pas l'espoir de fixer ici tout ce qui aurait valu la peine d'être fixé en ces dernières semaines. Les périodes de mauvais travail, ou même de

travail suspendu, tendent chez moi à n'être pas moins fer-
tiles en évènements intérieurs que les autres. Remontons
un peu le fil du temps. Hier après-midi, par besoin de di-
vertissement, un peu aussi à la suite d'une conversation
avec Joseph Baruzi, j'ai relu dans les *Mémoires d'Outre-Tombe* une partie que je connaissais fort mal, celle
de la visite de Chateaubriand au roi Charles X déchu à
Prague, puis ai feuilleté au hasard les Tomes IV, V et
VI. J'ai dû constater, renouant contact avec Chateaubriand à quelques années d'intervalle, qu'il m'est devenu
proprement intolérable, et que, pour la première fois
peut-être, les prestiges mêmes de son art sont impuis-
sants à me compenser le vide pompeux de son être intime. Non, décidément l'incomparable lettre de Joubert à Molé sur laquelle Sainte-Beuve appela l'attention — et que je lisais à P. il y a une quinzaine de
jours — demeure pour moi la quintessence de la vérité
sur Chateaubriand. Et cela me frappait d'autant plus
que, m'étant quelque peu remis à Byron après mon séjour chez Maurois, sentant avec acuité les manques de
Byron quand on l'oppose aux plus grands anglais, à
quel point ce même Byron ne reprend-il pas magnifique-
ment tous ses avantages si on le confronte à Chateaubriand ! Oh ! combien il y a là un problème qui m'intéresse, un problème mien. Sans doute, en tant qu'artiste,

Chateaubriand a tout ce qui manque à Byron ; — mais s'il n'avait pas cela, s'il n'était pas cet artiste, il ne serait rien. Et, d'autre part, le rapprochement vaut d'autant plus à suivre que leur point de départ à tous deux est le même. L'un et l'autre — comme je le signalais l'autre matin à P., tandis que nous nous promenions rue du Cardinal Lemoine — partent de ce qui n'est légitime que comme point d'arrivée au contraire, — au soir d'une vie riche, variée, remplie — : ils partent de l'ennui. L'un et l'autre dès l'origine (et je crois bien que Chateaubriand emploie l'expression quelque part) bâillent leur vie. Mais, tandis que Chateaubriand s'en sait un gré infini, voit dans ce bâillement même la draperie souveraine, le meilleur Byron — celui des *Journals* — obéit, ce faisant, à une nécessité inéluctable de sa nature ; et rien n'est plus curieux que l'alliance chez lui de ce tempérament de l'Ecclésiaste *with that extraordinary eye for the true facts of anything that he considers :* ce regard si *accurate* dans la négligence même avec laquelle il se pose : d'où sa beauté. (Voir l'admirable chapitre de *Praeterita* où Ruskin explique pourquoi sur son adolescence un Byron eut plus de prise qu'un Shakespeare lui-même, à cause chez Byron de l'absence de tout mirage imaginatif : vue perçante : le Byron qui survit, et qui est *the man, not at all the poet,*

vaut non par une imagination aujourd'hui caduque et qui
jamais ne fut ni souveraine ni *safe or all right*, mais par
la pointe perforante du regard le plus anti-imaginatif qui
soit). Je disais à P. que chez Byron, c'est le tempérament
même qui se fait génie, qui est nature géniale : il est tout
tempérament ; et rien n'est plus profond à son sujet que
le mot de Gœthe: « *So bald er reflektirt, ist er ein Kind* ».
Byron est beau à observer quand il note des réactions
aussi primitives que la mauvaise humeur, le dégoût, la
nausée, la bouderie, la moue, tout ce qui peut faire la
race d'un enfant gâté ; et au fond en allait-il très autrement avec le maître des maîtres dans ce domaine, avec
ce Salomon las de son temple, de ses femmes, de son
pouvoir illimité. Byron n'eût peut-être rien été s'il n'avait
été lord, riche, et doué d'une beauté fatale. Ces gens-là
ont besoin d'un maximum de matière broyée pour que
fleurisse la seule fleur dont ils soient susceptibles, celle
de l'amertume, — qui atteint alors chez eux, avec cette
immoralité dont l'art est coutumier, une prestigieuse valeur esthétique. — Je disais aussi à P. ce même matin
que si l'on avait voulu faire le véritable procès du romantisme, c'est de ce biais qu'il aurait fallu le prendre :
montrer que l'état d'âme romantique consiste à poser au
départ, comme donnée première, ce qui n'est légitime
qu'à l'arrivée, comme dépôt final laissé par l'expérience;

mais, pauvre cher romantisme, ce n'est certes pas moi qui. instruirai ce procès, et pour le repos du romantisme il est satisfaisant de constater avec quelle ineptie nos cuistres ont toujours porté à faux dans leurs attaques. Quand on étudie de près Byron — et je dirai même quand on regarde attentivement la physionomie de ce visage pour les femmes irrésistible — on y décèle du feu certes, mais jamais cette lumière mobile qui est comme le signe visible du *play of mind*. Son cerveau (qui est d'ailleurs *regard* plus qu'*esprit*) est à la fois perçant et opaque : ce n'est pas la première fois d'ailleurs que je suis amené à constater cette combinaison chez certains où le talent, parfois le génie même, s'accommode cependant de l'absence de toute vie intérieure et en tout cas de toute spiritualité : le Chateaubriand des meilleurs portraits des *Mémoires d'Outre-Tombe*, du Talleyrand par exemple, Barrès presque toujours, Barbey lui-même dans une certaine mesure, ressemblent à Byron sur ce point, — à Byron dont Barbey disait qu'il l'avait envoûté pendant plus de dix ans, dont Barrès témoigne dans *Amori* combien fort il en subit l'attrait. Reconnaissons d'ailleurs que l'absence de vie intérieure rend comme une disponibilité pour la fixité du regard que l'on dirige sur les objets ou sur les êtres. De plus, elle permet le jugement, l'entrée en jeu de la formule hautaine, abrupte, par là si saisissante : chez ceux au contraire dont la vie intérieure n'est que remous perpétuels, le regard hésite, vacille presque dès lors qu'il s'agit de porter jugement : les contours ont toujours tendance à se défaire dans je ne sais quelle brumeuse équité : songez à un Dostoïevsky.

Vendredi soir, dans cette soirée où, espérant encore pouvoir reculer l'échéance C., j'ai fait par la pensée un si beau voyage au Col de la Faucille, me remémorant le chapitre de *Praeterita* qui porte ce titre — Z. m'a dit si drôlement à ce sujet : « Vous pensez toujours « grand homme » —, j'ai repris Ruskin, et certaines choses, dont les amorces doivent exister dans mon Journal de Brides août-septembre 1918, se sont précisées pour moi avec une délicieuse acuité, sous forme imagée, *adumbrated.* nullement conceptuelle, un peu à la manière de ces aiguilles des Alpes que Ruskin a tant aimées, dont c'est à lui que je dois le goût. Que la découverte des montagnes, de ce Col de la Faucille, lui ait, ainsi qu'il le dit, tout appris, révélé la forme propre de son destin, me paraît à ce degré exact que le style, la beauté ruskiniennes sont avant tout cela : ces contours purs, parfaitement détachés, cette sensation de glaciers rosissants que me donne sans cesse sa phrase. Je disais à Z. naguère — et cette seconde comparaison, bien loin de la contredire, complète la première — que la prose de Ruskin a ce carac-

tère unique de l'attrait d'une joue que je sens en peinture chez le seul Fra Angelico. Quelque chose tout ensemble de virginal et de plein, de duveté et de ferme :
un minéral, mais avec l'éclat et les colorations d'une
rose. *More than ever the wisdom of* Praeterita *strikes
me as of the same kind than what others praise, and
what I still fail to quite find, in the wisdom of the late
Gœthe.* Une sérénité sur laquelle joue le soleil, où les
pensées ont toujours l'air de fruits qu'il chauffe le long
d'un mur. *The form of humour which I prefer to all
others and which consists in a gentle derision of one's
self, in seing one self, but without an atom of acidity,
as a joke.* Je ne sais quelle pétulance ravissante, de qui,
très vieux, en a fini avec l'espoir et peut-être le désir de
s'amender, qui se passe dorénavant à lui-même ses
whims comme on les passe à ses propres enfants. Et toujours cet élément *clean-cut, clean-shaven* dirais-je volontiers, de l'*utterance.* Personne n'est plus propre que
Ruskin (dans toutes les acceptions du mot). Non seulement un miasme quelconque, mais même les plus inno-
centes vapeurs, ne peuvent subsister en son voisinage.
Il fait penser à ces tons purs dont parle le langage des
peintres.

Feuilletant la préface de Charles Eliot Norton pour les
lettres que Ruskin lui adressa, me rappelant aussi cer-

tains passages de la correspondance de Henry James, je me disais qu'aux yeux d'un américain hyper-cultivé du XIXe siècle — *with whom reserve and reticence are even more godlike than for a thoroughbred Englishman* — il était inévitable que Ruskin apparût, ainsi qu'ils le répètent sans cesse, comme l'image même de la faiblesse. *Generosity, petulance, garrulousness — as many signs, for a reserved gentleman, of fundamental weakness.* Il est curieux d'ailleurs, généralisant ici le problème, de constater combien aux yeux de presque tous la générosité apparaît presque toujours sous forme de faiblesse ; — et je ne nie pas qu'elle ne soit faible dans le sens où peut-être c'est faiblesse que de répandre plutôt que de conserver ; mais on ne semble pas se rendre compte de la prodigieuse accumulation de forces que représente la seule possibilité d'une telle faiblesse. De plus, ni un Norton, ni même (pour d'autres raisons) un Henry James n'étaient de ceux qui pouvaient sentir la tragédie dernière de Ruskin, laquelle, avec des modalités différentes, fut aussi celle d'un Tolstoï et d'un William Morris. Elle consiste en ceci que chez ces hommes plusieurs fois au cours de leur vie tout est remis en question : ils sont l'antithèse même des génies — bien moins nombreux d'ailleurs qu'on ne se l'imagine — à développement progressif et serein.

Ruskin, vers la quarantième année, avec une œuvre
esthétique considérable derrière lui, subit, et sur le plan
religieux, et sur le plan social, les révolutions qui devaient s'expliciter dans *Unto this last et Fors Clavigera* ;
— et jusqu'au terme les apparences de faiblesse que les
spectateurs décelaient chez lui tenaient avant tout à l'impossibilité à mettre au fond tout à fait d'accord le
réformateur et l'esthéticien, et, plus intimement encore,
au fait de ne pouvoir *renounce all possession and thereby live in full conformity with his teachings.* C'est le problème qui aboutit ailleurs à la fuite et à la mort de Tolstoï, mais qui, avec des apparences bien plus modestes,
et comme sans le manteau de la tragédie, me paraît dans
le cas de Ruskin peut-être plus complexe encore et plus
subtilement insoluble. *For Tolstoï, supreme artist as he
was, does not give me the impression of having ever
much cared for art in itself, and perhaps still less for the
art of others : not in any way owing to any meanness of
motive, but on the contrary because he always in those
realms did every thing with such sovereign ease that
he had no admiration to spare for people who had ac-
complished the same. In fact, privately — and I am quite
ready to say that he was not far wrong, — he certainly
considered himself as the equal of Shakespeare, and
that conviction instead of puffing him up barely intensi-*

*fied his feeling, acute almost to nausea, of the vanity of
all literary achievement. To give up art was in his case
almost to give up nought. Ruskin, on the contrary, it is
for beautiful objects in nature first of all, then, in art,
for all beautiful products due to the hand of man, that he
cares supremely, and not at all for his rendering of them
except in so far that that rendering is faithful, precise,
worthy : the perception of beauty for which he has an
unrivalled eye is a cardinal fact in his life. so cardinal
that he imputes to it a moral, a religious value and digni-
ty (Proust has seen clearly that point): nature and art are
essentially to Ruskin the works of God and to be treated
on that account with the utmost seriousness. The temp-
tation to possess samples of such works (though there
exists nothing in Ruskin's composition of the base and
futile greed of the collector) is all the greater that he feels
that in his keeping the works are both saved and sure to
receive their due. Yet it prevents him from renoucing
altogether possession : moreover rereading his Diary, I
detected the other day traces of the both wholesome and
delicate joy afforded to him by what Milton in the famous
sonnet calls « a neat repast ». Oh, here also prevails the
ruskinian ideal of a pure and perfect cleanliness :* ces
plaisirs de la table, pris *with the greatest zest* à quelque
relai dans la montagne, ont un caractère approprié

— toujours les produits de l'endroit, — *temperate,*
collaborant *to keep the body and thereby the mind in
perfect training and equilibrium. Yet, there is something
both touching and amusing in the way in which in the
diary the exquisite menu is in correlation with some all
the more exquisite perception of rock, or flower, or cur-
ve of mountain. or architectural line.* Ruskin avait besoin
de peu de chose, mais ce peu, exquis ; et il n'y a pas de
plus subtil esclavage que celui-là. Sans doute Tolstoï, à
tant d'égards si puissamment matériel, (et combien ce
toucher de la matière pour ainsi dire, chez lui si caractéristique, a servi son génie dans les grands romans, on
l'a vingt fois noté), connaissait certes l'attrait de la bonne
chère, mais à la russe, accompagnée de boissons, de
toute manière, pesante, et par là suscitant immanquable-
ment cette réaction du dégoût par la pléthore qu'enregis-
tre sans cesse sa *diary* de jeunesse. Le gourmand, s'il
est Tolstoï, aura moins de mal, à cause de cela même, à
renoncer à la gourmandise *than that exquisite connais-
seur of all things that Ruskin remained until the end,
who always experiences the buoyancy and never the
surfeit.* Lorsqu'Alice Meynell dit « *that for his happi-
ness one almost wishes that Ruskin should have follo-
wed St. Francis of Assisi to the end* », she is probably
right, and anyhow she gives the best explanation of the

front of weakness that he presented to the world, and that in his case was essentially the weakness of the divided soul.

1923
Lundi 22 Octobre,
Ile Saint-Louis.

Hier Gide est venu à quatre heures et demie prendre
le thé. Nous ne nous étions pas revus depuis le départ de
Pontigny le 2 septembre. Après nous avoir avec infiniment de grâce exposé, en nous demandant d'ailleurs d'y
contribuer, sa psychologie du pêcheur à la ligne — lequel, nous dit-il, toujours l'intrigua —, puis nous avoir
relaté le comique spécial du nouveau clown de Médrano,
il m'interrogea sur mon état et mes projets ; et, comme
je lui confiais mon désir croissant de retrait, d'abandon
d'articles, et de repli sur quelques livres, entre autres
sur cette autobiographie qui depuis Pontigny l'intéresse,
sautant par-dessus tout ce qui avait précédé (et au fond
combien je sais gré à mes amis de m'épargner ainsi de les
ennuyer en m'ennuyant moi-même), il m'a dit aussitôt :
« Eh bien, cher, mais il me paraît que ce sont là d'excellentes nouvelles et dont nous avons tout lieu de nous ré-

jouir. Avez-vous déjà commencé cette autobiographie ? »
A quoi, comme je répondais que je n'en avais écrit que
l'Avant-Propos, mais que des éléments très nombreux
existaient dans mon Journal, une certaine inquiétude (de
l'ordre de ces phénomènes qui me divertissent parce que
j'ai comme l'impression d'être à l'intérieur même de la
personne, de ce qui se passe en elle à ces moments-là) se
fit jour chez Gide qui me dit aussitôt : « Faites bien attention surtout de laisser votre journal tel qu'il est, de ne pas
le transformer ». Ce qui correspond chez lui à l'idée bien
ancrée (et je ne dis nullement ceci pour lui donner en
quoi que ce soit tort) que jamais je ne ferai mieux que le
Journal et que celui-ci est ma forme propre. Par un renversement des choses, ce même journal qui il y a quinze
ans, dix ans même, faisait le désespoir de tant de mes
amis parce qu'il m'empêchait d'écrire (Gide, il est vrai,
ne fut jamais de ceux-là puisqu'au contraire il est le seul
qui m'y ait toujours encouragé), et surtout ces fragments,
ces notes — objet du blâme sévère et attristé d'un plus
grand nombre encore — sont devenus ce sur quoi, maintenant que les ayant pris au mot je me suis mis depuis
quelques années à écrire, se penchent leur sollicitude,
leurs incitations multiples à y faire retour. C'est presque
comme si avec mes notes sur *Le Rouge et le Noir* et
mon *Mérimée*, j'avais obtenu droit de cité pour un genre

littéraire nouveau, et que, ceci fait, je l'eusse aussitôt
abandonné : d'où une certaine déception chez ceux qui
avaient accompli un effort d'esprit pour me le concéder,
et qui restent avec lui sur les bras. Rassurant Gide sur le
sort éventuel du journal, et prononçant le mot de pos-
thume, Gide me dit : « Je me méfie toujours des posthu-
mes : ne pourriez-vous tout au moins procéder avec lui,
comme Schérer avec le *Journal* d'Amiel, et en donner de
votre vivant des extraits ? » C'est sans doute ce que je
ferai, mais j'ai tout de suite dit à Gide que dans aucun
cas d'ailleurs les fragments ne pourraient passer tels
quels dans l'autobiographie dont le ton devra être celui
de la pure méditation. J'en profitai pour consulter Gide
au sujet du titre, et lui soumettre *Sondages*. A quoi il
tourna vers Z. un regard qui implorait appui, et y pui-
sant un évident réconfort, il me dit : « Non, cher, je ne
puis vous dire que je goûte ce mot de sondages qui a
quelque chose de trop chirurgical, sans même tenir
compte de mon antipathie prononcée, en particulier dans
le cas d'un titre, pour les mots en *age*, et il ajouta: « Non
vraiment, on voit trop les amis disant : « Avez-vous vu les
Sondages de Charlie ? » Je lui donnai raison tout de
suite et ne fis intervenir la justification de Littré que pour
le principe. Ceci eut d'ailleurs l'excellent résultat qu'il
me trouva aussitôt un titre admirable : « *Introspections,*

— heureux à tous égards, disait-il, car même totalement incompris, on ne peut se méprendre sur la direction *intus*, sur le *in* ; et de plus faisant, ajoutait-il, le plus beau pendant à *Approximations*, donnant les deux démarches essentielles de votre esprit. » (Gide avait soulevé un instant Prospections, issu de l'idée du prospecteur et du sourcier, qui valait mieux que sondages dans la direction même de sondages, mais combien inférieur à *Introspections*). Ceci posé, je lui demandai — ce qu'il m'accorda très volontiers — l'autorisation de faire usage le cas échéant dans ma dernière leçon sur Pascal des premières pages de *Num Quid et tu* ?, surtout du passage après la citation de Rousseau. Nous fûmes ainsi conduits à Pascal. Gide a été très frappé de l'article de Valéry, et plus d'accord avec celui-ci — m'a-t-il semblé — que je ne l'ai encore vu — parce qu'au fond en ce cas chez tous deux il s'agit surtout de répugnances esthétiques qui leur sont communes. Il m'a dit : « J'ai lu et relu très attentivement votre article auquel je n'ai qu'une objection à faire : vous exagérez, vous accordez trop à Pascal. (Intéressant ceci pour moi parce que je sens que c'est toujours le reproche qui me sera adressé quel que soit l'auteur dont je parle : il tient d'une part au fait que toujours n'existe tout à fait pour moi au moment où j'écris que celui dont j'écris, — de l'autre, à une sorte d'entraînement par l'admiration).

Je fis néanmoins observer à Gide que toute la première partie de mon article était essentiellement descriptive et lui demandai s'il trouvait inexact ce que je m'étais efforcé d'établir, à savoir : la suppression d'un certain intervalle entre la pensée et l'expression. — Non, me dit-il, cela au contraire me paraît la justesse même ; et comme je l'interrogeais sur un autre point, sur Pascal moins ami du silence que certains, là encore il me donna raison, puis poursuivit : « Pour moi aujourd'hui la valeur suprême de Pascal gît dans le pathétique, et ne gît que dans le pathétique : oh je sais bien que je ne puis relire certaines de ses phrases sans être pris d'un sanglot ; mais voilà ! plus j'avance et moins je goûte, moins j'approuve pour ainsi dire que l'on me prenne ainsi aux entrailles ». (Sur ce point, le rapprochement avec Valéry est très sensible : Gide a eu une belle comparaison empruntée à la boxe : « En pareil cas, j'ai envie de dire : ne touchez pas dans la ligne basse : ce n'est pas de jeu : ne frappez qu'au buste. ») Tout ceci m'a prodigieusement intéressé. J'avais acheté et lu samedi matin *Puissances de Pascal*, de Suarès, qui, à côté de quelques pseudo-pascalismes, contient, comme toujours chez Suarès, des vues bien pénétrantes, entre autres celle de Pascal considéré sous l'aspect d'un héros qui songe tout le temps à la sainteté et ne peut pas être tout à fait un saint. Suarès estime que, du point

de vue apologétique, Pascal a perdu la partie parce qu'il
a tout joué sur l'idée que la Bible était selon sa propre
expression « l'histoire de la vérité » ; et, en une belle
imagination, Suarès se représente Pascal rencontrant,
s'il eût vécu quelques années de plus, Spinoza de qui le
Traité Théologico-Politique paraissait en 1670, la même
année que les *Pensées*, et forcé peut-être de se rendre à
l'évidence que la Bible était un livre comme les autres
livres et le peuple juif un peuple comme les autres peu-
ples. Pascal de nos jours, prétend Suarès, eût été un
nihiliste absolu. Nous n'en savons rien, mais je dois reconnaître qu'il est difficile de voir ce qu'il aurait pu être
d'autre à moins..., à moins d'être Bergson et de retrouver
dans l'intuition bergsonienne ce « cœur qui connaît les
trois dimensions de l'espace ». Mais Pascal venant aujourd'hui, serait-il né avec cette patience, ces plongées
tranquilles au fond de la vie intérieure, et né tel, n'aurait-il pas dû renoncer à la forme même de son génie ?
Forme bergsonienne, forme pascalienne — en dépit de
la réelle similitude de l' « intuition » de l'un avec le
« cœur » de l'autre, — deux des formes de génie qui me
paraissent les plus contraires. J'ai soumis à Gide mon
rapprochement Pascal-Hamlet ; mais ces rapproche-
ments-là, Gide a toujours l'air de les craindre chez moi
comme les exagérations aventureuses de Charlie, et cela

n'a eu d'autre résultat que de nous faire parler de Shakespeare dont il avait relu récemment certaines pièces. Je garde quelque espoir qu'il ne jette pas l'achèvement de la traduction de *Hamlet* par dessus bord. Puis, nous arrivâmes à Montaigne : *Gide and I revel just now* dans notre accord sur Montaigne ; et revenant à Pascal, Gide reprit : « Non, voyez-vous, ce n'est pas lui qui, à mes yeux, grandit : c'est Montaigne d'une part, et Bossuet de l'autre ». Et comme je lui disais que, malgré mon immense et invariable admiration pour Bossuet, il ne m'apparaissait pas très clairement pourquoi il le prenait comme l'autre colonne en face de Montaigne — Bossuet, en tant que chrétien, du point de vue purement intérieur, me paraissant tout de même dépassé par tant d'autres, il me répondit : « Ah ! mais ce n'est pas en tant que chrétien, c'est en tant que magistral exemple d'autorité : Bossuet est l'homme à qui vous ne pouvez pas concéder A sans qu'il vous tienne jusqu'à Z ». (Sous cet angle, je comprends très bien ce qu'il veut dire ; et d'ailleurs Gide en ce moment me paraît avoir moins besoin de l'élément chrétien que je ne l'ai peut-être jamais vu : ceci devant reparaître à la fin de l'entretien). Puis s'est engagée la partie la plus étonnante de la conversation autour d'*Adolphe*. Cela a dû débuter à peu près ainsi. Ayant mentionné le roman de Sindral, *Attirance de la Mort*, dont Gide n'a pas encore pris connaissance, Gide s'est élevé d'une façon générale contre l'idée d'écrire des romans quand on est encore jeune — point qu'il compte développer dans sa préface pour *Tom Jones* : il cita Defoe, Cervantès, Fielding, et ajouta : « On a grand tort de reprocher aux jeunes gens d'écrire des romans personnels : ce sont les seuls qu'ils puissent et doivent écrire : l'*Aimée*, de Rivière, par exemple ». Et c'est là, s'il m'en souvient bien, qu'à propos du roman personnel, il nous dit avoir « relu avec la plus grande admiration ce livre haïssable qui s'appelle *Adolphe* ». Alors commença (car quand on fait mine de toucher à *Adolphe I am always all up in arms*) une joute très serrée et divertissante au possible. Avec cette politesse qui m'est particulière, et qui double pour ainsi dire ma politesse habituelle, à l'instant où je m'apprête à ne rien laisser passer, je lui dis : « Vous m'intéressez vivement, cher, en quoi haïssable ? » Sur quoi, partant du plus charmant éclat de rire de gamin, auquel Z. s'associa, il me dit : « Ah, je crois que j'ai jeté quelque chose qui va faire rebondir l'entretien. Je ne me flatte d'ailleurs nullement de défendre tout ce que j'avancerai ; mais cela n'a aucune importance : je compte sur vous pour que cela ne languisse pas. » Puis il continua : « Je voulais dire d'abord que je crois *Adolphe* un livre susceptible d'avoir la plus mauvaise influence sur le jeune homme, en particulier le jeune écrivain entre les mains de qui il tombe ». « Là, lui répartis-je, je ne vous suivrai pas, car vous savez que pour moi la question de l'influence bonne ou mauvaise d'un livre n'entre jamais en ligne de compte dans l'appréciation que j'en puis faire ; mais je ne doute pas que vous n'ayez d'autres raisons à l'appui ». — « Et vous voulez me forcer à les sortir : je lancerai donc au hasard, ou presque, qu'il me semble qu'il y a dans *Adolphe* une fausse culture des sentiments et peut-être aussi comme une fausse abnégation ». « Ici, lui dis-je, vous me permettrez de disjoindre. En ce qui concerne chez Constant une fausse culture des sentiments, je ne vous le puis en rien concéder : ah, s'il s'agissait de Stendhal, il y aurait à discuter, et je ne serais pas loin d'admettre avec vous (et chez Stendhal cela a quelque chose de charmant parce que de presque ingénu et de toujours si *genuine*) qu'il y a une certaine culture des sentiments. Constant, au contraire, me paraît le cas absolu — et j'y verrais volontiers le drame même de sa vie — de l'homme qui toujours *a subi sa sensibilité*, qui l'a subie presque jusqu'à la folie : de là sans doute cette qualité de sincérité dans laquelle il surpasse et Stendhal et à peu près tout le monde : de là aussi ce ton unique : l'essence même de *l'attristé*, ce ton en toutes circonstances comme religieux, — et religieux avec cette résonnance sans analogue qu'a le ton religieux de l'incrédule. Il y a chez Constant dans tout ce qu'il a écrit un air de race, mais comme d'une race qui sourd du dedans: récompense d'avoir d'une part (ainsi qu'il l'avoue à plusieurs reprises et dans *Adolphe* même) toujours été saisi à la gorge par la sensation de la brièveté de la vie, et d'autre part de ne s'être jamais permis une déclamation à son sujet. En sorte que le *Memento quia pulvis es* flotte chez lui au travers de tout à la manière de je ne sais quelle cendre d'une senteur à la fois âcre et diluée. (C'est par là, comme je le notais à Alençon dans mon journal de 1910, que la prose de Constant me fait toujours songer à la belle pierre grise effritée de quelque mur de cathédrale). Ceci, je le dis à Gide lorsqu'après que nous eûmes reconnu l'un et l'autre que Constant n'avait jamais l'air de l'homme de lettres, Gide prétendit qu'il avait un peu celui de l'homme de salon. (Vue celle-là de cette curieuse superficialité gidienne toutes les fois où un homme par sa vie et ses accointances touche au monde ; cause de ses premières erreurs sur Proust, etc.). Il me revient que l'expression que j'ai dû employer à propos de *cet air de race du dedans* chez Constant fut celle de duvet cendreux ; et tout à l'heure, à goûter, je disais à P. qu'il y a chez lui comme un insistant *Mercredi des Cendres* du sentiment. Gide m'a dit aussi combien il était frappé de

la manière dont chez Constant les phrases étaient *related
to one another*, de ce qu'il appelait la pâte de Constant
(mot juste en soi, mais qui a des associations trop savou-
reuses — me semble-t-il — pour être ici parfaitement approprié). Il le comparait, pour l'opposer, à Stendhal qui
construit toujours ses phrases, disait-il, à la romaine,
juxtaposant les blocs sans ciment. (Ceci assez proche de
mes anciennes notes sur la densité stendhalienne). Mais
revenons un peu en arrière. Gide disait que la lecture
d'*Adolphe* pourrait être mauvaise pour les jeunes gens
parce qu'elle pourrait développer en eux la notion d'une
fausse abnégation (c'est en ce sens qu'il employait la formule) qui les lierait à une femme qu'ils n'aiment pas,
dont ils ne peuvent faire le bonheur, simplement parce
qu'ils se seraient trouvés engagés dans une aventure en
elle-même sans importance véritable et comme occasion-
nelle. C'est le mot dont Gide se servit. A quoi je lui répondis que la vie précisément ne nous laissait que trop
souvent voir avec quelle vertigineuse vitesse l'occasion-
nel se mue en fatalité. Ici, il m'interrompit pour dire :
« C'est précisément ce que j'ai voulu dans tous mes livres : que mes personnages se trouvassent engagés dans
des aventures ayant caractère de fatalité et jamais occa-
sionnel ». — « Et c'est à quoi vous avez parfaitement
réussi ; mais pour dénier cela à Constant, il faut que

vous ayez momentanément oublié que s'il se peut qu'Adolphe se soit engagé dans l'aventure avec Ellénore mû en partie par un désir de conquête (et encore beaucoup moins que les héros de Stendhal), il aime vraiment et assez vite Ellénore, — et surtout il l'aime dès l'instant qu'elle se donne à lui : ceci est le point de suprême délicatesse au contraire et du personnage et de Constant lui-même, le point par où il échappe à tout ce qu'il y a de vil dans le caractère masculin. Rappelez-vous que l'admirable chapitre « Charme de l'amour, qui saurait vous peindre... » suit immédiatement l'abandon d'Ellénore.

La conversation avait vraiment atteint son apogée. Nous venions de parler de *Volupté* que Gide n'a jamais lu, sur lequel il nous interrogeait, — et dont je lui disais que *Volupté* représente la part de Constant et des *Fleurs du Mal* jusqu'où peut s'élever un petit bourgeois vicieux ayant gardé des habitudes religieuses ; — et que d'ailleurs, comme je le disais le matin même à Z., Sainte-Beuve n'a poursuivi Constant d'une haine si perfide et si tenace que parce qu'il a dû sentir obscurément que Constant le survolait et dans sa propre direction, et qu'il l'eût jugé de petite race — lorsque Jacques Rivière et le charmant jeune Ramon Fernandez firent leur entrée. Et là s'est produit dans le visage même et l'attitude de Gide le plus intéressant des changements à vue. Il rutilait de contentement et d'avoir si bien causé avec nous et de retrouver juste au moment opportun (il a une peur désarmante qu'il puisse y avoir inconvénient à demeurer trop longtemps sur le même plan) le plain-pied de l'actualité. Aussitôt et Grasset et Champion et les *Cahiers Verts* et *Les Nouvelles Littéraires* et l'éternel Massis bondirent dans la conversation, de façon fort amusante d'ailleurs ; mais elle ne reprit pour moi tout son intérêt qu'au moment où Gide, Rivière et Fernandez, d'accord sur la nécessité tout en en précisant bien la signification de sauvegarder les catégories de *romantique* et de *classique*, se heurtèrent à mon silence d'abord, puis à mon opposition. Je les mis en demeure de m'assurer en toute sincérité qu'ils étaient capables d'employer le mot de *romantique* sans la moindre nuance de désapprobation, je jetai sur le tapis le nom de Rousseau, et comme ils étaient de très bonne foi ils durent reconnaître en effet qu'à *romantique* leur subconscient tout au moins attachait cette nuance. « C'est précisément parce que je sais cela, leur dis-je, que je me suis interdit depuis le début de cette querelle, c'est-à-dire depuis quinze ans (le livre de Lasserre est de 1908), d'employer ces deux mots : je les considère dorénavant comme pourris ». Très stimulés par cette nouvelle ouverture d'entretien, et regrettant l'heure tardive, nous prîmes rendez-vous pour jeudi ; non sans que Gide

m'ait dit : « Ceci en vous se doit rattacher à une de vos
paroles qui m'a beaucoup frappé un jour où, vous parlant de l'équilibre et disant que je tendais vers lui, vous
me répondîtes : « Précisément, l'équilibre, voilà le mot,
l'état dont je ne veux à aucun prix » : la vraie opposition
est au fond entre l'élément grec et l'élément chrétien ». —
« Parfaitement, répartis-je, et je reconnais bien volontiers que je n'ai pas un atome du grec dans ma composition ». — « Mais enfin, Charlie, me dit Gide, Gœthe,
qu'est-il pour vous ? » — « Le plus beau de mes étran-
gers », répondis-je, et sur ce mot nos amis prirent con-
gé. Je ne puis dire combien la grande pièce du premier
étage est délicieuse pour causer, et Gide, fidèle à notre
tradition chère, se réserve d'y passer avec nous l'après-
midi du premier Janvier.

Repris ce matin dans la N. R. F. d'octobre la *Visite chez le Prince* de Giraudoux que je n'avais encore fait que feuilleter. Je ne puis dire à quel point non seulement ce que j'aimais déjà chez Jean, mais presque tout maintenant de lui m'émeut: il m'est devenu difficile de penser de sang-froid à l'existence de Jean parmi nous, qui le fait contemporain de tant de choses soit sèches, soit basses. C'est qu'il y a dans la manière dont il ressent les phénomènes du monde quels qu'ils soient une poésie élancée et poignante, semblable à celle des bonds de Nijinski dans le *Spectre de la Rose*. Je disais à Z. que cette parole d'une héroïne de Shakespeare que Bourget et Jaloux citent toujours : « Quand je suis née, une étoile dansait », constituerait l'épigraphe idéale pour une étude sur Giraudoux. Frappé aujourd'hui du rapport de ses

qualités avec celles du meilleur Musset, du Musset de
Fantasio. Plus encore que Musset, Giraudoux a tant d'esprit qu'à certains moments quand je le lis il me semble
que nous ne sommes tous sans exception que des lour-
dauds. Tout a toujours l'air comme d'être à sa disposition : il cueille au vol, sans jamais se baisser, ni davantage se tendre, les balles étincelantes avec lesquelles il
se divertit à jongler. Lorsqu'il disait à Z., voilà bien des
années déjà, que la dissection à laquelle se livrent tant
de nos contemporains choquait toutes ses pudeurs
secrètes, — ah comme on le conçoit ! Je ne sais si jamais
écrivain eut autant de pudeur que Jean : c'en est au point
que quand il s'aperçoit que l'on va deviner peut-être la
hauteur du regard qui juge, vite il jette par-dessus un
triple voile de fantaisie. C'est ainsi que la *Visite chez le
Prince* moque comme d'une autre planète la soi-disant
irréductibilité de race du Français et de l'Allemand, —
rien qu'en tirant de sa manche, tel un prestidigitateur, le
Limousin où l'on attend l'Allemand, et réciproquement ;
— mais de telle sorte qu'à peu près tous les lecteurs graves ne se douteront de rien et croiront qu'il s'agit de
quelque nouvelle absurdité inoffensive et qui laisse les
problèmes actuels dans l'état. Je sens que depuis ma
reprise de contact avec *Simon le Pathétique* en septembre peu après mon retour de Pontigny, l' « oculiste

Giraudoux » — pour reprendre l'excellente expression
de Proust dans la préface pour *Tendres Stocks* — a
opéré, et que ma vision maintenant est accommodée à la
sienne.

1924
Samedi 12 Janvier, 10 h. 1/2 du matin,
Ile Saint-Louis.

Le journal de samedi dernier sur Nietzsche a été interrompu à 7 heures par l'arrivée de Rivière ; et depuis lors malheureusement je n'ai pas eu une minute pour le continuer. En outre, m'étant replongé dans Nietzsche hier au soir et ce matin aussitôt après avoir eu fini avec Ruskin, des flots de vues nouvelles se sont superposés à celles de la semaine antérieure et menacent pour l'heure de me masquer celles-ci. Enfin peut-être les retrouverai-je en dictant.

Dans le journal précédent nous nous étions arrêtés à la position gidienne de la question nietzschéenne : jusqu'où l'homme peut-il aller ? Et j'avais marqué que chez Nietzsche c'est là avant tout — et fut-ce malgré lui — problème de pensée. Une des formes du tragique nietzschéen en effet — et Lou Andréas Salomé l'a senti mieux que personne (Bernouilli : *Franz Overbeck und Friedrich Nietz-*

174

sche, I. 334-335), — c'est que le tréfonds de la nature de
Nietzsche est toujours partagé entre l'amour de la vie —
spontané à la cime de l'exaltation, théorique presque
partout ailleurs et maintenu comme la gageure dont son
splendide orgueil ne saurait se passer, car en son cas se
retourner contre la vie ce serait (comme il le répète vingt
fois) admettre que sa souffrance lui donne le droit de
porter témoignage contre elle et manquer à cette forme
spéciale d'héroïsme qu'il élit entre toutes et que résume
son *amor fati* — et le mépris de la vie qu'en dehors des
minutes suprêmes il a dû secréter quasi continûment, et
qui est comme la tentation de son être sur un plan primitif antérieur à l'entrée en jeu de la pensée. (Rappelons-
nous que le seul reproche qu'il adresse — il est vrai que
cela doit être dans les années 69 ou 70 — à son cher
Emerson est le suivant : « *Eigentlich ist er zu sehr in das
Leben verliebt* ».

Ce qui m'avait tant frappé en ce soir de la semaine
dernière, c'est ce mouvement nietzschéen — correspondant à la période qu'Andler appelle intellectualiste, et qui
est celle où immédiatement après la rupture avec Wagner Nietzsche traverse physiquement et spirituellement
la crise qui dure de 1876 à 1882 — qui consiste à se retourner précisément contre ce qui apporte le maximum
de plénitude, à faire converger tous ses soupçons sur le

phénomène (dont je dois reconnaître — et peut-être est-
ce là une de mes limites — que je tends à y voir le plus
puissant indice de vérité) de l'inspiration. A ce moment-
là, tout ce qui gonfle, tout ce qui exalte, tout ce qui semble comme se prouver rien que par l'afflux intérieur, devient à un Nietzsche matière à soupçons et à sarcasmes.
Ici intervient chez Nietzsche le génie du regard, — et
qu'il ait pu combiner à un tel degré ce génie-là avec celui
de l'orage musical que nous notions la dernière fois est
peut-être ce qui fait son unique grandeur. Il y a chez lui
un courage de logique aussi fécond qu'ailleurs ce cou-
rage-là est la plupart du temps stérile. Ce mouvement
s'appelle proprement penser contre soi-même, et rien
n'indique plus la force et la validité de l'organisme nietzschéen que le fait qu'il ait pu devenir lui-même à partir
de cet acte, alors que penser contre soi-même — et par
là je veux dire penser contre *le soi inspiré* — n'a généra-
lement d'autre résultat que de se priver des seules ressources qui vous permettent de penser originalement (et
par originalement, je ne veux rien dire de plus ici que
personnellement, — je ne vise bien entendu nulle recherche de l'originalité) et de tarir en soi les sources mêmes de la sensibilité. Le problème de la mesure dans
laquelle on peut, on doit, il faut penser contre soi-même
et de la mesure au contraire où de le faire n'aboutit à

rien d'autre qu'au suicide — est un des plus délicats que je sache. Nietzsche est à ma connaissance le seul à qui son génie ait permis de s'accomplir en pensant contre lui-même.

Très frappé ce même soir de la justesse avec laquelle Andler marque que le véritable adversaire avec lequel Nietzsche a toujours engagé la lutte, c'est Platon. (Et Andler cite un paragraphe où Nietzsche dit combien il est attiré par des dogmatiques tels que Dante et Platon, parce qu'ils représentent précisément ses antipodes). Platon, en effet, — le Platon du Monde des Idées — est l'esprit qu'à un Nietzsche il faut à tout prix abattre, parce que le Monde des Idées est le recours suprême, la dernière instance dans laquelle le philosophe peut pour ainsi dire sauver tout ce qui chez lui fut, en réalité, échec. Ce matin même, relisant certains aphorismes de *La Gaya Scienza*, en particulier l'*Excelsior* (n° 285), je ne puis dire de quelle profondeur me parut investie la dernière phrase : « Peut-être l'homme s'élèvera-t-il toujours davantage à partir du moment où il ne *s'écoulera plus* en un Dieu (ou dans le sein d'un Dieu) ». Il n'existe peut-être pas de texte de Nietzsche qui fasse mieux saisir en son centre quel était son véritable propos. S'écouler en un Dieu est tellement le sens et comme le mouvement ondulatoire de toute pensée qui ne se retourne pas contre elle-même ; — et le cas de Platon est ici d'autant plus grave que vaquant, survaquant pour ainsi dire à notre disposition innée, il pose le Monde des Idées de façon à ce que nous n'en soyions que la dégradation, que notre aspiration vers lui soit l'effet d'une naturelle réminiscence d'un état antérieur, de sorte que l'écoulement en un Dieu (et Plotin complètera à cet égard l'opération) se confond avec le retour au sein du Père. Et la vue perçante de Nietzsche, c'est qu'avant lui il n'y a pas eu de philosophie qui sous une forme ou une autre, sous un nom ou un autre, n'ait toujours gardé le recours de quelque dernière instance. Un Nietzsche se dresse contre le principe même de cela, mais il ne se dresse pas moins et peut-être davantage contre la commodité que cela apporte. Sully Prudhomme dans les dernières années de sa vie disait à Albert-Emile Sorel : « Dieu, c'est tout ce qui me manque pour le comprendre ». Mot admirable, mais qui ne me revient ici que parce que je serais tenté d'imputer à Nietzsche un mot de même type et de sens inverse : « Dieu, pourrait dire Nietzsche, c'est ce qui est chargé par nous de couvrir nos manques, d'apporter l'explication là où elle nous fait défaut ». Et c'est bien pour cela que dans *Zarathustra* et ailleurs, Nietzsche répète si souvent : « Ils ne savent donc pas tous que Dieu est mort ». La mort de l'idée de Dieu, point capital si l'on veut appréhender le mouvement de pensée nietzschéen. Et il n'est pas moins important de sentir — le plan des préférences et des répulsions morales jouant chez Nietzsche un rôle qu'on ne saurait majorer, étant presque chez lui sous la domination (il faut risquer l'association de mots) de quelque odorat spirituel — que l'objection, la prise à partie de l'idée de Dieu s'accomplit surtout ici en raison des trop grandes facilités qu'elle offre. Nietzsche est quelqu'un qui nous dit sans cesse (et sur un plan bien plus profond encore que celui où se pose sa question : « Jusqu'où l'homme peut-il aller ? ») : « O homme, jusqu'où peux-tu tenir, peux-tu tenir le coup de ceci, et de cela encore, peux-tu tenir enfin le coup qu'il ne te reste plus qu'un absolu dénuement ? Et par delà (car le dénument senti comme seul dénuement ne suffit pas : il pourrait te ramener en arrière, à une forme de religion quelconque) peux-tu dans le dénuement même goûter. sentir le maximum de plénitude ? » Dire oui, dire oui à n'importe quoi, dire oui à ce qui à l'homme normal apparaît rien,— voilà l'acte que de plus en plus Nietzsche exige impérieusement de qui prétend le comprendre et le suivre, et pour lequel il forge sa devise de *l'amor fati*. On se rappelle l'épigraphe de Nietzsche que Madame de Noailles a mise en tête de *la Nouvelle Espérance*, le verset de Zarathustra tiré du chapitre au titre si significatif : *Von der grossen*

Sehnsucht. « O mon âme, je t'ai donné le droit de dire non comme la tempête et de dire oui comme dit oui le ciel ouvert : immobile, telle la lumière, tu tiens, et tu traverses maintenant les tempêtes de la négation ». Tous les termes de ce verset seraient à peser : notons d'abord le: « Je t'ai donné le droit » : toujours chez Nietzsche la ferme idée que pour la grande aventure spirituelle il faut investiture, et investiture décernée par soi à soi ; — et non moins forte, non moins constante la notion que très peu d'êtres ont ce droit, le droit à l'aventure et le droit de s'investir soi-même. Il n'y a pas de minoritaire plus inlassable que Nietzsche : pour lui à la lettre n'existe dans le sens véritable du terme qu'une poignée infime d'hommes dignes de ce nom à n'importe quelle époque donnée ; et si le problème de la civilisation, de la culture l'a toujours à tel point hanté — au degré qu'à partir de *Zarathustra* et surtout dans la période finale de la trans-valuation des valeurs il y consacre toutes ses forces — un peu à mon regret peut-être si (et je vois qu'Andler, du moins au point où il en est de son ouvrage, semble avoir un sentiment analogue) je crois que la période médiane, intellectualiste, avait encore tant à nous livrer, — c'est parce qu'il est demeuré fidèle à la question que Daniel Halévy a eu tellement raison de mettre en pleine lumière, et que posait le tout jeune Nietzsche : « *Ist veredlung*

*möglich ? » « L'ennoblissement est-il possible ? ». Toute
sa morale, comme l'indique Simmel par le choix même
du titre de son chapitre, est une morale *der Vornehm-
heit*. Oui, il finit par appeler le monde entier à la notion
du surhumain, ou même, si l'on y tient absolument, du
surhomme, mais il faut bien se rendre compte de deux
choses : c'est que, d'une part, ce qui donne le mouvement de départ à l'idée nietzschéenne, c'est toujours la
notion de minorité, et que d'autre part — indéracinable-
ment antique à cet égard et si même l'habitude contrac-
tée très jeune d'une sorte d'incapacité à jamais rien prendre en considération que le supérieur ne suffisait pas à
l'expliquer, il y était comme contraint par le caractère
radical de sa position anti-chrétienne — il estime que la
majorité des faibles ne saurait contrebalancer l'importance qu'il y a à ce que règne et se réalise la minorité des
forts ; et ici encore gardons-nous d'aller trop vite, gardons-nous de simplifier : la notion nietzschéenne du fort,
si, au moment où Nietzsche d'ailleurs va sombrer, elle
aboutit à un César Borgia, est bien autre chose en son
essence ; et Nietzsche exige du fort tant de vertus que la
plupart des gens préféreraient demeurer faibles au risque
d'être broyés. S'il est du devoir du fort à la .Nietzsche
*always to go the whole way, it is possibly the most ar-
duous ways that was ever devised for us.* Car — et ceci

se rattache du plus près à ce qui m'apparaissait l'autre soir — le primat nietzschéen est de ne jamais se mentir à soi-même. Sur la question de l'attitude à observer vis à vis des autres dans ce domaine du mensonge et de la vérité, un Nietzsche la détermine strictement selon le rang des êtres : on sent qu'il ne condescendrait à mentir qu'à ceux qu'il méprise : d'où d'ailleurs — soit dit en passant — ses perpétuels orages d'amitié : à ceux qu'il a une fois distingués non seulement il dit la vérité, mais il la souligne, à mon sens il l'outre même — précisément parce qu'il les a élus : Nietzsche n'a jamais pu (et c'est par là qu'il n'échappe pas à l'inhumain) tolérer le moindre signe de faiblesse chez un homme qu'il tient pour grand ; et très évidemment il prend alors plaisir à tâter le défaut de la cuirasse : on dirait qu'il veut déceler la tare pour après coup s'empoisonner lui-même indéfiniment de l'avoir décelée, et se retourner contre l'objet aimé avec une haine qui chez lui est toujours celle de l'amour. Il y avait chez Nietzsche un obscur besoin d'être blessé — pas très éloigné de cet autre besoin plus important encore, sur lequel nous reviendrons, qu'Overbeck avait diagnostiqué, et qui consiste dans l'impossibilité de se passer une seconde de tragique dans toutes ses relations avec autrui. Il y a deux tragiques nietzschéens distincts : l'un digne d'Eschyle ou d'une symphonie de

Beethoven, et que je définis le tragique de vivre à fond
chacune de ses idées (sur ceci je foisonne depuis hier au
soir, et ce sera sans doute au tout début du premier
cours que j'en parlerai : donc n'insistons pas ici); l'autre,
voulu, provoqué dans une certaine mesure, à mon goût
un rien mélodramatique, et qui régit les grands épisodes
de sa vie de relations. (Ceci sur mes vues d'avant vendredi 4 Janvier constituant pour moi un important progrès : je veux dire que la perception de l'élément mélo-
drame tendait à rejaillir sur le tragique authentique et à
me le masquer). Mais à lui-même Nietzsche ne s'est jamais menti ; et une des études les plus passionnantes
consiste dans la permanence survivant à tout de cette
Warhrhaftigkeit, de cette véracité envers soi, chez l'homme précisément qui a été amené le premier à mettre en
question la valeur de la *Wahrheit*, la valeur de la vérité.
Nietzsche, en effet, est parti de cette notion du vrai seul
à laquelle aboutissait à la fin de sa vie Sainte-Beuve ;
mais, ayant commencé par accepter comme base de vérité à partir de laquelle il fallait œuvrer (et dont au contraire il n'y avait pas lieu de mettre en question les résultats tenus alors pour acquis) la philosophie de Schopen-
hauer, rencontrant dans l'œuvre de Wagner l'art souverain issu à ses yeux de cette philosophie même, jusqu'au
réveil de 1876, c'est moins le vrai seul qu'une métaphy-

sique d'ordre esthétique qui l'oriente (c'est la période où
l'on sent si fort chez Nietzsche le besoin d'*allegiance* à
un maître qui se transformera plus tard lorsqu'il se tien-
dra pour un maître à son tour dans le besoin non moins
fort et toujours trompé que d'autres prennent de lui le
mot d'ordre : car si je considère Nietzsche comme le plus
grand des solitaires, je n'en renonce pas pour cela à ma
notion ancienne qu'à partir du moment même où les circonstances le condamnent à une solitude irrémédiable —
disons à partir de *Zarathustra* — Nietzsche est un solitaire malgré lui, et ses constantes protestations de la
dernière période qu'il veut en être un. n'ont d'autre
effet que de renforcer ma conviction à cet égard) : à partir de 1876 — avec ce *tempo* napoléonien qu'il reconnaissait à Stendhal et qu'il possédait, lui, encore bien davantage — il brûle pour ainsi dire une succession d'étapes
gigantesques, dont aucune n'est tout à fait conduite à
terme, dont chacune à vrai dire ne demanderait rien de
moins que d'autres Nietzsche pour développer toutes ses
conséquences : la période 1876-1882 est fort bien signi-
fiée par l'aphorisme qu'Andler met en lumière à savoir
par la découverte « qu'il n'existe pas d'autres vérités que
des vérités individuelles ». (Quand j'ai découvert cet
aphorisme — que je ne me rappelais pas — émanant de
Nietzche lui-même, ce vendredi de la semaine derniè-

re, j'ai eu comme un enivrement de bonheur à voir
Nietzsche proférer ce qui est peut-être l'unique conviction qui soit tout à fait mienne depuis 1908. Mais moi je
m'arrête là : je reste sur cette position, et c'est une des
raisons, comme je le disais à Z. tout à l'heure, pour laquelle cette reprise de contact avec Nietzsche m'émeut
tant parce qu'il est pour moi comme le vivant reproche
— le seul peut-être auquel je puisse être sensible *because
not only the whole work but the whole life and death of
the man* se sont joués là-dessus). C'est là pour moi dans
ce *tempo* la mesure passionnante. Se tenir à elle, comme
je le fais, est-ce position intenable, — non pas intenable
en fait, mais intenable du point de vue de cette logique
du courage dont je parlais tout à l'heure ? Sur le plan de
la vie spéculative il n'est peut-être pas pour moi à l'heure actuelle de plus grave point d'interrogation. D'autre
part, est-ce uniquement nécessité, vertu de l'esprit qui
induit un Nietzsche — comme aujourd'hui je suis enclin
à le croire, ayant du moins appris de lui sur ce point
spécial à penser contre moi-même — à passer outre ?
Mais Nietzsche ici me dirait : « il y a quelque chose de
plus important encore que de penser contre soi, c'est de
discerner le vrai en ces matières » ; et j'avoue que je ne
suis pas convaincu que le bond de la vérité individuelle
d'abord à la mise en question de la valeur de cette véri-

té même, puis à la transvaluation de toutes les valeurs, ne soit pas dans une certaine mesure commandé par ce que Nietzsche appellera plus tard triomphalement : la volonté de puissance. Et ici encore je veux être tout équité : si volonté de puissance de l'esprit, soit ; — mais n'y a-t-il vraiment ici que cela ? Je veux dire : la nécessité qu'un Nietzsche éprouve à passer outre est-elle tout à fait libre de toute impatience vis à vis de sa propre vérité, — le point où tous les hommes grands et petits m'apparaissent si vulnérables : ce que j'appelle l'usure d'une vérité dans l'organisme même qui la pensa ? Mais tout ceci si riche, si *frought with consequences* que les six leçons me paraissent déjà amplement ravitaillées.

Mercredi après-midi 21 Mai. 6 h. 1/2,
Ile Saint-Louis.

Ce matin, me promenant sur le quai par un temps
'une beauté et d'une douceur merveilleuse — relisant
introduction de Marian Fell à l'édition anglaise des piè-
es de Tchékhov —, je me disais que pour bien définir
ut ensemble la position et la vertu propres de Tché-
hov, il faudrait trouver un terme équidistant de sage et
e saint: de la sagesse en effet, Tchékhov ne retient aucun
e ces résidus de complaisance que quasi toujours elle
omporte ; — et de la sainteté, il n'a pas — et d'ailleurs
ésavouerait — le caractère extrême qui en demeure in-
éparable. Même de ce Marc-Aurèle dont à tant d'égards
l est si proche que je le lui ai donné comme voisin dans
ma bibliothèque, Tchékhov se différencie par l'absence
e tristesse visible: dans l'acceptation de Marc-Aurèle en
ffet, transparaît sur le visage que nous montrent les
ustes et bas-reliefs — ainsi que je le notais naguère —

la lassitude de l'être exposé : exposé, Marc-Aurèle le sera, le veut rester jusqu'au terme ; mais chez lui, c'est comme si de le savoir était ce qui investit ses traits précisément d'une sorte de majestueuse *sulkiness*. Plutôt qu'exposé, Tchékhov — pourrait-on dire — est à son poste, à son rang : *not only does he never dream of shirking, but it is as if shirking* ne se posant même pas, il n'y avait jamais eu lieu de penser, pour la réaliser *in thought*, l'acceptation comme telle. Avec Tchékhov cette acceptation *is less a thought than a fact, the fact :* il n'y a pas d'alternative, et l'on pourrait définir cette tristesse perçue même chez les meilleurs comme le sentiment de l'alternative et le devoir d'y renoncer.

Plus j'y réfléchis, mieux je vois que cette position intermédiaire, ce n'est pas un seul mot qui la peut définir, mais bien la conjonction, le confluent de la notion de *decency* avec celle de *personal freedom. That's where Tchekhov is so great, unique, — and that is what will have to be fully brought out.*

Mardı 7 Octobre, 6 h. 20 soir.
Ile Saint-Louis.

Pour tenir la promesse du journal d'aujourd'hui même, essayons donc de préciser l'angle sous lequel je veux
envisager Joubert.

Joubert ou de la perfection, — tel est le titre que je
choisis. Je voudrais que Joubert me fût l'occasion de serrer de très près ce problème de la perfection, et de montrer sur son exemple — j'entends sur ce que chez lui tout
ensemble elle inclut et exclut — comment et dans quelle
mesure la perfection est possible dans un mode de vie qui
reste profane. Y a-t-il d'abord une Perfection (avec l'accent mis sur la majuscule) ou des modes de perfection ?
Evidemment, c'est le pluriel qui s'impose si l'on envisage
le problème dans sa totalité ; mais dans la zone profane
que je vise, je suis moins certain qu'il y ait lieu au pluriel ; et donc le premier point, c'est de définir ce qu'une
perfection profane rejette tout autant que ce qu'elle re-

tient de la perfection en soi. Or il m'apparaît que la perfection profane est et doit demeurer exclusive de la sainteté : sans doute, elle ne peut pas se passer de la sainteté comme ligne d'horizon, comme point de mire, mais qui dans son paysage propre doit rester une ligne d'horizon, Sans doute, Joubert lui-même dit : « Il n'y a d'heureux que les bons, les sages et les saints ; mais les saints le sont plus que tous les autres tant la nature humaine est faite pour la sainteté ». Mais que de commentaires — et en fonction de Joubert lui-même — n'appellerait pas ce texte ! Notons d'abord l'emploi du mot *heureux* : le problème du bonheur est problème joubertien au premier chef ; or, est-il bien vrai que pour un saint véritable le bonheur soit autre chose qu'un surplus qui couronne ? Peut-on dire que pour un saint le bonheur soit jamais l'incitation première ? De plus, est-ce vraiment la nature humaine en général qui est tant faite pour la sainteté ? N'est-ce pas plutôt ce qui dans l'homme — pour reprendre la sublime formule de Pascal — « passe infiniment l'homme » ? Et est-il très légitime de définir l'homme même par ce qui en lui infiniment le passe ? Sans doute, je vois bien ce que l'on veut dire, et rien de plus juste s'il s'agit de situer l'homme dans une échelle, par rapport aux séries animales: peut-être en effet alors conviendrait-il de le définir ainsi, mais si on veut le saisir en soi n'y a-t-il pas là cet optimisme joubertien en vertu duquel Joubert lui-même se dénomme *Platone platonior* ? Et puis — peut-être vais-je à cet égard trop loin — il me devient de plus en plus difficile d'admettre qu'il puisse y avoir sainteté à strictement parler quand on demeure dans les liens du monde. Je serais assez prêt à créer en faveur de Joubert une catégorie nouvelle, mais que je baptiserais alors du nom de sainteté profane. (Et peut-être la perfection se pourrait-elle appeler une sainteté profane.) Mais cependant, je ne sais : dans le cas de Joubert, la sainteté m'apparaîtrait plus tôt comme une ombre portée émanant de quelque monde platonicien des idées qui viendrait se poser sur sa sagesse et sa vertu. Toujours il y a pour moi chez Joubert quelque chose de trop *rond* pour que le vocable de sainteté me paraisse à lui applicable. (Sur la *rondeur* de Joubert — sur ce que j'ai appelé dans un ancien journal le caractère de *coupole* — et au sens architectural et au sens céleste du terme — et de sa pensée et de sa phrase, j'aurai beaucoup à dire : j'aurai aussi à évoquer peut-être le *rond* des Chinois, celui de leurs tapis et de leurs miroirs, — mais toujours dans le concept de rondeur il entre pour moi, oh ! non point un confort, ce serait beaucoup trop dire, mais une boucle sereine de la contemplation complètement bouclée que je ne visualise pas comme appartenant tout à fait à la sainteté même

191

franciscaine ; et là, je peux avoir tort ; mais je n'ai pas
tort quand je ne conçois pas saint François marié et pos-
sédant. C'est toujours à cela qu'il faut en revenir. La
sainteté n'est pas compatible avec la propriété : elle peut
chez un saint François retrouver, dans une fraternité cos-
mique, un mode détourné de posséder ; mais ce serait
jouer sur les mots que de voir là propriété au sens où
nous l'entendons).

D'autre part, je disais à P. — et ceci bien plus important pour mon attaque de samedi — qu'une démarcation
doit être établie dès l'origine entre ceux qui visent à la
perfection de l'œuvre et ceux qui visent à la perfection
d'eux-mêmes. Un Flaubert est nettement des premiers ;
un Joubert, non moins nettement des seconds. On pourrait même dire que Joubert, des seconds, présente le cas
limite puisque le concept d'œuvre n'a joué aucun rôle
dans sa vie. La différence — magistralement établie par
Walter Pater, dans son *Wordsworth*, entre ceux *whose
ideal is in being* et ceux *whose ideal is in doing*, entre
être et *faire* : et j'ai plus d'un texte de Joubert qui montre
combien la notion de *pouvoir* demeure toujours à ses
yeux subordonnée: c'est sur elle qu'il fonde la distinction
même entre l'esprit et l'âme. «Plus j'y pense, plus je vois
que l'esprit est quelque chose hors de l'âme, comme les
mains sont hors du corps, les yeux hors de la tête, les

branches hors du tronc. Il aide à *pouvoir* mais non pas
à être plus. » De même, il faut souligner la pensée suivante « Ce n'est pas ma phrase que je polis, mais mon
idée. Je m'arrête jusqu'à ce que la goutte de lumière dont
j'ai besoin soit formée et tombe de ma plume ». Ceci nous
emmène très loin d'une perfection qui ne serait que d'ordre technique. J'aurai — et ce ne sera certes pas facile —
à définir la perfection de la phrase de Joubert ; et à ce
sujet ne pas oublier ce que je notais avant la guerre que
son style est un des plus grands styles métaphysiques
qui aient jamais existé en français : rappeler à cet égard
ses propres remarques sur le style de Platon. Joubert
n'est jamais ni trop long, ni trop court : le raccourci n'est
pas concevable quand on pense à lui, mais pas davantage
l'amplification : s'il peut parfois paraître un peu lent **à**
ces gens pressés que sont presque tous aujourd'hui, cela
tient à ce qu'il passe soigneusement par tous les points
du trajet, mais regardez-y de près : il n'y en a aucun qui
n'apporte quelque chose : pas un membre de phrase
qui ne dessine ce que volontiers j'appellerais les belles
joues de la pensée joubertienne. Noter aussi que chez
Joubert la justesse est si infaillible qu'elle en devient impersonnelle : d'abord, un grand nombre de ses pensées
sont tellement passées dans notre meilleur usage que
leur originalité peut paraître quelque peu émoussée,

mais jamais leur pertinence ; et dans cet impersonnel même, il y a je ne sais quel charme comme d'une sagesse très civilisée qui coule à la manière de quelque immémorial Pactole ; — je dis bien, immémorial : plus peut-être qu'aucun écrivain français, Joubert n'est pas d'un temps : il survole l'historique avec une aisance prodigieuse ; nous pouvons après coup — comme l'a fait Beaunier — nous divertir à situer, à dater ceci ou cela; mais les pensées de Joubert, ce sont avant tout des essences intemporelles. Toutefois, la perfection de la phrase est chez lui secondaire : il attend que la pensée dans sa parfaite rondeur polie vienne choir à la manière d'un astre ; et c'est pourquoi nul autant que lui ne nous a légué de ces astres comme déplaçables, autonomes (il dit quelque part — ou à peu près — que le propre d'une belle pensée, c'est qu'on puisse la sortir de son contexte : où qu'on l'applique, elle demeure susceptible de luire). Par ailleurs, il était, ainsi qu'il le note, « comme Montaigne, impropre au discours continu ». Et cependant comme il serait facile de le défendre à cet égard contre les critiques d'Amiel ! Joubert est peut-être le seul des grands, comment les appeler, disons *fragmentistes*, auquel il soit imprudent de dénier la coordination intérieure. Les raisons pour lesquelles il s'en est toujours tenu au journal ou à la pensée détachée, nous aurons à les étudier une à une ; mais à cet égard, les textes de Diderot, que cite Beaunier, pourraient bien constituer cette influence de Diderot sur Joubert que Sainte-Beuve affirmait sans la démontrer, que Beaunier rejette faute de preuves, — et qui pourrait se ramener à ceci que tandis que Diderot — un des plus grands improvisateurs qui furent jamais — s'enivrait de tout et jusque du désespoir de la connaissance parfaite sur quelque sujet que ce soit, — un Joubert, infiniment soigneux et strict pour tout ce qui concerne la logique interne, la cohésion intime des notions entre elles, retient cette impossibilité, se fait la *house of thought* qu'il estime lui convenir, mais ne se croit jamais autorisé au système. Il y a dans tout écrit de longue haleine, soutenu d'un bout à l'autre, un postulat initial, et que, si nous lui devons des œuvres de génie, nous ne devons cependant pas méconnaître comme postulat — à savoir d'une part qu'un sujet quel qu'il soit peut être complètement traité, et d'autre part (ceci au second degré) qu'un sujet peut être complètement traité isolé de tout le reste. Or, ce qu'ont toujours vu les grands *fragmentistes* — et ce que n'ont pour ainsi dire jamais vu les autres, — c'est que l'on ne peut isoler un sujet du *tout* sans que, même en le traitant parfaitement, on ne tombe d'une manière ou d'une autre dans l'arbitraire; et comme le *tout* lui-même est par définition *intraitable* et le devient chaque jour davantage, il y a dans la position du *fragmentiste* quelque chose de très fort, d'où il n'est guère délogeable — sinon par la commode ignorance universellement répandue de sa position elle-même. Pour ma part, je demeure persuadé — et il n'y a qu'à lire attentivement les *Pensées* pour s'en rendre compte — qu'il n'est aucun des grands sujets sur lesquels Joubert tenait à se préciser à lui-même sa position où il n'y soit parvenu ; mais à chacun de ces grands sujets, il laissait autonomie et rondeur, il ne se souciait nullement de fausser un seul d'entre eux pour le plaisir de les relier artificiellement les uns aux autres. C'était comme autant de mondes séparés, se suffisant, — et c'est là que la pensée chez Joubert est d'un artiste, est acte d'art non moins que d'intellect. Il est l'homme en toutes circonstances des solutions spécifiques et toujours — pour reprendre la formule chère à Bergson — faites sur mesure.

Je suis ce matin dans l'état même et physique et moral
dont le maintien — s'il pouvait être toujours maintenu —
constituerait la solution de mon être intime, — et sa solution harmonieuse. L'harmonie ,— j'en suis d'habitude si
loin (et j'entends alors même que je suis à mon meilleur)
que de ce moment j'éprouve le besoin de garder ici le
souvenir. De cet état — par une de ces coïncidences qui
me ravissent, qui me ravissent trop, diraient mes amis, —
je trouvais tout à l'heure une définition dans le *Lundi* de
Sainte-Beuve sur Joubert. Citant les pensées de Joubert
sur l'enthousiasme — (et Joubert le distingue de la verve
qui remue tandis que l'enthousiasme, lui, émeut : Joubert
d'ailleurs, comme nous tous, incline quelque peu chaque
vertu qu'il définit dans le sens où cette vertu lui est à lui-
même native : c'est ainsi qu'il retire à l'enthousiasme l'é-

lément de transport et de rapt, tout l'élément pythique —
bien que cependant ailleurs, dans les *Pensées*, il
ait soin d'affirmer : « Point d'inspiration véritable sans transports ou du moins sans ravissements». Il est
toujours ainsi compensant, tempérant, ne perdant rien
de vue : « une sphère complète sous une seule étoile » :
il dit donc que « La Fontaine, Ménandre et Virgile eurent
le plus doux et le plus exquis enthousiasme qui fut jamais ») — Sainte-Beuve ajoute : « L'enthousiasme en ce
sens pourrait se définir une sorte de *paix exaltée* ». C'est
cela même qui ce matin m'habite : l'exaltation seule ne le
peut donner ; la paix seule le peut donner moins encore,
et c'est dans cette combinaison (non, vraiment, rien n'a
échappé Sainte-Beuve) que Joubert réside, que l'on tient
sa clef. C'est en fonction de cela qu'il le faut approfondir,
comprendre : — surprendre ces échanges entre trouble
et calme, entre parole et silence, entre vivacité et lenteur.
Ce n'est pas qu'il ait deux vies — *so wholly does he give
one the impression of having achieved unity,* — mais il a
deux versants, l'un en tête-à-tête avec sa pensée toute
orientée vers le céleste, toute occupée de lui : son mot
admirable : « Le ciel est pour ceux qui y pensent » vient
de ce « fond à une très grande profondeur » auquel quelque part il fait allusion, et qui est chez lui immuable ; —
l'autre versant tout tourné vers les êtres, celui par où il

prend contact avec eux, qui est paix, et paix qui impose silence à toute exaltation, laquelle pourrait y introduire démesure. Là, tout régi par cette bonhomie que personne n'a su définir comme lui, et dont il dit expressément : « La bonhomie est une perfection. Elle consiste à ne refuser son intérêt à rien de ce qui occupe l'attention, et son attention à rien de ce qui est innocent. C'est une enfance agrandie, conservée, affermie, développée. Elle sert de bonheur à l'homme ordinaire, et devient une source abondante de plaisirs et de délassements pour l'homme occupé et pour le grand homme ». Et dans des passages qu'il me faudra retrouver, il marque — *and how much should I take the lesson to heart* ! — que rien ne doit être tenu par l'esprit si grand soit-il comme indigne qu'il y participe dès l'instant qu'il se prête à communiquer. Oui, là est chez Joubert la charnière : jamais, à son avis, l'on n'est trop sévère, trop dédaigneux, trop dégoûté même vis-à-vis de ses propres pensées solitaires : personne n'en a plus laissé tomber que Joubert, décidé à ne jamais retenir que l'exquis ; — mais en revanche, hors de ce tête-à-tête là, on n'aura jamais trop de bonhomie, d'accueil, de plain-pied. (Avoir soin de produire dans une des leçons les pensées où de son temps déjà il préconise sans cesse l'hospitalité, notant combien insupportable est l'entretien avec ceux qui sont déjà tout pleins, et pleins d'eux-mêmes. Adjoindre aussi les excellentes observations de Sainte-Beuve à ce sujet et montrer à quels excès le mal se porte aujourd'hui).

Une paix exaltée : oui, c'est Joubert ; cela pourrait-il devenir moi ? Je dois reconnaître que naguère plus qu'aujourd'hui me hantait l'idée de paix : en moi, elle a quelque peu diminué devant celle d'exaltation précisément : la jonction des deux m'est-elle possible ? Si à un Joubert elle était plus que possible, naturelle, cela ne tient-il pas à ce que Joubert est l'homme qui a écrit : « Il me semble beaucoup plus difficile d'être un moderne que d'être un ancien » ; et à moi il semble plus que difficile, tout à fait impossible, d'être du tout un ancien. A mesure que j'avance, je reviens plus souvent à cette absence de l'élément grec dans ma composition — et même de ce mode grec platonisant qui est celui de Joubert tandis qu'il est seul avec lui-même, le mode attique définissant son comportement avec autrui. La merveille dans le cas de Joubert, c'est que son esprit est aussi moderne qu'il le veut, si ses préférences le ramènent à l'antique : personne n'est moins classique que Joubert au sens insupportable du terme : il a horreur de ce qui est, en toute matière et par-dessus tout en littérature, règles, préceptes, recettes, imitation des modèles : personne n'a jamais moins admis qu'on en imposât en quoi que ce soit à son esprit (*I mean that his mind should be in any way impo-sed upon*) : le plus libre des esprits, mais d'une liberté qui ne frappe pas les superficiels parce que cette liberté, lui-même l'assujettit à de subtils et multiples canons de perfection ; aucune autorité ne pèse jamais sur lui : il a pour parler des plus grands un ton qui est un chef-d'œuvre, qui — enseveli que je suis sous la catégorie du respect — est par moi inatteignable: un ton jamais en rien irrespectueux, mais posé (au sens où on le dit de la voix), posé aussi comme on dit qu'un regard est posé, uni, serein, sans hâte aucune, sans nulle fièvre, sans nulle froideur : un soleil qui enveloppe sans opprimer. Partout et toujours, ton de l'égalité, mais où l'absolu de la justesse maintenue ne permet pas qu'on ait la moindre tentation de l'accuser d'outrecuidance. Et cette justesse, si toujours elle luit, toujours se refuse à étinceler : rien de plus curieux que de comparer à cet égard Joubert à Rivarol — le Rivarol des conversations avec Chênedollé. Chez Rivarol, même dans la justesse maxima, c'est une justesse aiguë: pénétrante au plus haut point; mais il lui manque l'aménité joubertienne. Aménité : là aussi à serrer ; à rapprocher peut-être de mon fragment de journal sur les sensations, sur l'innocence des sens chez Joubert: Joubert est comme un innocent qui sait tout, et qui peut se permettre de tout dire même sur lui-même parce que,

de tout savoir, n'entame jamais l'innocence première.
Innocence non seulement des sens chez lui, mais de la
pensée et du propos. Et c'est par là sans doute qu'il évite
la fatuité : qu'il soit parvenu à l'éviter en se peignant lui-
même en beau (comme il le dit quelque part) me demeure
un prodige, et cependant c'est ainsi. Et Beaunier — il le
faut reconnaître — a vu juste en indiquant que Joubert
était totalement exempt de fausse modestie, — et les
quelques secondes désagréables que ces moments-là de
Joubert faisaient naître en moi en 1908 quand je pris
pour la première fois contact avec son œuvre — font naître encore parfois aujourd'hui — m'apprennent en ce qui
me concerne que je ne suis pas moi exempt de toute fausse modestie. Qu'est-ce que la fausse modestie ? C'est cet
attribut social en vertu duquel on ne dit pas de soi des
choses que l'on sait pourtant être vraies, — en vertu duquel aussi — et là c'est plus grave — on tend à se dépré-
cier. Cet attribut fait-il intrinsèquement corps avec une
politesse accomplie ? L'exemple de Joubert tendrait
à prouver le contraire, car nul homme ne connut et
ne pratiqua davantage toutes les formes de la politesse —
excepté la fausse modestie précisément. Faut-il en con-
clure que cette facilité à dire de soi tout le bien qu'il y a
en effet à en dire se confond chez Joubert avec cette impartialité vis-à-vis de ses propres idées et de ses propres

sentiments — qualité essentielle, paraît-il, d'un Turenne, qu'une citation dans un des *Dialogues sur le Commandement* de Maurois me révéla, et qui nous occupa tant, Maurois et moi, à La Saussaye le mois dernier ? Il se peut : Joubert usait sans doute envers soi de la même impartialité qu'envers autrui ; mais chez lui cela tient avant tout à ce que Sainte-Beuve a bien relevé en lui, à savoir qu'il ne peut rien dire, mais absolument rien, comme personne ; et aussi à ce que, si minime que puisse être l'occasion, toujours il veut dire le vrai qu'il aperçoit — et il le veut d'autant plus qu'il a préalablement pris plus de soin de s'assurer de sa vérité. La nuance de son « c'est ainsi » (comme il serait intéressant d'étudier le « c'est ainsi » des plus grands) n'a rien à voir avec celle d'un Tchékhov ; il vous présente, il vous déplie avec une invulnérable lenteur toute vérité, en l'accompagnant d'un sourire qui a quelque chose d'éjoui, d'indémontablement serein, de comme illuminé par la justesse même. Je ne sais pourquoi, mais Joubert me fait souvent penser à la description que nous donne Proust de « ces gâteaux courts et dodus appelés petites madeleines, qui semblent avoir été moulées dans la valve rainurée d'une coquille de Saint-Jacques ».

Oui, je commence à voir autour de quels mots — car avec Joubert toujours les mots sont des idées — s'organise sa *house of thought*. C'est au repos par dessus tout qu'il vise, — et ce repos même doit se trouver chez lui en relations étroites avec cette âme immuable qu'il oppose à l'esprit toujours inconstant : le signe que le repos est rejoint se traduit toujours pour lui par la sensation et la présence de la lumière, — non point tant d'une lumière mystique (avoir soin de citer la belle pensée si pondérée, si authentiquement modeste celle-là à ce sujet), mais d'une lumière spirituelle qui soit l'équivalent de la lumière physique proprement dite. La présence de cette lumière diagnostique l'état de sagesse, — d'une sagesse que volontiers je situerais au-dessus de ce qu'il peut y avoir de trop obtenu, de tant soit peu pénible dans la sagesse stoïcienne, à mi-chemin de la sainteté à laquelle, à mon avis, elle ne saurait prétendre qu'avec la qualification de profane. Sérénité bonheur-devoir, rejet instinctif de toute violence à l'adresse de la vie, laquelle par Joubert n'est jamais ni sur-estimée, ni sous-estimée, qu'il faut considérer comme un vestibule, mais comme un vestibule qu'il importe d'orner. Il y a chez Joubert le maximum de suspicion à l'égard de la nudité sous toutes ses formes. Peu de pensées le peignent mieux que celle-ci : « Ayez un esprit où la vérité puisse entrer nue, pour en sortir parée ». Il y aura aussi à établir les parts respectives faites à la lucidité et au bandeau avec lequel

il faut bravement s'aveugler pour la vie ; montrer en quel
sens Joubert dit de façon expresse que la morale doit régler jusqu'aux affections mêmes.

En somme, si malgré toutes les recherches de Beaunier
(et il est certain qu'il a passé partout et qu'on ne trouvera
plus rien) les précisions nous font défaut quant aux deux
temps de l'existence de Joubert, ces deux temps eux-mêmes sont un fait, et je crois que sans majorer le moins du
monde ni dramatiser sa parole : « Mon âme habite un
lieu par où les passions ont passé : je les ai toutes con-
nues », il y faut attacher une extrême importance. Au
moment où il écrit cela, son corps n'est plus que le lieu
auquel il fait allusion, et à cause de cela même son âme
y peut résider avec permanence, est possédée avec tranquillité. D'autre part, il nous dit que son esprit atteignit
sa perfection dans l'année où il fit la connaissance de
Pauline de Beaumont — année qui est celle-là même où
il écrit à Fontanes sur la perfection la lettre qui me ser-
vira de préambule ; et il est certain que son autre mot :
« La révolution a chassé mon esprit du monde réel en me
le rendant trop horrible » est non moins important, surtout si l'on y ajoute son mot des pires mois de 1793 :
« Démos : il est capable de vertu, mais incapable de sagesse », et peu de jours après, ceci : « Il faut qu'il y ait
quelque chose de sacré ». A partir de ce moment Joubert

se retire en lui-même et en quelques amitiés choisies ; je
ne serais pas surpris que le chef-d'œuvre de sa conduite
envers ses propres sentiments en ce qui concerne Pauline de Beaumont fut dû en partie à ce que en 1794 une
révolution intime lui faisait à sa façon aussi peur que la
révolution publique.

Si souffrant toute la journée que je n'ai pu qu'à peine travailler à la rédaction de mon cours — et qu'il me faudra demain dans une large mesure improviser —, goûtant seul avec P., après un nombre respectable de tasses de thé, je retrouve quelque vigueur, et je dicte à bâtons rompus sur notre conversation de tout à l'heure. Nous étions partis du caractère entièrement *original* de Joubert, — et il y a deux ans déjà, au seuil de mon *Walter Pater*, j'avais marqué combien même chez les hommes de génie il est rare que l'être soit tout entier composé d'originalité, et je rappelais le mot de Sainte-Beuve : « Joubert a une manière qui fait qu'il ne dit rien, absolument rien, comme un autre » : mot excellent ; et, si je résiste encore quelque peu à l'expression *manière*, c'est peut-être que j'y résiste toujours quand on l'applique aux écrivains que j'aime tout à fait. Cependant je n'ai peut-être pas dans l'espèce tout à fait tort parce que manière est une façon trop commode de se tirer de la difficulté : si je pouvais trouver le mot tout à fait juste à substituer à celui-là, je serais bien près du secret de Joubert lui-même (il faut que je me réserve la troisième ou en tout cas la quatrième leçon pour analyser de très près non seulement sa métaphysique, mais son langage — lesquels d'ailleurs en son cas ne font qu'un). Je croirais assez que mon développement du journal de l'autre jour sur la *rondeur* est proche du centre. Toujours il s'agit du tracé d'un cercle : le tracé est accompli en entier, d'un pas indéfectiblement égal, et dans la fermeture du cercle lui-même je sens comme une satisfaction de l'auteur que pour ma part je partage. Ceci nous ramène à notre entretien d'il y a un instant : Joubert est *lent*, et je disais à P. que je me demande dans quelle mesure tout écrivain, tout homme orienté avant tout par le *parfait*, peut échapper à être lent. Je reconnais que Joubert l'est plus que personne peut-être — et surtout plus confortablement que quiconque : je ne suis pas encore arrivé à concevoir la circonstance qui aurait pu lui faire presser le pas, — mais en revanche (et en fonction de cela même) je conçois parfaitement que qui ne l'adore point le puisse trouver intolérable. P. me disait tout à l'heure que ce qui la gênait en lui, c'était comme le sentiment

d'une tiédeur. Je ne le crois pas tiède ; mais, d'une part,
il est assez difficile qu'on ne le paraisse point un peu
quand on est sage à ce degré (la sagesse — comme le re-
marquait P. — n'emporte pas nécessairement avec elle
l'idée de tiédeur : c'est vrai, mais chez Joubert il y a
comme une sagesse roulée indéfiniment sur elle-même,
qui en acquiert je ne sais quoi d'un peu matelassé), —
d'autre part, à un esprit féminin semble presque inévitablement tiède l'homme dont la chaleur se dépense —
non pas uniquement, mais avant tout — dans la méditation métaphysique. La petite phrase de la letttre à Fontanes : « Je me suis prescrit cependant deux ou trois petites rêveries dont la continuité m'épuise » me paraît à
cet égard très symptomatique parce que chez Joubert la
rêverie (et ceci serait essentiel à faire sortir) est avant
tout d'ordre métaphysique. Joubert est l'homme qui a
dit : « Penser à Dieu est une action », et qui devait avoir
les meilleures raisons du monde pour le dire. La rêverie
chez Joubert est un des processus les plus actifs qui
soient, — et de préférence c'est à Dieu qu'il l'applique.
Il est bien l'homme de cette autre pensée — quelle devise
pour le mystique sans compter qu'elle correspond à l'éty-
mologie du mot grec qui lui donne son nom ! — « Ferme les yeux et tu verras ». (Et ceci, plus caractéristique
encore, écrit dans le coche qui le conduisait de Villeneu-

ve à Paris le 27 janvier 1791 tout en lisant le *Timée*, et songeant à Dieu : « En changeant de lieux vous ne le quittez point. Fermez les yeux et aussitôt vous le verrez »). Oui : « cette opération d'imaginer Dieu », comme il le dit au titre I des *Pensées*, est au fond toujours l'occupation essentielle du Joubert solitaire.

Et je conçois bien — et Z. me le disait hier au soir — et P. me le redisait cet après-midi — qu'il y a pour les esprits féminins quelque chose de presque déplaisant dans ce rôle de modérateur qu'assume, qu'exerce Joubert vis à vis de ses propres sentiments. Mais prenons garde d'abord que pour lui — à tort ou à raison (oh le beau sujet de débat !) — la morale, comme nous l'avons déjà noté, règle jusqu'à nos affections, et qu'il a soin de marquer sa surprise qu'aucun philosophe précisément n'ait compris encore ses affections dans la définition de l'objet essentiel de la morale ; — que, d'autre part, il est l'homme qui a écrit qu' « il faut dans la vie le moins possible raturer les affections tendres », — et que si l'élément modérateur est systématiquement écarté, on aboutit à l'extrême de la passion ou à la nécessité de la rature, mais dans un cas comme dans l'autre on sort de cette « tendresse » que Joubert définit comme « le repos de la passion ». Sachons d'ailleurs qu'il a écrit également : « Mes bienveillances ont la tendresse et les feux des passions », et qu'il ajoute : « Toutes mes passions se sont promptement taries, en ne laissant rien d'elles-mêmes, quand tous mes sentiments laissaient en moi quelque racine indestructible ». Autrement dit, tendresse passionnée susceptible de durée et donc de mémoire (l'importance de la mémoire pour Joubert identique à celle que nous analysâmes chez le *Marius* de Pater : « Où vont nos idées ? Elles vont dans la mémoire de Dieu ».) Je pressens que, très en profondeur, c'est par cette fonction même que Joubert pose Dieu, de même que nous vîmes que si *Marius* aurait eu tant besoin de l'*assistant of one's thoughts*, c'est, nous dit-il expressément, comme d'un réceptacle pour les plus beaux, les meilleurs, les plus parfaits moments de sa vie ; — passion par delà la tendresse aussi vite évanouie que venue,— et ceci rejoignant notre développement, qui demeure décidément tout à fait viable, sur la non-passion chez la plupart des *spirituels* authentiques, à propos de Novalis et de Sophie von Kühn (voici le passage : « Cette tranquillité, dont en pleine période amoureuse Novalis faisait la condition même de son bonheur, tant il est vrai que pour les *spirituels* la passion n'est pour ainsi dire jamais l'étoffe du bonheur lui-même »).

Ai été cet après-midi une heure au Louvre avec Ada
pour lui montrer certains tableaux de l'école française qu'elle ne connaissait pas. Regardé les Poussin, les
Claude Lorrain ; puis, dans la salle de *l'Atelier* de Courbet, plus frappé si possible encore que d'habitude par
les Ingres. Retrouvé cette sensation d'autorité absolue
dans le *clair* que personne peut-être ne me donne à ce
degré : la suppression de tout prestige dû à un élément
soit de ténèbres, soit de mouvement (le seul mot de dyna-
misme inconcevable quand on pense à lui : le canon
d'une autorité statique). Ce que j'aime tant chez lui, c'est
que le laid (les tons qui entre les mains d'un autre gémi-
raient d'être accouplés : tout le *démodé* qui dans les
tableaux d'un autre induirait au moins au sourire) y soit
à tel point d'une beauté dure. qui ne se laisse pas traverser, qui suscite toujours en moi l'idée de l'onyx. La pier-

re — ces mains dont en un journal de naguère je disais
qu'elles avaient le poids d'un presse-papier. Ingres me
fascine, comme me fascine toujours ma vivante contradiction. Cette netteté, cette absence de copeaux, cette
opacité chantante (oui, je n'ai peut-être jamais risqué
une alliance de mots plus contradictoires, et cependant
elle convient à Ingres). Mieux compris aujourd'hui que
si mon Baudelaire à moi eût dû voir dans la *Grande
Odalisque* la réalisation absolue de son thème de « la
candeur de l'antique animal », le Baudelaire réel était
contraint de préférer les odalisques de Delacroix ; c'est
que pour nous, dans la bestiale tranquillité de ce corps
aux deux vertèbres de trop, cette bizarrerie, cette étran-
geté — dont Baudelaire ne se pouvait passer —, c'est le
mauvais goût même des attributs qui les introduit : ces
attributs où la notion qu'Ingres se faisait de l'*oriental* est
irrésistible de comique — ou plutôt le serait si cet homme n'avait une manière tout à lui de vous imposer son
« c'est ainsi, et ce n'est pas autrement » : les coussins
bleus qui devraient être fades et qui traités par lui sont
acides : du temps de Baudelaire, bon gré mal gré, dans
tout cela on voyait un académisme, une sorte de classique ennuyeux. N'empêche que, dans son subconscient,
Baudelaire reste pour moi plus près d'Ingres que de Delacroix, si tout son *conscient* au contraire est authenti-

quement Delacroix. Aujourd'hui l'*Olympia* de **Manet**, toujours adorable quant aux détails, avait un peu **trop** en face de l'*Odalisque* un air de petite ouvrière pleine de bonne volonté.

Malgré la mauvaise lumière la salle des dessins de Primatice, un ravissement : il n'existe pas dans le monde de l'art de jambes dont je sois aussi sincèrement amoureux que des jambes des femmes de Primatice : **cette** sveltesse au-dessous du mollet, et dans le mollet même cette nervosité des pleins, non jamais — pas même chez Goujon (mais ici il faudrait revoir des Goujon, car leur attrait est bien irrésistible) — la race n'a été plus loin : peut-être au fond la légère différence que je sens ici à l'avantage de Primatice est-elle simplement due à cette *race* italienne que la française jamais tout à fait ne rejoint.

Les salles allemandes étant ouvertes, j'ai enfin pu voir le portrait de Dürer par lui-même : que j'aime cette stylisation un peu contournée, un rien pénible — mais où contournement et peine ne paraissent que le labeur de suivre avec exactitude une insistante rêverie. Cette fleur dans la main présentée avec la plus gracieuse gaucherie : il y a dans ce visage, que le trait cerne douloureusement, quelque chose du tranchant d'une lame : l'imagination de Dürer, charme morose : devant ce tableau, mon rapprochement Dürer-Baudelaire ne m'a point déplu.

Un dessin de Holbein : un gentilhomme à la toque (dont je ne me souvenais pas que précédemment il fut exposé) : Holbein est peut-être le seul artiste où la barbe et la moustache aient toujours la délicatesse d'une fourrure : il y aurait inconvenance devant ces œuvres à se souvenir de l'existence du mot *poil*. Remarque dans le cas de Holbein susceptible d'une valeur généralisée : naguère pour la main retournée du dessin de la même salle j'avais employé le terme de cristal de roche : c'est comme si — sans le moindre effort (jamais chez Holbein on ne peut concevoir un effort quel qu'il soit) — spontanément les objets accédaient au règne qui les dépasse et étaient traduits dans les termes de ce règne, — comme si chez lui une main ne pouvait être traitée autrement qu'en cristal de roche, une barbe autrement qu'en fourrure.

Jeté en partant un long regard sur le Van Eyck : plus frappé que jamais de la concentration, du *serré* de toutes choses : visages, attitudes, étoffes.

1924
Lundi 8 Décembre, midi,
Ile Saint-Louis.

Il est certain qu'il faut ou que je travaille ou, ainsi qu'on le dit au régiment, que je me fasse porter malade et parte dès que je le pourrai pour Hyères ; car cette situation intermédiaire (comme j'aurai su — c'est presque chez moi un art — gâcher des années de ma vie dans les situations intermédiaires!) ne peut plus durer sans m'inonder de spleen — et du pire de tous les spleens : le spleen sec. Là et non ailleurs doit être cherchée l'explication du spleen de samedi soir après le cours. Quand dans la semaine je cède à ma santé et à ma paresse combinées, que je ne porte pas la rédaction du cours au point où je la veux, j'ai beau me dire que l'improvisation sauvera tout: elle le sauve pour l'ensemble du public (*and it adds not a little to the inner exasperation from which said spleen issues that most people should be so much more satisfied when I am the most dissatisfied*) ; elle ne le sauve en

216

rien pour moi. Quelle est en cela la part de l'amour-pro-
pre vis-à-vis de moi-même, — celle de la sensation d'avoir
manqué à un devoir dans la relation qui existe entre moi
et mon sujet ? J'ai perdu l'espoir de les délimiter avec
précision, — et au fond assez peu m'importe : ce qui
m'importe, c'est que je ne puis continuer ainsi. J'en ai eu
un signe — chez moi toujours symptomatique — dans le
besoin de reprendre *Approximations* et des cours des
années précédentes, et dans l'impression tout ensemble
prestigieuse et accablante qui s'empare alors de vous, et
où l'on se dit dans un même mouvement : « Tu ne pourrais plus écrire cela, — et pourtant c'est toi qui as écrit
cela ». Et puis l'impression de responsabilité. de culpa-
bilité finit par se faire intolérable : à ces heures-là on est
comme agacé de ses propres dons : on sent si bien qu'on
ne fait que jouer avec eux. que l'on a entre les mains et
toujours davantage (si au moins dans le non-travail la faculté disparaissait, alors que si souvent au contraire elle
jette sa plus haute flamme!) de quoi faire à peu près tout
ce que l'on veut, — et l'on ne fait rien. Samedi soir avant
dîner, seul, dans mon fauteuil violet, restant volontairement dans l'obscurité, je me disais que bouder devrait
être un verbe pronominal : se bouder, c'est exactement
ce que je fais dans mes pires moments. Il a fallu la tendresse de Z., la rosée des larmes ; il a fallu aussi — et

cela c'est si moi, c'est tellement trop moi — que je m'enivrasse indéfiniment en me répétant à haute voix le vers de Shelley :

A power girt round with weakness

pour qu'au moment du dîner enfin j'émergeasse. *The power is there, I feel sure of it, and* — et c'est peut-être là un assez bon signe — *I have lost all interest in the weaknessess.* N'importe, lorsque dimanche — après une admirable conversation chez les Baruzi avec Charrier, Schmidt et Schaeffner où je m'étais senti au maximum de précise invention des idées — reprenant par hasard chez ma belle-mère *La Maîtresse Servante*, je retombai sur la dernière phrase (qui déjà m'avait tant frappé lors de l'apparition du livre) : « Je songe que si chacun regardait autour de soi, il demeurerait confondu que tant d'êtres aient attaché à lui tant de prix », *I felt that it summed up the whole of my mood and pointed its moral.* Oui, c'est bien cela : le sentiment de l'indignité, c'est cela qui était au fond de cette dernière attaque de spleen, qui l'explique et peut-être quelque peu la sauve ; car dans mon cas il y a eu, il y a tant d'êtres, et qui, à travers tout, continuent à attacher tant de prix.

Je continue à me sentir on ne peut mieux et en pleine
possession de moi-même — à tel point qu'hier soir, après
avoir entendu Joseph Baruzi me lire ·avant dîner son
étude presque achevée pour le numéro d'Esthétique du
Journal de Psychologie : *Pensée Musicale et Graphisme*
— à mon sens la toute meilleure chose peut-être que
Joseph ait écrite parce que, comme je le lui disais, sans
que rien soit sacrifié de sa constante ampleur de référen-
ces cosmiques, l'expression ici, lucide, incisive, sort tout
le temps en pleine lumière, (on voit la nudité de la lame,
on sent le passage du fer : ce n'est plus, pour reprendre
l'expression de Renan, « le poignard sous le voile » : il
n'y a plus cet excessif luxe de volutes qui dérobait au
non-initié l'intention, la tendance), — je me suis posé à
nouveau la question de savoir si à la dernière heure je
ne contribuerais pas d'une manière ou d'une autre au

numéro. Je comptais donner une série de notes sur le *tempo* individuel dans l'œuvre littéraire. De toute façon voyons, à la faveur d'un Journal, où j'en suis sur le sujet.

Il faudrait partir de la notion que quand on veut vraiment approcher un auteur ses idées importent peu, ses sentiments mêmes — j'entends ceux qu'il veut exprimer par rapport à ceux qu'il ne peut pas s'empêcher d'exprimer — moins qu'on ne le pense communément, que moi-même peut-être le pensais autrefois — ; ce qui souverainement importe, c'est le *pas*, le *pouls*, le *battement* qui sont les siens, et que lui-même ne peut modifier sans qu'aussitôt le lecteur à la fois avisé et ayant de lui une très ancienne pratique ne perçoive aussitôt un artifice, ne décèle qu'il est sorti de son naturel. Le plus humble d'entre nous connaît cela par expérience dans son travail : sans cesse il nous arrive, ayant spontanément secrété une expression, un membre de phrase, une position, un ordre de mots, une nuance tant soit peu défléchis de l'acception usuelle des termes, que notre jugement du dehors, notre jugement proprement critique, les voudrait changer, fait tout ce qui est en son pouvoir pour les changer, les charge même, — et aussitôt nous nous apercevons non seulement que ce n'est plus nous qui parlons, mais que nous sommes sortis de ce

bain personnel dans lequel obscurément nous sentons
que nous devons demeurer plongés, — et que nous gre-
lottons sur le rivage. Nous touchons ici au problème
peut-être le plus difficile à résoudre de ce qu'il faudrait
appeler *l'éthique esthétique* de l'écrivain : la mesure
dans laquelle l'écrivain se doit d'abonder dans son sens
propre, celle dans laquelle il ne se doit pas moins de ne
pas passer le point où d'y abonder n'aboutit plus qu'à
un mécanique mimétisme de lui-même —, je ne sais
peut-être pas de mesure plus difficile à déterminer ; et
peut-être est-ce là le point où personne aujourd'hui ne
nous offre en tant qu'écrivain un plus admirable exemple que Gide, parce que personne n'a mieux obtenu cet
équilibre-là. Le problème — bien que se jouant pour
beaucoup dans la zone du subconscient — (du moins je
l'imagine, car rarement j'y vois faire allusion) — finit
parfois par se résoudre faute de mieux par la préférence
que nous accordons à notre expression première, même
si elle ne tient pas tout à fait le coup de notre propre jugement critique. Chacun de nous est pourvu d'une an-
tenne en vertu de laquelle dans tout ce qui sort de sa
main il distingue instantanément ce qui est sien de ce qui
ne l'est pas : ce *sien* peut, d'un point de vue objectif, être
déraisonnable dans un cas où le *non-sien* apparaît raisonnable au contraire ; et cependant, s'il élit le *non-sien*,

il pourra s'approuver du dehors, il ne pourra pas ne pas
se désapprouver du dedans. Il règne tout un ensemble
d'erreurs que je n'ai pas aujourd'hui le temps de tirer
au clair sur le rôle de l'objectivité : à vrai dire il n'est
d'expression que subjective, c'est envers un certain *subjectif* combien plus aisé à sentir qu'à définir que l'écrivain a tous ses devoirs ; mais ce *subjectif*, il faut qu'il
soit saisi, rendu avec un tel absolu dans la justesse qu'il
acquière de ce fait une valeur supra-individuelle, et qu'il
rejoigne l'objectivité par la seule perfection et plénitude
tout ensemble avec lesquelles l'état fut saisi et rendu. Le
fait personnel — rien que personnel — mais appréhendé,
senti, vécu et enfin traduit de telle sorte qu'aux yeux mêmes du *moi* une valeur générale que ce *moi* ne lui soupçonnait pas aussitôt s'en dégage — et ne s'en dégage
précisément que parce qu'il ne la soupçonnait pas —,
plus j'y réfléchis, plus j'y vois cet acte de l'expression
dans lequel, sous toutes les formes que l'on voudra,
me paraît résider avant tout l'œuvre littéraire. — Mais
en quoi consiste pour l'écrivain ce *sien* opposé au *non-
sien* — analogue ici au *moi* et au *non-moi* des philosophes ? Il consiste en dernier ressort dans ce qu'il convient de dénommer le *tempo* individuel. De ces *tempi*,
du moins dans leurs chefs-d'œuvre, les plus grands mêmes parmi les écrivains, n'en détiennent au fond tout à

fait qu'un seul: un *adagio*, un *allegro moderato*, un *presto* : pulsation primitive, en son essence invariable, mais autour de laquelle, en fonction de laquelle toutes les *harmoniques* de cette *fondamentale* sont présentes. Et en ce sens Marcel Proust a touché — et éclairé par des exemples — un point bien profond dans les admirables pages de *La Prisonnière* où il insiste sur ce qu'il appelle la monotonie des grands génies. Qu'il s'agisse de thèmes, de motifs, d'images sans cesse récurrentes, d'obsessions si l'on veut, mais dont les résultats laissent assez voir quelle santé leur est infuse — et c'est de ce biais surtout que Proust aborde le problème, — ou qu'il s'agisse de ce *tempo* individuel que je vise ici —, entre ces deux termes: monotonie et génie de grande classe, on constate en effet une fréquente et étroite relation. C'est que la monotonie ici est au fond fidélité à ses propres données premières ; et si j'en avais le loisir, je montrerais que le même problème se pose et vaut dans les autres arts, — que parfois il est susceptible d'un subtil, d'un indéfinissable second degré : il est tels chefs-d'œuvre — je pense ici par-dessus tout aux tableaux de Vermeer — où il semble que chaque fragment de la toile — tout à fait indépendamment des objets représentés, et sans jamais nul dommage à la différenciation de leur matière et de leur grain — recèle un identique mais tout mystérieux message.

1925
Lundi soir 12 janvier, 9 h. moins un quart,
Ile Saint-Louis.

Au moment où je détache pour la première fois des fragments du Journal qu'à travers d'innombrables intermittences j'ai tenu depuis 1908 et que je continue à ce jour, j'éprouve le besoin d'essayer de préciser ce que ce Journal a signifié et signifie encore dans ma vie. (1)

Lorsqu'à la fin de 1908 — encouragé et stimulé dans ce projet par mon bien cher ami, le Chanoine (alors

(1) *Les Nouvelles Littéraires* publièrent en effet dans le numéro du 7 février 1925 les seuls fragments de mon Journal qui avaient paru avant ce recueil. J'avais pensé les faire précéder d'un Journal explicatif — à quoi je renonçai. Ce Journal, je le donne ici à sa date parce qu'il précise ce que le Journal fut pour moi à l'origine. Ce qu'il devint à partir du moment où il ne constitua plus mon seul mode d'expression — c'est-à-dire (j'ai la manie de l'exactitude) à partir du 13 décembre 1919 — c'est aux *extraits* eux-mêmes à le dire.

Abbé) Mugnier — je l'entrepris, j'étais au plus fort de cette difficulté à écrire qui me paralysa pendant des années, qui ne commençait à céder qu'au printemps de 1914, et qui, la guerre intervenant, ne disparut (du moins sous sa forme irréductible, car aujourd'hui encore fréquemment m'arrive-t-il de la retrouver, aujourd'hui encore suis-je parfois sujet à cette inhibition totale qui toujours, en raison de la longue durée des expériences antérieures, me donne le frisson) que lorsque je me décidai à sauter le pas par la publication de mes notes de 1914 : *En lisant « Le Rouge et le Noir »* que voulut bien accueillir en 1920 le secrétaire de la *Revue Critique des Idées et des Livres*, Eugène Marsan : il m'est doux de penser que ce sont ces notes qui nouèrent notre amitié.

Le Journal à l'origine représenta donc pour moi le suprême recours pour échapper au désespoir total en face de l'acte d'écrire. Sans doute, en lui-même, le Journal m'attirait pour les multiples raisons pour lesquelles il peut attirer ; sans doute, de tous temps, les Journaux intimes avaient-ils fait mes délices, et ce fut précisément au moment où je commençai le mien que je pris contact avec le Stendhal des écrits autobiographiques, synchronisme qui aurait peut-être dû, qui en tout cas aurait pu m'accabler, qui au contraire me soutint parce que certaines de mes manies de toujours, la manie du *chrono-*

logique et celle du *complet* (je devais attendre la montée
à l'horizon de l'astre de Proust pour me sentir appuyé
dans celle de la *parenthèse*) puisaient dans le précédent
de Stendhal le plus agréable réconfort. Toutefois la véritable raison qui me mit en mouvement fut celle que j'indiquais d'abord. Quelles étaient les difficultés insurmon-
tables que je rencontrais alors dans un travail de composition littéraire quel qu'il fût? Dès ce temps-là je les apercevais très clairement ; et à vrai dire, depuis, je ne les ai
ni surmontées, ni résolues ; simplement j'ai passé outre.
La principale — et c'est celle-là surtout que je n'ai jamais
résolue — que je ne résoudrai jamais — tenait à ce que
la composition m'est toujours apparue, et continue de
m'apparaître, comme l'acte le plus arbitraire qui soit.
Sans doute, je voyais la nécessité, je comprenais la
beauté des *sacrifices* ; — je fus toujours trop épris des
œuvres d'art pour qu'il pût en être autrement. Mais
n'étant pas un artiste-né, restant partagé et comme à mi-
chemin entre les exigences de l'art et de ce que j'appe-
lais tantôt les droits et tantôt les devoirs de la pensée,
je regardais ces sacrifices du dehors, et quand il s'agissait de produire pour mon compte, bien loin qu'ils s'of-
frissent à moi comme naturels, toujours quelque chose
en moi les considérait comme contre-nature. Disposition
que l'on pourrait être tenté d'expliquer par un excès de

vanité, et je ne nie pas qu'à cet égard le subconscient, si on le pouvait interroger, ne puisse avoir des aveux assez lourds à faire. Mais, si l'on s'en tient à ce que la conscience claire nous laisse apercevoir, on relève bien plutôt tout un ensemble de scrupules, et qui tous ressortissent à la sincérité, à une certaine conception assez littérale de la sincérité. (C'est pour la même raison qu'il me demeurera toujours impossible d'écrire un roman : même si je possédais cette imagination créatrice que je n'ai point, je ne suis nullement certain que je consentirais à m'en servir, que je parviendrais à imposer silence à tout ce côté profond et comme intraitable de ma nature qui s'insurge contre toute transposition quelle qu'elle soit. Je ne nie pas, et bien au contraire, que pour les romanciers-nés cette transposition ne soit compatible avec la plus complète sincérité ; et même de certains amis romanciers n'ai-je point recueilli l'aveu qu'elle est pour eux la condition *sine qua non* de la sincérité elle-même. Je sais seulement que pour ce qui me concerne elle ne pourrait jamais m'apparaître telle, que dans mon cas le roman se ramènerait toujours — et sans la moindre préméditation de ma part — soit à la stricte autobiographie, soit à l'ouvrage à clé). Cette notion de l'*arbitraire*, à quel point, des années durant, ne m'a-t-elle pas tyrannisé ! Et non pas seulement dans le domaine de la composition:

ses maléfices s'étendaient bien plus loin, paralysant mon
activité quasi sur tous les points. Pour ne retenir que
l'exemple le plus typique, c'est cette notion d'arbitraire
qui, installée pour ainsi dire au centre des idées elles-
mêmes, me rendait presque à chaque phrase incertain
quant à leur ordre de succession — je ne parle même pas
de leur hiérarchie respective (aujourd'hui encore je suis
déplorablement hésitant à ce sujet) — allant parfois, dans
ce premier et hélas si factice foisonnement qui accompagne la difficulté à passer à l'expression précisément, à
me laisser en doute si telle idée devait être traitée du tout
ou plutôt telle autre. En ce temps-là un mot m'était cher
entre tous, parce qu'il traduisait si bien mon émoi : le
mot de *carrefour* : à quelque point du trajet que je me
trouvasse, toujours j'avais la sensation d'être à un carrefour, et que de m'engager à droite ou à gauche constituait
l'acte par essence arbitraire. Je me souviens avec quelle
joie — car déjà j'étais atteint de cette faiblesse de ne trouver consolation que lorsque mes manques étaient contre-
signés par de plus grands que moi — je rencontrai un
jour dans le *Journal* de Delacroix un passage que je
transcris ici parce que je ne crois pas l'avoir jamais vu
cité, et que je ne sais rien de plus profond sur la question. Delacroix vient de lire une Préface de George Sand
pour *Obermann* — préface qui ne l'a pas satisfait, et

voici quels sont ses commentaires : « N'est-ce pas le côté
le plus désolant de cet ouvrage humain que cet incomplet
dans l'expression des sentiments, dans l'impression qui
résulte de la lecture d'un livre ? Il n'y a que la nature qui
fasse des choses entières. En lisant cette préface, je me
disais : Pourquoi ce point de vue, et pourquoi pas tel
autre, ou pourquoi pas tous deux, ou pourquoi pas tout
ce qui peut-être dit sur la matière ? Une idée dont on
part, en vous conduisant à une autre idée, vous écarte
entièrement du point de vue d'ensemble primitif, c'est-à-
dire de cette impression générale qu'on conçoit d'un objet. Je compare, pour m'expliquer mieux, la situation
d'un auteur qui se prépare à peindre une situation, à
exposer un système, à faire un morceau de critique, à
celle d'un homme qui, du haut d'une éminence, aperçoit
devant lui une vaste contrée remplie de bois, de ruis-
seaux, de prairies, d'habitations, de montagnes. S'il en-
treprend d'en donner une idée détaillée, et qu'il entre
dans un des chemins qui s'offriront devant lui, il arri-
vera ou à des chaumières, ou à des forêts, ou à quelques
parties seulement de ce vaste paysage. Il n'en verra plus
et négligera souvent les principales et les plus intéres-
santes, pour s'être mal engagé dès le début... Mais, me
dira-t-on, quel remède voyez-vous à cela ? Je n'en vois
point, et il n'en est point. Les ouvrages qui nous sem-

blent les plus complets ne sont que des boutades. Le point de vue qu'on avait au commencement, et duquel tout le reste va découler, vous a peut-être frappé par son aspect le plus mesquin et le moins intéressant ! La verve par occasion ou la persistance à fouiller dans un sol infertile nous fera trouver des passages spéciaux ou vraiment beaux, mais vous n'avez, encore une fois, fait au lecteur qu'une communication imparfaite. Vous rougirez peut-être plus tard, en revoyant votre ouvrage et en méditant, dans de meilleures dispositions, ce qui était votre sujet, de voir combien ce sujet vous a échappé. » (1)

Aujourd'hui — et de cela, en revanche, je me rendais naguère très insuffisamment compte, — je comprends que ce qu'il y avait, tout à fait en profondeur, derrière cette impossibilité de passer à l'acte tenait à une autre impossibilité, très grave celle-là, et inscrite très avant en ma nature, — je veux dire l'impossibilité de réfléchir d'avance, du dehors, et avec sang-froid, à un sujet avant de prendre la plume. Je ne vise même pas ici la notion scolaire — mais qui n'est pas que scolaire : on repère si bien les très grands artistes qui l'ont toujours mise en pratique et avec quels fruits — de « faire un plan » : je ne la vise pas parce que faire un plan — et je l'ai main-

(1) (*Journal* de Delacroix, Tome I, p. 207-209).

tes fois essayé — m'a toujours rempli d'un si insurmon-
table dégoût, a déclenché en moi une si immédiate aver-
sion envers le sujet quel qu'il fût que j'ai voulu soumettre à ce traitement classique, que le plan n'entre pas à
proprement parler dans mon expérience ; je parle simplement de cet exercice normal de la faculté réfléchis-
sante qui, à tout travail, devrait préexister, et qu'aujour-
d'hui encore si malaisément j'obtiens de moi. Mais j'em-
ployais il y a un instant le mot : « de sang-froid », et
c'est là, je crois, qu'il faut chercher la clé de cette ano-
malie. Je manque irrémédiablement de sang-froid ; j'en
manque de toute façon, sur tous les plans, et jamais plus
que lorsque l'acte d'écrire est en cause. Ecrire a toujours
constitué pour moi avant tout, constituera toujours, je
le crains, un dégagement, une dépense de calories. Je
suis à cet égard l'antipode de Joubert, qui écrivait : « De
certaines parties naissent naturellement trop finies en
moi, pour que je puisse me dispenser de finir de même
tout ce qui doit les accompagner. Je sais trop ce que je
vais dire avant d'écrire », et moi, je ne sais jamais ce que
je vais dire avant d'écrire, — je pousse le manque de dé-
libération jusqu'à un point incroyable. Et de même, je ne
vois rien du dehors : tant qu'un sujet me demeure extérieur, il est pour moi comme s'il n'était pas... Le moins
objectif des êtres, il faut que je sois devenu le sujet lui-

même pour que je commence à sécréter à son endroit. Alors, il est vrai, surgit le péril inverse : le péril de l'intarissable et il devient malaisé — d'autant plus malaisé que cet acte à son tour m'apparaît arbitraire — d'arrêter, d'interrompre en temps utile la sécrétion.

Ayant appris vendredi par les J. L. V. qu'il y avait en ce moment au Louvre une exposition de tous les dessins d'Ingres de la Collection Bonnat (y compris ceux du Musée de Bayonne), j'y ai mené Z. dimanche après-midi et nous y avons passé une heure merveilleuse. Nous nous sommes d'abord arrêtés un moment devant les dessins de Watteau dans les Salles du *Mobilier* — les têtes de femmes d'après Véronèse (j'avais une note à leur sujet dans le cahier rouge malheureusement perdu, une note du temps où j'écrivais mon étude sur Baudelaire, prise sans doute le jour où je revins voir le portrait de Baudelaire dans l'*Atelier* de Courbet : si je me souviens bien, j'y marquais qu'une figure de Véronèse vue et rendue par Watteau devenait un Léonard pour l'affinement tout en restant un Watteau par je ne sais quoi de nourri et comme de crespelé dans les lignes et dans leurs arabesques — oui, sans doute, je ne me fais pas d'illusion : le *crespelé* me vient ici à cause des cheveux — pas seulement à cause d'eux cependant). Il faudrait rédiger une note sur ce problème d'ordre général des copies ou plutôt des interprétations exécutées par les maîtres : j'en ai d'ailleurs tous les éléments dans mes petits cahiers d'avant la guerre : certains exemples très frappants : la copie de l'*Anne de Clèves* de Holbein par Degas ; celle de la *Bethsabée* de Rembrandt par Ricard ; le *Souvenir de Velasquez* qu'a peint Manet, etc...; — de même — et ceci surgissait à nouveau pour nous à propos de Watteau et d'Ingres — sur ces très grands artistes dans le cas desquels je pense toujours tout à fait séparément à l'œuvre du peintre et à celle du dessinateur, chacune m'apparaissant comme un monde autonome et qui se suffit, — et, sans doute, je ne dis pas que de l'une à l'autre le pont ne se puisse établir puisque bien au contraire toute la finesse du travail critique proprement dit consiste à retrouver le lien, mais que, sur le seul plan de la volupté que chacun de ces mondes nous verse, ils demeurent pour nous séparés; et qu'ils le demeurent, constitue un de leurs plus sûrs prestiges. Dans le dessin de Watteau : *Les Trois Musiciens*, l'homme du milieu, comme l'observait Z., si soufflé et cependant si fort —

on voit nettement comment chez un Rubens ce degré
dans le « soufflé » entrainerait quelque chose de flasque,
de *pendant*, comme il y aurait là trop de ce qu'à propos
de Rubens précisément, Vernon Lee appelle quelque
part *his juicy pulpiness*, sa pulpe juteuse. Plus frappé
que jamais du fait que d'une façon tout inexprimable ces
trois visages sont imprégnés de la musique même qu'ils
jouent : on y saisit ce renflement de la figure, cette sorte
d'élan par lequel la figure s'en va dans ce qu'elle entend
ou ce qu'elle joue : expression souveraine de ce tout involontaire, de ce tout inconscient mimétisme qui nous
contraint pour ainsi dire d'accompagner, de suivre la
musique par d'imperceptibles modifications de notre attitude et de tout notre être corporel.

Le portrait de la seconde Madame Ingres, née Ramel
(1852) : visage onctueux, tel une crême bien prise ; —
onctueux, souvent l'on a besoin de cette épithète pour
les visages de femmes d'Ingres : visages solides, certes,
mais de cette solidité toute spéciale d'un liquide épais
qui a trouvé son point de conglomération : une fluctua-
tion saisie — qui plus jamais ne se défera, mais dont
l'attrait est comme d'un bijou aqueux. Le sculpteur Lemoine, le docteur Cotelli : nul artiste aussi souverain
qu'Ingres dans le portrait tout ensemble individuel et
générique : un être particulier, et en même temps toute

une profession et toute une époque : la figure de tous les artistes d'un temps donné, parfois de tous les bourgeois ou de tous les médecins de tous les temps. J'imagine que ceux qui, plus heureux que moi, entrent à fond dans Balzac, ne sont pas arrêtés par lui, doivent y goûter un plaisir analogue. Pour moi les mines de plomb d'Ingres ont toujours représenté le maximum de l'alliance pleinement réussie entre le « situé » — le strictement situé — et le général, parfois l'universel. C'est vers elles qu'il faut que je me tourne, car seules peut-être pourront-elles me faire acquérir ce goût du général — voire des idées générales — qui me fait si lamentablement défaut. Oui, si j'obtiens jamais de moi de me convertir un jour aux idées générales, c'est à Ingres plus qu'à quiconque que je le devrai.

Madame Place (24 octobre 1834) : le « rond » d'un ovale ingresque : si je parvenais à me définir à moi-même le « rond » d'Ingres (oh ! le beau problème que celui des *ronds* dans l'art : le rond chinois, le rond de la pensée et de l'expression chez un Joubert), je serais bien près de son centre. Le rond si beau, lui aussi, du dessin de la Comtesse d'Haussonville (1834) — différemment extraordinaire du portrait de l'exposition de 1911. Ce qui dut tant satisfaire Ingres avec ce modèle-là, c'est qu'il lui apportait, préservé, intact dans la femme, le côté petite fille qui toujours à tel point le requit. Un visage rond, onctueux, enfantin, gourmand surtout, avec une gourmandise tapie, une gourmandise de chatte tant soit peu sournoise devant la vie — qu'elle semble dévisager à la façon d'un bol de lait, — et qui fait que sur ce visage on groupe à son tour, qu'Ingres surtout devait tellement grouper, des notions de gourmandise. Oui, vis à vis de ses modèles féminins, c'est bien chez Ingres toujours cette « servilité d'amoureux » : décidément Baudelaire a tout dit.

Dans les nus d'Ingres cette tension et cette souplesse à la fois du corps.

Dans le dessin pour la *Vierge Couronnée*, une des études du visage se limite au tracé d'un cercle : les traits ne sont même pas indiqués, et cependant à l'intérieur du cercle il semble que le *blanc* vive, qu'il s'enfle en une joue, que l'unique ligne existante suffise à faire affleurer le visage.

Les deux dessins de la sainte Adélaïde de la Chapelle saint Ferdinand à Sablonville.

Au milieu de tous ces dessins une seule peinture : la petite toile en réduction du *Bain Turc*, acquise en 1908 : la gentillesse, la sagesse de l'enfant qui se laisse tirer les cheveux pour qu'on la coiffe ; et c'est cette toile unique qui permet de se rendre compte que les tableaux

d'Ingres et les dessins — sur le plan de la volupté —
sont bien deux mondes différents, et qui comblent pour
de différents motifs. Jouissons d'eux et laissons aux spé-
cialistes le soin d'établir leur accord.

1925
Vendredi 30 Janvier, 9 h. 35 matin,
Ile Saint-Louis.

Rainer Maria Rilke — pour qui Gide m'avait donné
une très chaleureuse lettre d'introduction — est venu
hier à 4 heures 1/2 et est resté avec nous jusqu'à près de
7 heures. Il y a très longtemps — des années peut-être
— que je n'avais rencontré un homme d'une qualité
aussi rare, une âme aussi pure, aussi parfaitement préservée, aussi inatteinte par tous les projectiles qu'à chaque moment la vie dirige sur nous pour nous faire plus
sûrement déchoir. Tout le temps de sa visite je me répé-
tais intérieurement le *schweigen und rein sein* que Nietzsche adresse avec solennité aux pèlerins à la veille de l'ouverture de Bayreuth. Sa connaissance et son usage de la
langue française sont un délice perpétuellement renou-
velé ; rien ne semble jamais l'embarrasser pour rendre
dans notre idiome la nuance la plus fine de sa pensée ou
de sa sensation, et ses gestes, assez nombreux, ne gê-
nent en rien, tant ils ne font que dire la même chose, en
la modelant comme en un mouvement d'offrande, que la

239

parole qu'ils interprètent. Nous avons d'abord parlé de mes souvenirs du Berlin de 1904-1905 où je faillis le rencontrer chez nos amis communs les Simmel, mais alors, tandis que je me trouvais à Berlin, il était à Paris faisant fonction de secrétaire auprès de Rodin. Nous causâmes longuement de Stefan George et de son groupe, et là je pus noter (ce que j'observe sans cesse chez mon ami Groethuysen) avec quelles infinies délicatesses et précautions il sait présenter dans le jour le plus favorable des choses auxquelles en leur fond il lui est pour sa part impossible d'adhérer. C'est ainsi que parlant des desservants de George il dit : « A l'époque où George commença d'écrire — qui est l'époque où la littérature allemande avait atteint son niveau le plus bas — il était impossible à un pur et grand artiste de prendre directement contact avec le public : il fallait qu'il fût protégé et comme sévèrement gardé ». De plus, il loue l'influence de George d'avoir vraiment créé des jeunes gens d'une absolue spiritualité, et il me nomme l'un d'eux — tombé à la guerre — un jeune Freiligrath qui vers 1912 était lecteur ici à la Sorbonne, et dont l'unique préoccupation était de ne pas mourir avant d'avoir donné une édition irréprochable des œuvres de Hölderlin, — ce dont d'ailleurs il eut le temps de s'acquitter. Il a connu aussi Wolfskehl qu'il définit (avec la même politesse précautionneuse) comme le ministre des affaires extérieures du groupe, celui qui assurait les relations avec le dehors, et dont il laisse entendre — mais sans y insister — que son intérêt intrinsèque s'en trouvait réduit d'autant. « George lui-même, dit-il, je l'ai rencontré deux fois — en 1897 dans une réunion assez nombreuse et quelque peu officielle chez les Lepsius; puis l'année suivante, qui se promenait seul à Florence dans le jardin Boboli ; doutant que la présentation si rapide de l'année précédente fût par lui plus que subie. J'avais décidé de ne m'en point prévaloir et de l'éviter, mais ce fut lui qui vint à moi et nous passâmes deux heures ensemble qui demeurent pour moi un grand souvenir : il était de la plus charmante simplicité lorsque son entourage ne le contraignait pas à représenter, il semblait heureux aussi et comme en vacances du fait de pouvoir échapper à son rôle ». (Tandis que Rilke me disait cela, je songeais combien pareil phénomène se reproduit souvent, combien le grand homme véritable — et non moins lorsqu'il a figure de maître — livré à lui-même est enclin à la simplicité, et presque toujours ce sont les disciples qui s'élèvent là contre, qui le contraignent à l'attitude : toujours le disciple est plus royaliste que le roi). Nous avons parlé longuement de l'œuvre de Rilke : il va m'envoyer les deux volumes de poésies composées depuis la guerre et que je ne connais pas encore. En ce qui concerne sa prose, il ne tient vraiment qu'aux *Cahiers de Malte Laurids Brigge*. Maurice Betz en achève sous sa surveillance la traduction complète qui doit paraître dans la collection de Jaloux. Pour *Textes* (1) je lui ai demandé de me réserver les proses qu'il compte écrire lorsqu'en mars il regagnera la tour du XIIIe siècle où il vit dans cette région du Valais — à deux heures de Lausanne — qu'il nous a si bien décrite, et qui ressemble, paraît-il, à l'Espagne. Je lui ai demandé des renseignements sur Wassermann qu'il estime infiniment, chez qui il loue la minutie et la persévérance du travail artistique plutôt que l'inspiration proprement dite ; mais il semble d'accord avec Zifferer pour voir en lui sur le plan esthétique le premier romancier et nouvelliste allemand contemporain. De Borchardt, il me dit qu'il a toujours surpris tout le monde par ses dons, par sa capacité à résoudre et comme du premier coup des problèmes verbaux très difficiles. Au sujet de Kassner — qui est son ami le plus intime — il m'apprend que la Princesse de Thurn et Taxis a fait des traductions en français qui émerveillèrent Kassner lui-même, et il est entendu que j'en aurai communication pour *Textes*. Puis,

(1) Titre éventuel d'une *Revue* que, depuis des années, je souhaite fonder, mais pour laquelle je n'ai pu encore trouver les capitaux indispensables.

pendant le thé, nous avons parlé longuement de Valéry, que Rilke admire et aime sans réserve — et chez qui il prise en particulier que le prosateur soit en son cas égal au poète, et que sa prose diffère du tout au tout de sa poésie. « Quand je lis de la prose de George, ce qui m'est insupportable, c'est que je sens tout le temps le poète par derrière : c'est une prose de poète, et cela me gêne toujours. Chez Valéry, au contraire, les deux ordres sont merveilleusement séparés ». Comme je faisais allusion aux poèmes de Rilke publiés dans le dernier numéro de *Commerce* (et que je n'ai d'ailleurs pas encore lus) comme s'il s'agissait de poèmes traduits en français, il me dit : « Mais non, je les ai écrits directement en français : cela correspond chez moi à un besoin intermittent », et à ce propos, il nous raconte ce petit épisode significatif: « L'an dernier, comme l'on célébrait le cinquantième anniversaire de Hofmannsthal, je voulais faire quelque chose, donner quelque signe et je ne savais trop lequel : je regardai dans le calepin que je porte toujours sur moi et où je note au fur et à mesure les titres de poèmes que je voudrais écrire un jour, et je rencontrai ce mot : *Corne d'abondance*. Je pensais que cela conviendrait très bien à Hofmannsthal, et je me mis aussitôt, en songeant au mot allemand équivalent *Füllhorn*, à composer un poème allemand qui fut du reste écrit très vite. Mais je sentais que mon dessein n'était pas encore tout à fait rempli ; et le mot français, cette fois, revint au premier plan de ma conscience. Je composai donc immédiatement un autre poème en français, partant cette fois de *Corne d'abondance*, et me demandant tout le temps que je le composais si je n'allais pas me trouver en face d'une simple traduction du premier : or ce fut exactement le contraire qui se produisit, et sans que j'y pusse rien, de lui-même le poème français s'orienta dans une direction toute différente. (Je me souviens maintenant qu'à son retour de Suisse — où il avait fait un séjour chez Rilke — Valéry, en mai dernier, nous raconta que Rilke avait fait des poèmes en français que lui, Valéry, admirait fort ; et les trois petites pièces insérées dans *Commerce* — et que je viens de lire — sont en effet d'une délicatesse extrême, si l'on y peut relever la trace légère — non point à proprement parler d'une influence — mais d'une lecture attentive des vers de Valéry : en les lisant, je pensais à ce que Rilke m'avait dit quand nous parlions des poésies de Jacobsen — il avait appris le danois en partie pour les lire — : « Oui, c'est merveilleux, cela fait penser à une toile d'araignée : on ne sait pas où finit la trame verbale et où commence l'espace »). Après quoi nous avons parlé de Clermont qu'il apprécie beaucoup, trouvant que dans la prose de *Laure* il y a, à un certain moment, des harmonies assez indéfinissables ; et après le goûter, quand nous sommes tous revenus dans l'alcôve de mon cabinet de travail, — il y avait Z., P. et Mademoiselle T. —, il s'est mis à nous parler de la Russie d'une façon inoubliable et que, cependant, je ne parviendrai certainement pas à rendre ici. Si je ne me trompe, nous étions partis de la plasticité de la langue allemande, et, par suite, de son pouvoir exceptionnel dans la traduction : sur quoi il nous dit : « Et cependant il y a eu une période de ma vie où je me suis demandé si je n'écrirais pas en russe plutôt qu'en allemand tant, dès que je suis arrivé en Russie, je me suis trouvé aussitôt chez moi : il me semblait tout reconnaître. Dans mon pays, à Prague, rien, ni les gens, ni les maisons, ne me paraissait m'appartenir : je ne parvenais pas à établir avec eux une relation personnelle; — et puis je suis arrivé un soir tard à Moscou, trop tard pour rien voir, pour avoir une impression quelle qu'elle soit, et je me souviens que le lendemain matin en me réveillant de bonne heure, lorsque j'ouvris la fenêtre de ma chambre d'hôtel, j'aperçus dans la clarté du premier matin la grande porte d'or du Kremlin, et, à ses pieds, une petite chapelle tout en argent — d'un argent embué et comme fait de rosée, — et devant cette chapelle un petit groupe de pèlerins qui attendaient l'heure de l'ouverture. Un

jour en Russie, je reçus une invitation d'un paysan poète,
qui me mandait qu'il venait de construire une petite
isba pour y écrire, et qu'il ne voulait pas commencer d'y
travailler lui-même avant que je ne l'eusse étrennée en y
habitant. C'était une délicieuse maisonnette de trois pièces — un cabinet de travail, une chambre à coucher, et
une cabane où il y avait une chèvre. Sur la table du cabinet de travail, il avait disposé en grande quantité du
papier blanc, des crayons et des plumes, et au mur on
voyait, à la mode russe, des photographies d'écrivains
avec d'imposantes dédicaces et signatures : Korolenko,
Gorki, si je me souviens bien, etc… Quand il avait composé quelque poème nouveau, l'une de ses filles — il
n'avait que des filles — l'adaptait aussitôt à quelque
chanson du pays, et le matin, pendant le travail du la-
bour, elle chantait le poème nouveau qui avait l'air de
s'envoler dans le ciel comme un oiseau. Je demandai à
présenter mes respects à la vieille mère du paysan poète,
qui habitait une cabane séparée : il me devança, disant
qu'il fallait la préparer à ma venue, et avant de me saluer, elle se signa, remerciant Dieu d'avoir, avant sa
mort, conduit jusqu'à elle cet étranger, puis elle me fit
les salutations les plus gracieuses du monde. Tolstoï, je
l'ai vu deux fois : la première fois à Moscou, puis l'année suivante à Iasnaïa-Poliana. Il représente — et de

beaucoup — la plus grande impression qu'un **homme**
m'ait jamais donnée. Il avait quelque chose de terrible,
d'impitoyable, dans sa façon de questionner, — et je
me souviens à quel point j'avais peur qu'il ne me dise
à brûle-pourpoint : « De quoi vous occupez-vous ? », car
il m'aurait fallu répondre « de poésie » et j'aurais été
aussitôt perdu à ses yeux. Sa clairvoyance, la manière
dont et son regard et ses questions traversaient aussitôt
ceux qu'il avait devant lui, avaient quelque chose de
souverain. (Ceci, disais-je à Rilke, rejoint le malaise invariable que Tourguenef ressentait sous ce regard, et
aussi les impressions de Gorki). Je me souviens qu'à
Moscou ses fils rentrant à minuit et demie et voyant nos
vêtements encore accrochés dans l'antichambre, s'écriè-
rent : « Comment, il y a encore du monde là-haut ? », ce
qui devint pour nous le signal du départ. Dans la journée que je passai à Iasnaïa, il nous fit subir le matin un
interrogatoire serré, puis nous abandonna à ses fils, disant qu'il fallait qu'il allât travailler et qu'il nous verrait
à l'heure du déjeûner. Or, vers midi et demie, nous per-
çûmes les échos d'une scène terrible entre sa femme et
lui : — rien d'ailleurs — c'était vers ces années 1900,
dans l'histoire de leur ménage si graves — n'était plus
tragique que leurs rapports : il y avait entre eux cette
irrémédiable crevasse que rien ne pouvait plus faire se

rejoindre sa vérité à lui et sa vérité à elle : elle continuait
et voulait continuer à vivre une vie normale, Tolstoï était
furieux quand on lui disait : « maintenant c'est l'heure
de te mettre à table et on t'a préparé ceci pour le man-
ger » ; quand il entra dans la pièce où nous étions, il
avait un regard absent, eut une certaine peine à se remé-
morer qui nous étions, puis d'une voix violente : « Vou-
lez-vous déjeûner avec les autres, ou sortir vous prome-
ner avec moi ? » — En d'autres circonstances peut-être
à cette heure aurions-nous opté pour le déjeûner, mais
en ce cas-là il était trop évident que nous préférions la
promenade. Homme extraordinaire, d'une indomptable
sensualité et comme je n'en ai vue à personne : la manière dont il arrachait les fleurs dans les champs pour les
porter à ses narines, l'avidité avec laquelle il en humait
le parfum ! (Et ici la mimique de Rilke était admirable, il
nous semblait assister à la scène — et moi je me réjouis-
sais d'avoir, dès 1910, avant même la mort de Tolstoï,
et alors que je ne connaissais rien de sa vie, insisté dans
mon Journal sur l'image de l'homme qui cueille, qui
casse des herbes dans les champs et les mordille). Oui,
— et la grandeur du spectacle humain qu'il donnait sans
cesse venait de là — cet homme était à tout moment le
vivant champ de bataille des instincts qui se le parta-
geaient. Il pouvait dire tout ce qu'il voulait, — fut-ce des

bêtises, des stupidités, — et toujours on sentait par derrière comme la présence de l'ange gardien qui le proté-
geait, qui changeait le caractère de ses propres paroles,
qui les investissait d'une sorte d'autorité finale. Rien
n'était plus curieux que sa lutte contre l'instinct de création artistique, toutes les fois que celui-ci surgissait à
nouveau en lui : pour le tuer, il se jetait alors avec rage
sur quelque besogne matérielle, sur la confection d'une
chaussure : tout lui était bon pour résister à la tentation
du livre. » En écoutant Rilke, je songeais à quel point
tous les témoignages profonds sur Tolstoï concordent :
si le « trop humain » eut jamais son sens, c'est bien là.

Rilke nous raconta aussi la ravissante histoire suivante : c'était à la veille de son départ pour la Russie, il était
dans un hôtel de Saint-Pétersbourg, en été, pendant ces
chaudes nuits du Nord d'une clarté si spéciale et où, à
travers la nuit, il semble que la survie du jour vienne se
joindre à la pointe première de l'aube. Impossible de dormir, et, dans la pièce à côté de lui, il entendait marcher
de long en large son voisin qui, après des heures de va-
et-vient, se mettait à jouer du violon. Or, une nuit, après
que Rilke eût entendu le bruit particulier du violon posé
sur la table, sa porte s'ouvrit, et son voisin, qu'il ne connaissait pas : un jeune homme beau, mince, en uniforme
très ajusté, et une rose entre les lèvres — une des figures

les plus romantiques que l'on pût rêver — apparut sur
le pas de la porte et lui dit : « Comme moi, vous ne pouvez pas dormir, et j'ai besoin, absolument besoin, de ra-
conter à quelqu'un l'histoire de ma vie », et il lui dit
qu'il était amoureux de deux sœurs sans parvenir au
juste à savoir de laquelle des deux il était amoureux, et
qu'il avait l'obscur pressentiment que les deux sœurs
elles-mêmes se trouvaient dans une situation identique,—
que pas davantage l'une et l'autre ne savaient laquelle
des deux le préférait, et que, par suite, il sentait qu'il
allait se décider à contretemps et choisir immanquable-
ment celle qui l'aimait le moins. Il continua ainsi pendant trois heures, puis il partit comme il était venu, et
Rilke ne le revit jamais. Et nous concluions tous qu'il
était très bien qu'il en fut ainsi, et nous tombions d'accord que l'indicible, l'irrésistible charme des russes est là
— dans cette absence de conventions, de toute notion de
barrières et de classes sociales, dans ce miraculeux
plain-pied qui fait — et je disais combien avec mes amis
russes de Paris je l'éprouve, car les russes ne changent
jamais dans leur fond où qu'ils se fixent — qu'instantanément lorsqu'on cause avec eux, on est tout ensemble à
son aise et au centre.

Bref, ce fut une inoubliable fin d'après-midi, et dont
j'espère tant qu'elle marquera le début entre Rilke et
moi d'une vraie amitié.

Est Deus in nobis, — de qui est-elle, cette parole, et
où la vis-je citée tout récemment vers la fin de la semaine dernière tandis que je préparais mon second cours
sur Gide ? *Deus* ? Oui, je sais bien : est-ce vraiment
Deus — ou *qui* d'autre ? ou *quoi* d'autre ? Ce qui nous
ramène à la discussion qui eut lieu samedi dernier après
mon cours chez la Duchesse de T. et qui partit de la pro-
testation de Madame V. R. contre l'emploi de ce mot.
Laissons pour le moment et le fond du débat lui-même
et cette discussion, sur laquelle, au reste, dans mon
Journal il y aura lieu de revenir. Si jamais j'ai senti le
besoin de dicter un journal qui ne soit que tout personnel, c'est bien aujourd'hui. L'expérience d'hier — je
veux dire ma visite avant le dîner à X. et mon entretien
avec lui et Y — m'a convaincu (et il faudrait que la leçon fût vraiment profitable) qu'il y a chez moi un besoin

quotidien d'exprimer, je devrais presque dire d'expulser, qui correspond dans ma nature à quelque chose qui doit être très central, mais qui pour la première fois peut-être surgit tout à fait dans le champ de la conscience claire, et dont je crois capital non seulement que je tienne grand compte, mais qu'en un certain sens et dans une certaine mesure en fonction de lui je réordonne ma vie. Je m'explique : hier après-midi, dans le dernier état de la fatigue, de la faiblesse et de l'ensommeillement, sans jambes et autant que j'en pouvais juger sans cerveau ni sensibilité d'aucune sorte, je décidai de faire à X. la visite que je lui avais promise, — et je note que contrairement à mon habitude je n'attendais rien de l'entretien pour me galvaniser, et en fait pendant les cinq premières minutes où j'étais assis auprès de lui, il semblait que ma fatigue eût redoublé et que jamais je n'eusse moins éprouvé le désir de parler. Ceci jusqu'à ce que disons provisoirement *deus infuit* — à partir de quoi pendant une heure et quart je fus au sommet de moi-même. Je ne chercherai pas à retrouver les choses dites, — car ce qui m'intéresse aujourd'hui c'est le phénomène, non point son contenu. Nul stimulant extérieur : je n'avais même pas pris de thé, et cependant il est hors de doute qu'en moi quelque chose se passait. Or cette expérience ne m'est pas nouvelle; mais ce dont je voudrais que ce fût nouveau, c'est le regard porté sur elle et les conclusions à en tirer. Après m'être bien examiné, je ne crois pas du tout qu'il suffise de dire que j'aime à parler : sans doute peu d'êtres aiment autant à parler que moi; mais — j'y reviens — le besoin profond, c'est celui d'exprimer, d'expulser. Peutêtre progresserais-je quelque peu dans la connaissance de moi-même si j'admettais une fois pour toutes que le fonds de ma nature, c'est de sécréter : si je ne le reconnais pas toujours, ce qui me trompe ici ce sont mes vieilles catégories — chez moi, comme je l'ai souvent noté, interventionnistes de façon si démesurée — de l'*approuver* et du *désapprouver* : alors, quand je désapprouve, c'est très simple : je décide que je ne secrète pas, je parle d'atonie, de torpeur, de mort intérieure etc; en réalité je ne secrète pas moins quand je secrète des poisons que quand je secrète des élixirs. Oui, ceci marque un pas en avant : je suis par essence quelqu'un qui intérieurement ne peut pas, ne sait pas se tenir tranquille, — et alors, ainsi que parfois il advient, je déifie les valeurs de la tranquillité, du repos, de la paix, etc. — Comme il est difficile, et surtout comme cela prend du temps, d'arriver au fond de soi-même ! Si dans une journée je n'ai rien exprimé, non seulement cela ne veut pas dire que j'aie pris du repos, mais cela veut dire que les poisons seront tout à fait opérants le lendemain ou peu de jours

plus tard. Aurais-je assez joué avec cette notion du repos
— qui dans mon cas ne pourra jamais être qu'un mirage!
Pour moi, il ne saurait y avoir d'autre repos que ce bien-
être organique dont s'accompagne l'expression trouvée.
Et mon problème est, si j'ose dire, un problème de biolo-
gie spirituelle : il consiste tout ensemble à surveiller et à
capter mes sécrétions, à ne jamais me dire que torpide,
je suis inoffensif — car c'est le contraire qui est vrai, —
et (ici revient la question de cette réordonnance de ma
vie à laquelle je faisais allusion) à envisager de front, et
en des termes qui viennent seulement de m'apparaître de
façon tout à fait lucide, ce que je dois entendre par ma
responsabilité envers moi-même. Mon danger à cet
égard — et qui fréquemment m'arrêta à ce trois-quarts
de profondeur que fréquemment en moi je dénonçai —
est de mêler cette responsabilité-là avec ma responsabilité envers autrui, ou, plus exactement, submergé par
cette dernière dès que j'y pense, à y résorber la première, partant à la supprimer. Ma responsabilité envers
autrui, là je suis très au clair et nous y reviendrons ;
mais tâchons pour le moment de l'oublier tout à fait et
de faire comme si elle n'existait pas en traitant de l'autre. Ici encore je n'aborderai pas le fond du problème de
la personnalité : attendons de notre athlète de l'heure, à
savoir de Ramon Fernandez, la lumière. Modestement,

je m'en tiendrai au sentiment que j'ai à l'heure actuelle de ma personne à moi. Vis à vis d'elle, je m'apparais comme un locataire aspirant à devenir propriétaire et se sentant très loin de compte. Laissons ici hors de cause l'éventuelle distinction que je crois féconde et riche que Ramon se propose d'établir entre la personnalité et le moi, — mais qui appartient encore à l'avenir: quand ai-je, pour ma part, le sentiment de mon *moi* ? Alors — et alors seulement — que *deus inest:* entendons-nous bien, il ne s'agit pas de savoir s'il n'existe pas en mon être une pluralité de *moi* qui, eux, ne se sentent vivre que quand *anti-deus inest* : ce qui importe souverainement, c'est que tous ces moi-là, en quelques directions opposées qu'ils se puissent engager, et si loin, si avant que je m'engage à leur suite, finissent toujours par buter contre une porte close. D'eux tous, il est vrai en mon cas de dire qu'ils n'ouvrent rien, — rien au-delà de ce qu'ils me donnent dans l'instant, et je ne cherche nullement à nier ce que dans l'instant ils donnent, — rien au-delà d'eux-mêmes. Or, en mon cas, le moi du *deus* n'est pas par essence discontinu : ses intermittences sont de mon ressort et non du sien; de plus — et cela quelle que soit la plénitude de satisfaction que dans l'instant il apporte, et cette fois, semble-t-il, en raison de cette plénitude même — il ouvre toujours une porte par-delà. Je veux dire (et cela à quel degré ne l'ai-je pas senti dans toutes les œuvres que j'admire) que l'expression émanant du *moi* du *deus*, par-delà le contenu précis qu'à tel moment elle vise, paraît toujours tracer une série de cercles concentriques qui indiquent que la voie est libre, que l'on peut passer et que l'on avancera. Accepter la validité du *moi* du *deus* comme postulat de base, et voir si — dans la proportion où d'innombrables contingences le permettent encore — ma vie se peut réorganiser en et sous sa dépendance, voilà toute la question. Cette notion du *moi* du *deus*, je la laisserai critiquer tant qu'on voudra, j'irai *to keep myself in training* jusqu'à la critiquer moi-même tant qu'on voudra sur tous les plans : intellectuel. spéculatif, philosophique, qu'on les appelle du nom qu'on voudra ; mais j'en ferai pour ma part l'idole, l'icone intérieure dont parle le profond passage de Barbellion, — celle que je pose comme pour moi valable ; j'accomplirai en sa faveur l'acte de foi qui ici m'est possible et qui partout ailleurs me demeure si contraire, — peut-être parce que je sens que cet acte de foi n'implique pas — du moins au même degré que tous les autres — le *sagrifizio del intelletto* auquel je répugne, parce qu'ici l'acte de foi me paraît accompli en faveur d'un *intelletto* ayant toutes ses dimensions précisément et ne faisant plus qu'un avec l'entier volume spirituel de l'esprit. Le péril

— j'entends si on laisse la nature même du *deus* en suspens —, c'est, comme je l'indiquais moi-même dans la
discussion de samedi dernier, qu'on risque d'aboutir bon
gré mal gré à la déification du *moi* ; mais, d'une part, ce
danger n'existe pas, ou du moins est réduit au minimum,
si l'on possède un sentiment toujours agissant, et faisant
contrepoids, d'autrui : autrui devient ici le correctif à la
déification ; et, d'autre part, il n'y a déification véritable
que si elle porte sur le *moi* tout entier, alors qu'au contraire une éthique du *moi* du *deus*, ramenant sévèrement
à l'ordre les moi de la pluralité du moi, est une éthique
d'humilité malgré les apparences beaucoup plus que
d'orgueil. Oui, d'humilité parce que — et ici je rejoins
beaucoup de mes indications antérieures — elle est toute
en fonction du vers de Claudel :

Quelqu'un qui soit en moi plus moi-même que moi.
Et c'est par là, je le reconnais, que laisser la nature
du *deus* en suspens ne constitue plus guère de ma part
qu'une suprême courtoisie vis à vis de l'adversaire. Oui,
là — par mon besoin d'être tout à fait équitable envers
le point de vue opposé — je ne suis pas loin de manquer
d'honnêteté. Peut-être, en ce qui me concerne, la formule juste serait-elle celle de l'âme en son centre divine
que j'ai traitée dans le préambule de mes leçons sur Novalis (P. vient de me relire ce préambule qui est de

novembre 1923, et je constate qu'à cet égard ma position
reste la même, et qu'elle peut être tenue même en fonction du vers de Claudel : que le *deus* soit *deus* ou l'âme
divinisée, en tout cas cette divinisation de l'âme est tout
autre chose que la déification du *moi* — au sens nietzschéen par exemple du terme). A quoi l'on pourra m'objecter — et là je serai ramené à la conversation de dimanche matin chez Jean Baruzi où d'ailleurs le même
soir Jean tenait sur ce point à se rétracter — que la
substitution du mot âme au mot dieu ne fait que reculer
le problème, et que pas plus que celui de dieu le mot
d'âme ne devrait être employé. Mais là je me sens *on
much more solid ground,* — d'abord parce que pour me
l'interdire je commencerai par attendre qu'on ait réfuté
le spiritualisme bergsonien, celui de *Matière et Mémoire*
et celui de *L'Energie spirituelle,* et puis parce que —
comme le reconnaissait équitablement Jean hier au soir
— la valeur esthétique et bien plus encore affective du
mot âme est trop immense et trop indispensable à la fois
pour qu'on s'en puisse passer.

Se régler sur le *moi* du *deus* —, dans la pratique,
qu'est-ce que cela veut dire? J'entrevois aujourd'hui une
série de préceptes éthiques qui pourraient devenir pour
moi opérants. Le plus général de tous — et là encore je
retrouve mon cher Novalis, — ce serait de se considérer

comme ayant la charge de quelque chose, il serait plus
exact de dire: de quelqu'un de plus précieux que soi-
même. De plus en plus, à mesure que mon expérience
se précise, laissant même de côté le problème de la pluralité du moi, j'ai la sensation qu'à l'intérieur de moi-
même nous sommes toujours au moins deux (et je ne
l'entends pas ici sur le plan valérien : l'être temporel et
comme de hasard que l'on se trouve constituer, et la
conscience que de cet être l'on prend : en fait dans ce
que je veux dire cette conscience — d'ordre tout
psychologique — représenterait le troisième larron, et
volontiers je la dénomme telle parce qu'elle me paraît —
je ne veux pas dire chez Valéry bien entendu, mais de
façon assez générale — se produire sur un plan tant soit
peu subordonné, et avoir dans sa faculté même d'enre-
gistrement je ne sais quoi d'un demi-tic), tous deux parfois simultanément présents, mais le plus évident étant
ici le plus anonyme, le plus en retrait étant au contraire
le plus personnel par où je ne veux pas dire le plus identifiable, le plus individualisable du dehors, mais celui qui
surgit de façon explosive et devant lequel, dès qu'il surgit, l'autre s'efface, instantanément disparaît comme s'il
sentait qu'il n'était là que pour remplir les vides, les intérims, et que son vrai rôle doit se borner à livrer docile-
ment passage. Cependant il est là, c'est lui qui assure ce

que volontiers j'appellerais la fausse continuité de l'être
humain, sa continuité d'apparence, — à quel point dis-
continue celle-là, cela saute aux yeux. Et alors tout le
problème, c'est de vaquer au *modus vivendi* des deux, et
aussi de veiller — et c'est là où nous revenons à Novalis
— à ce que le premier par sa manière d'agir ne profane
pas, n'expose pas à d'indignes contacts le second. Je ne
me rappelle plus la formule exacte de Novalis, mais il dit
quelque part que le corps humain est le plus beau temple
de Dieu. A cet égard l'exquise dignité personnelle, le
chaste décorum même de mon ami *Marius* devraient être
la norme.

Dans la pratique, d'autre part, comment capter ce *moi*
du *deus*, — j'entends ses expressions ? Il faudrait tout
de même — sans viser en rien à restreindre la générosité
de l'entretien — vaquer à ce que tout ne s'en aille pas
en entretiens. Il n'est presque pas d'état de santé dans
lequel je ne puisse, sinon travailler, du moins dicter le
Journal. Il semble que la très large part de ma vie qui
volontairement est abandonnée aux autres puisse suffire
— et même au-delà du désirable — à remplir les intérims
du *moi* du *deus*, et qu'il importerait surtout que celui-ci
ne fût pas entièrement sacrifié.

Charlie *again* enfin, — et grâce à Manet. Quelle merveille qu'à quinze ans de distance (ma première grande
et joyeuse fièvre Manet date de l'exposition de la collection Pellerin chez Bernheim en juin 1910) un peintre re-
tienne sur moi un tel pouvoir de rafraîchissement, de ra-
jeunissement ! J'ai bien souvent noté dans mon Journal
que la peinture est le souverain antidote de mes pires
états intérieurs. Je le sais, et cependant telle est, dans
ces états-là, ma difficulté de passer à l'acte que je n'en
use pas. Il faut en user ; il faut, plutôt que de s'acharner
à la parfois impossible victoire sur place, bondir au Louvre ou dans quelque exposition, et en pareil cas recourir
toujours aux maîtres, et à ceux dont j'ai déjà éprouvé sur
moi la toute-puissante action: il faut profiter du fait que,
ne me blasant jamais sur nulle grande chose, chacune
d'elles me donne toujours davantage. Hier au soir après

dîner, me promenant avec Z. boulevard Arago avant de monter chez les G. M., comme je lui disais à quel point dans l'après-midi aux Arts Décoratifs de revoir *Jeanne* (*Le Printemps*) et de la trouver d'un rayonnement plus tendrement impérieux que jamais m'avait ému, nous nous sommes trouvés rouvrir notre débat de 1910. Z. qui a toujours adoré Manet — je me souviens de sa joie lorsque je comparai son art, dans les pastels surtout, à la beauté et au plaisir d'une cerise — me disait cependant qu'avec Manet elle reste en deçà de l'émotion, et me demandait : « Mais qu'est-ce au juste qui vous émeut dans Manet ? » — A quoi je répondis : « Manet m'émeut exactement à la manière dont m'émeut le sentiment de la vie — non point en sa profondeur, mais dans son éclat, dans sa jaillissante évidence, dans sa présence immédiate, au sens même où m'émeuvent fleurs et fruits, dans le sens inverse de celui par lequel le sentiment de la vie m'émeut dans le Beethoven des derniers *Quatuors*, dans le Rembrandt de *David jouant de la harpe devant Saül*, dans l'étang illimité de Tchékhov. Manet est à tel point aux antipodes de toute forme de tristesse qu'il en supprime comme la catégorie ; — non point chez Manet la joie, qui, en sa plénitude, comporte une concentration d'éléments, je ne sais quelles bouffées d'un dithyrambe en plein ciel, du calme d'une Bacchanale immobilisée dans

l'éternité (Keats, Giorgione, le tout meilleur Coleridge),
lesquelles sont infiniment au-delà des possibilités d'un
Manet ; — pas non plus tout à fait l'allégresse à qui toujours il faut ne fut-ce qu'une parcelle d'héroïsme ; —
mais la gaîté, la gaîté en soi, qui fuse, saine, jeune, ado-
rablement licite : Manet, c'est la nature même, au sens
dont s'emploie l'expression du *ton pur :* une gaîté lavée,
la gaîté d'une propreté qui devient comme le plus capi-
teux des lustres. De tout cela *Jeanne* est peut-être dans
l'art de Manet la plus surprenante incarnation ». Z. me
dit alors : « N'est-ce point que — contrairement à vos habitudes — vous accordez trop ici à l'évidence? »— « Peut-
être, mais si ici à l'évidence j'accorde tellement, c'est
qu'elle est toujours accompagnée d'éclat. Mes deux mots
dans *Approximations* à propos du *Fifre* restent justes :
évidence et éclat, c'est presque tout le prestige de Manet»
En rentrant de chez les G. M., j'étais si hanté de Manet
que je relus dans les *Essais et Portraits* de J. E. Blanche
ses *Notes* sur lui qui jamais ne me parurent plus merveilleusement appropriées, et ce matin — après être passé chez Bernheim, voir d'autres Manet — l'étonnant portrait de Berthe Morisot, celui que je ne connaissais pas
encore — j'acquis le livre récent de Blanche sur Manet
que je commençai de lire en rentrant et qui me semble de
tous points excellent.

1926
Samedi 27 Mars, 8 h. 55 soir,
Ile Saint-Louis.

« La vie se passe à la remettre ». Je me souviens à quel point cette phrase d'une des lettres de Sénèque me frappa lorsque pour la première fois je la rencontrai, — en mars 1913, alors qu'au lit pendant de longues semaines, et si souffrant, je connus cependant une période d'intense activité intérieure.

La vie, — le curieux en mon cas, c'est combien j'ai peu le sentiment de vivre lorsque mon *Journal* n'en recueille pas le dépôt. Ces derniers mois ont été au point de vue du *Journal* parmi les plus nuls que j'aie connus ; et puisqu'il semble entendu que les autres s'y prendront si bien qu'ils réduiront toujours au minimum l'accès que je puis avoir à moi-même, il n'en est que plus indispensable que le *Journal* du moins soit autant que possible sauvegardé.

L'accès à moi-même, oui, là est le nœud de la question. Dans les rares secondes où je réfléchis quelque peu,

264

je suis en présence de deux faits me concernant qui semblent entre eux contradictoires : l'un, un fléchissement très net allant jusqu'à une certaine déchéance dans l'originalité et de la pensée et de l'expression; l'autre, un accroissement de profondeur dans l'instantanéité avec laquelle ce que l'existence m'apporte est transmué et intégré en expérience **véritable**. Autrement dit, j'ai une sensation équivalente à la certitude que, si je descendais en moi-même, ce que j'en ramènerais vaudrait davantage ; mais comme et la paresse et une certaine indifférence — chez moi assez nouvelle — me détournent de semblables descentes, ce que depuis plusieurs mois je dicte ou je dis est très inférieur à moi-même, très au-dessous du point où j'en suis et à partir duquel je pourrais et devrais produire.

Un des aspects par où à moi-même je m'apparais comme impossible, c'est que, comme l'a si souvent noté Z., tous les états intermédiaires ne me sont rien : ou je serre l'existence jusqu'à la limite, et dans cet acte même, je touche une des voluptés les plus miennes : ce matin encore, je sentais que cela seul serait susceptible de me galvaniser à fond —, ou bien, si je m'abandonne, je glisse sur ma pente jusqu'au bout. Et par là s'explique cette indifférence prodigieuse dont je me sens tout imbibé à l'égard de tout ce qui ne concerne pas le

plan proprement vital. C'est assez terrible de n'avoir pas
d'entre-deux entre l'abandon d'une part, la perfection,
voire la sainteté de l'autre. Et mon détachement, mon
désintérêt vis-à-vis de tout ce qui n'est que pure connaissance, qu'activité de l'esprit comme telle, surprend toujours même mes meilleurs amis parce qu'ils ne voient pas
clairement les racines intérieures qui les conditionnent.
Ainsi ce matin, chez les Baruzi — où il n'y avait que
Schaeffner, — au beau milieu d'un entretien en soi fort
intéressant sur la philosophie et sur la science, et auquel
moi-même j'avais activement contribué, je n'ai pu me
retenir de lancer : « Au reste, je ne saurais assez dire à
quel point tout cela m'est égal, car plus j'avance dans la
vie et plus m'intéressent seuls les problèmes de la vie
morale. » Qu'entends-je au juste par là? Oh! rien de spéculatif, bien moins encore d'universellement valable ;
nulle recherche d'un impératif catégorique applicable à
quelque autre qu'à moi : c'est peut-être en morale — et
là encore est une des bizarreries de mon être — que mon
individualisme foncier s'affirme le plus radical; — j'entends simplement ceci — mettre mes actes, mes paroles
et, dans la mesure du possible, jusqu'à mes pensées en
accord avec les réalités pour lesquelles je vis ; et il est
inutile de m'objecter — et surtout que je m'objecte à
moi-même, car là est le sophisme — que je ne suis pas

au clair quant à ces réalités elles-mêmes ; car si je suis incapable d'en offrir à autrui une présentation tout à fait convaincante, et davantage encore de les rassembler toutes en un corps de doctrine cohérent, je sais parfaitement quand actes, propos ou pensées les contredisent ou les nient; (et d'ailleurs je dirais que c'est là, de la morale tout individuelle et vivante, la marque la plus certaine : quand nous sommes en accord avec nous-mêmes nous serions incapables peut-être d'expliciter à quoi nous adhérons; mais dès l'instant que nous y manquons, ce à quoi nous manquons nous apparaît dans une brusque lumière qui ne prête à nulle équivoque). Elle va loin la parole de Rivière dans une de ses dernières lettres à Fernandez, un an avant sa mort : « D'ailleurs, je sais, je suis sûr que vous avez raison dans tout ce que vous dites de Proust. Et moi aussi je crois à l'unité de la personne humaine, quand je vais bien. » Oui, c'est bien cela ; et peut-être est-ce une consolation de se dire qu'en mon cas c'est surtout lorsque je ne vais pas bien que je me murmure sans cesse comme une sorte de talisman auquel je crois alors même qu'il reste inefficace : « réduction à l'unité », — une consolation en ce sens que, dans les moments mêmes où la pratique est défaillante, la faculté d'*inspection* — comme dirait mon Joubert — est inatteinte. Cette volupté — qu'il est vain de nier en tant que volupté, mais dont cependant à partir d'une certaine maturité de l'être tout entier on finit par voir la fin — de vivre simultanément sur plusieurs plans, d'avoir ses cloisons étanches, voire ses souterrains, c'est elle dont je suis dépris jusqu'à la rébellion. (Et c'est sans doute pourquoi je n'ai jamais eu, comme d'autres, à subir Proust, car la vie sur plusieurs plans remonte chez moi à une période bien pré-proustienne : elle est le fait de ma vingtième année : elle se rattache à mes cycles Baudelaire et Benjamin Constant).

Au fond, la relation avec moi-même devient plus que jamais centrale, et c'est elle qui désormais détermine la ligne de partage entre les pensées qui me sont indifférentes et celles qui souverainement m'importent. Ce que mon esprit peut secréter en survol des évènements de ma vie, ou à côté et indépendamment d'eux, me divertit, peut même me satisfaire, comme j'imagine que l'athlète peut être satisfait par le bon fonctionnement de ses muscles, mais ne m'importe plus ; en revanche toute pensée qui est soit la sécrétion due à un acte vital soit la réaction contre un acte accompli — et ces deux ordres de penser se différencient de la même manière que se différencie l'approbation du blâme — m'importe au maximum. C'est dire que chez moi pensée et action sont devenues tributaires l'une de l'autre, forment à elles deux cet indéfinissable

amalgame qui constitue ma vie intérieure. Et c'est dans
cette acception que les problèmes moraux me requièrent:
une morale expérimentale dans le sens où l'on parle d'une
science expérimentale, où réussite et échec jouent le rôle
des deux pôles, — tel est mon domaine propre. Et peut-
être moins qu'autrefois me sollicite le « qui suis-je ? »
Ainsi que dans ces derniers mois je l'ai à plusieurs reprises exprimé, l'introspection du type Amiel, c'est-à-dire
antérieure à tout acte, me paraît vaine; l'introspection qui
suit l'acte — bon ou mauvais, — infiniment féconde. Je
me connais, non point directement — je tends de plus en
plus à croire que l'on ne peut pas se connaître directement, — mais à la faveur de mes exaltations d'une part,
de mes chutes ou de mes désastres de l'autre ; — et mon
progrès, c'est de tenir compte des deux termes : avant la
guerre, je ne tenais pour miennes que mes exaltations :
mes chutes, je les portais au compte d'un intrus qui s'é-
tait glissé par erreur dans la place ; pour reprendre une
autre excellente expression de Rivière, à propos d'Amiel:
je ne me « solidarisais pas avec mes échecs » : mais si je
me solidarise toujours avec eux, je ne me suis pas pour
cela désolidarisé d'avec mes exaltations, et c'est en cela
je crois que j'ai évité de verser. C'est une fausse et dom-
mageable forme de l'auto-accusation que de nier ce que
l'on a de meilleur ; il faut se connaître dans le meilleur

non moins que dans le pire ; et le travail de sculpture, disons plus modestement de modelage intérieur postule qu'égale justice soit rendue aux deux éléments. Oh ! que l'on m'entende bien — non point du tout pour protéger en soi le pire aussi bien que le meilleur : protéger le pire, que je suis loin de cette vue, mais simplement pour les savoir tous deux là et opérer en conséquence.

Et c'est pourquoi il n'y a pas pour moi à proprement parler de vie sans réflexion sur la vie, et c'est pourquoi toutes les fois où j'ai tenté de m'abandonner à vivre sans plus, cela a été le désastre. La méditation sur ma vie apparaît en mon cas une nécessité d'ordre presque biologique ; et lorsque je n'en tiens pas compte, surgit un pénible malaise de même nature que celui d'un organe auquel serait refusée sa fonction. Et méditer même ne suffit pas si je n'exprime, si je ne dégorge dans le *Journal*. Ce besoin d'expression que j'analysais dans mon dernier cours sur Rossetti est chez moi à tel point fondamental que dans les périodes où je ne le satisfais point il me travaille à la manière d'un processus morbide.

Je me refuse à laisser s'achever sans un memento, si
bref soit-il, cette première et vraiment divine journée de
printemps — qui nous était bien due après cet invrai-
semblable début de mai, mais sur laquelle, avec mon
scepticisme habituel, je ne comptais plus guère. Scepticisme, — n'aurais-je pas dû dire indifférence? Mon *Journal* garde plus d'une trace de ce que j'appelle mon indifférence à l'égard de la température. Plus d'une fois j'ai
cité ici pour le reprendre à mon compte le mot de Pascal
qui me fut toujours si cher: « J'ai mes brouillards et mon
beau temps au dedans de moi ». Je ne renie pas le mot,
en ce sens qu'il demeure vrai que je dépends plus du dedans que du dehors. Et cependant, ce matin m'étant
trompé d'une heure, je me suis trouvé dehors à sept heures, ce qui ne m'était pas advenu. je le crains
bien, et l'avoue à ma honte, depuis les jours de Milan en

novembre dernier. Il faut croire que de toute façon aujourd'hui la fortune m'était favorable, car je découvris quai Bourbon un coiffeur ouvert et prêt à fonctionner en même temps que moi; puis, étant en avance, je fis une promenade qui me conduisit à découvrir dans Paris tout un admirable quartier que je crois bien que j'ignorais totalement : la rue Pavée avec le somptueux hôtel Lamoignon, qui abrite aujourd'hui un bronzier décorateur, mais qui garde intact son plus bel air, comme aimait à dire des honnêtes gens La Rochefoucauld, (époque combien révolue, que celle où l'on pouvait appliquer aux gens ces épithètes qu'il ne nous est plus guère possible de consacrer qu'aux visages des monuments), puis la rue Payenne, enfin la rue du Parc Royal où se trouve le Square-Jardin qui s'adosse au Musée Carnavalet, — et duquel je n'avais gardé nul souvenir. (Et pour cause, car L., à qui je dicte ces lignes, m'apprend qu'il n'existe que depuis le début de la guerre — ce qui réduit à néant la définition que je m'en étais donnée à moi-même, à savoir un jardin d'Oxford qui aurait été revu par Jean Goujon ; mais non, plutôt que de réduire cela à néant, cela me prouve que je viens d'être injuste, et que dans ce beau pays de France les choses ne sont jamais aussi complètement révolues qu'on le pourrait croire : ne sais-je pas — et mieux que jamais — qu'il est des visages pour les-

quels nulle expression du XVIIe siècle ne saurait être
trop belle). Je me sentais si jeune et en vie, je veux dire
en vie avec plus de simplicité, d'innocence et de fraîcheur que mon sentiment habituel d'être en vie, celui
que j'ai souvent défini comme la cîme de mon être, mais
que ne me dispense d'ordinaire que l'exaltation de la
très grande poésie, de l'art et par-dessus tout de la musique. J'étais en possession de cette sensation de vacances qui m'advient combien de fois l'an ? Je constatais,
non sans secret reproche à l'adresse de la façon dont je
me laisse tyranniser par la seule idée du devoir — tout
tend si facilement chez moi, trop facilement à devenir
devoir, jusqu'aux choses parfois qui en sont cependant
le contraire — que ma dernière impression de vie, au
sens où je l'applique ici, remontait à cette matinée de
novembre où, avant l'ouverture du Congrès de la Fédé-
ration des Unions Intellectuelles à Milan, je découvris
dans le vaste parc qui encercle le *Castello Sforzesco* la
Ponticella de Bramante. (Que ces jours où j'inhalais le
clair, l'élégant, le sobre et cependant l'orné génie de
Bramante me paraissent loin, et que j'ai su peu préser-
ver, dans la vie harassée et épuisante qui est la mienne,
cette pure et sereine zone esthétique !) Tout en me promenant, je songeais, mais sur un mode de récréation
plutôt que d'effort, à cet Eloge de la France que je veux

écrire un jour — que je veux écrire d'autant plus que
dans mon pays mon rôle et ma tâche d'écrivain m'obli-
gent sans cesse à mettre au contraire — et plus que je
ne souhaiterais — l'accent sur les limites de l'esprit français. J'ai déjà plus d'une note sur ce thème dont le point
de départ le plus lointain réside sans doute dans nos
remarques à Z. et à moi sur les miniatures françaises du
XIIᵉ siècle que nous avait vers 1912, si ma mémoire ne
me trompe, montrées un jour Rosenberg, (lequel gitait
alors rue Lavoisier au-dessus de la Poissonnerie de Po-
tin : j'aime trop la précision pour omettre cet infime détail). Nous avions été frappés de ce que nous appelions
la stature de la France du XIIᵉ siècle, et de devoir constater combien les époques considérées comme typiques
du génie français, à savoir le XVIIIᵉ siècle, et même à
certains égards le XVIIᵉ, montraient une diminution de
taille, ce caractère si curieux dans l'esprit français —
mais me voici à nouveau dans les limites — de ne jamais
pouvoir tout à fait tenir le coup de son envolée première. Mais cette envolée — ou mieux ici — car la noblesse venait en ce temps de ce qu'elle s'interdît l'envolée — ce visage monumental de la France, qu'il
était beau aux premiers jours d'août 1914 ! C'est
en pensant à ces jours-là que dans mon long journal
dicté à Auxerre après ma première expérience de Pon-

tigny, en août 1922, j'aboutissais à cette formule :
la France n'a jamais plus beau visage que lorsqu'elle se tait. Sa grandeur est monumentale, bien
davantage qu'oratoire : l'oratoire, l'éloquence est toujours au contraire son danger. C'est qu'elle a le
silence le plus noblement expressif qui soit, — l'inverse
même du silence morne et mort de mes pourtant si
chers amis anglais. Et les meilleurs anglais l'ont toujours su, — Pater par exemple, qui parlait sans cesse
de *l'expressivité* du génie français. C'est pourquoi, à
mon sens, nos sommets — en laissant de côté la France
des cathédrales et des miniatures, — plus encore, je
ne dis pas seulement bien entendu que dans notre poésie,
mais même que dans notre prose, je les vois chez Watteau par dessus tout, chez des architectes tels que Man-
sart, Robert de Cotte et Mique, chez des sculpteurs comme Goujon et Houdon, et parmi les peintres, laissant en
dehors Watteau qui, à mon sens, est absolument unique,
chez Ingres, chez Corot, chez Degas. Ce matin, devant
l'hôtel Lamoignon, je me disais aussi que dans ce besoin
d'orner, d'embellir la vie — et non moins de parer les
circonstances, ce que j'aime tant dans la politesse plusieurs fois séculaire du petit peuple français, qui ne se
contente jamais comme les autres de fournir une réponse
équivalant tout juste à la question, qui a toujours quelque

chose de délicatement en plus, en trop, pour le plaisir, pour l'honneur des échanges humains, et aussi pour cette liberté qu'il préserve toujours vis-à-vis de sa propre tâche —, il y a je ne sais quel stoïcisme allègre qui semble dire : « Les choses sont ainsi, nous n'y pouvons rien, mais il ne dépendra pas de nous qu'étant ainsi nous ne leur fassions pas montrer leur meilleur visage, nous ne les fassions pas apparaître sous leur jour le plus noblement décent ». Oui, lorsque j'aborderai l'éloge de la France, j'ai le sentiment que j'aurai à dire encore bien davantage que quand il me faut signaler ses limites. Et j'en suis heureux ; et je ne voulais, en dictant ceci, que garder mémoire de ce que mon ami Groethuysen, il y a plus de vingt ans, au soir d'un bel après-midi de juillet où en nous promenant nous avions interminablement *métaphysiqué*, me disait, tournant vers moi son visage épanoui de chien fidèle et heureux : « *Es war wirklich ein geschenkter Tag* ». — « Ce jour fut vraiment un cadeau ». Celui d'aujourd'hui fut tel ; mais il est minuit six : je n'ai donc plus droit de parler de lui : puissé-je trouver demain le temps de parler de son frère, et puisse ce frère surtout n'en n'être pas tout indigne !

1927
Lundi, après-midi, 14 Février, 2 h. 1/2,
Ile Saint-Louis.

Depuis ma radiographie de mercredi — la dernière de
la série — voici le premier moment où je ne souffre plus,
mais où en revanche je suis plongé dans une langueur
d'ailleurs agréable et dans un assoupissement auquel il
me va bien falloir céder, mais avant lequel toutefois je
souhaiterais d'amorcer un journal.

Hier matin, Jean Baruzi me donna un exemplaire de
la réimpression de *L'Habitude* de Ravaisson, édition
qu'il a établie et fait précéder d'une introduction vraiment magistrale. Je la lus une première fois dans le
tramway qui me conduisait l'après-midi à Montreuil
chez les L. Jean est en pleine forme : il semble qu'aguer-
ri désormais par son monumental et si bel ouvrage sur
saint Jean de la Croix, il ait maintenant dans tout ce
qu'il fait (ses deux volumes de *Morceaux Choisis* de mé-
taphysiciens et de moralistes pour lesquels il a écrit des

notices qui sont d'indépassables modèles du genre, —
et aujourd'hui cette Introduction) un maximum d'ajustement, de précision et de profondeur combinées, et un
sens merveilleux pour faire sans cesse apercevoir en
cours de route l'entrelacs et la multiplicité des problèmes. Ses trois derniers travaux ont, entre autres avantages, celui de nous faire saisir la grande tradition philosophique française qui, partant de Maine de Biran,
passant par Ravaisson, Lachelier, le Boutroux de la
Contingence des lois de la Nature, s'épanouit en Bergson et pousse aujourd'hui avec Brunschwicg une rami-
fication à certains égards contradictoire, mais non moins
importante pour cela. En ce qui me concerne, je sais
bien en tout cas que mon ignorance avait honte de l'injustice que je tendais toujours à montrer envers la philosophie française, d'une part à cause de mon antipathie
(à base d'ignorance elle aussi) envers Descartes, de l'autre à cause de la préconception vraiment un peu enfan-
tine que seul le mode de penser allemand se prête à une
philosophie véritable. Sans doute j'exceptais Bergson,
mais je l'exceptais pour faire de lui en France une ano-
malie et comme un miracle (et sans doute aussi n'ai-je
point tout à fait tort, et faudrait-il nuancer, discriminer
ici à l'infini, mais hélas ! quand la vie nous laissera-t-
elle le temps de nuancer et de discriminer ?). Je revien-

drai sur l'introduction de Jean quand j'aurai lu le livre
de Ravaisson. Ce qui m'importe essentiellement aujour-
d'hui, c'est que hier au soir par une citation de Maine
de Biran (et de cela je serai à Jean éternellement reconnaissant : dira-t-on jamais assez ce que l'on doit à ces
citations qui vous renvoient à des hommes dont on sait
qu'ils sont grands, mais que soit paresse soit négligence soit suroccupation on ne fréquente que trop
rarement), Jean m'a ramené à Biran, et du même coup à
ma situation présente et au désir de commencer *Introspections*. La citation est une note de Maine de Biran à la
page 21 de l'édition Tisserand du *Mémoire sur les perceptions obscures* que j'avais acheté — est-ce sur le conseil de Charrier, ou à la suite d'une allusion de Rivière ?
je ne me souviens plus — un matin il y a plusieurs années, chez un libraire place Saint Michel, et que je m'é-
tais borné à acheter sans l'avoir jamais ouvert. Voici la
note : « Chaque individu se distingue d'un autre de son
espèce par la manière fondamentale dont il sent sa vie,
et, par suite, dont il *sent*, je ne dis pas dont il juge les
rapports avec les autres êtres, en tant qu'ils peuvent fa-
voriser ou menacer son existence. La différence à cet
égard est peut-être plus forte encore que celle qui a lieu
entre les traits de la figure ou la conformation extérieu-
re du corps. De là vient l'impossibilité où chacun se

trouve de *connaître* à fond ce qu'est un de ses semblables comme vivant et sentant et de manifester ce qu'il est lui-même ; (mot illisible) il sent ses rapports. Les *idées* seules se ressemblent et peuvent se communiquer avec les sentiments qui y sont joints ; ce qui est dans la sphère de l'animalité est inconnaissable ». Texte pour moi capital : car j'y trouve — mieux formulées que je ne me les étais jamais formulées (et pourtant depuis ma vingtième année ma position n'a pas bougé à cet égard) — d'une part l'explication et la justification de mon scepticisme et de mon indifférence à l'égard des idées comme telles, et de l'autre celles de la portée toujours accrue que j'attache au *ton vital*, à « la manière fondamentale dont chacun sent sa vie », dont je sens la mienne. Oui, vraiment cette phrase-là serait une épigraphe idéale pour *Introspections* ; et c'est parce que je sens ma vie, parce qu'elle ne varie pas dans sa *fondamentale* sonorité, qu'elle s'aggrave, se complique si je puis dire sur place, qu'elle ressemble chaque jour davantage à ces notes tenues qui en musique — dans celle de Bach spécialement — sont d'un tel poids, qu'il faut que j'écrive *Introspections*. La différence entre sentir sa vie et sentir ses rapports, — qu'il y a donc là, même après l'incomparable Biran, de quoi creuser ! Sentir sa vie, c'est toucher le fond de ce qu'il y a de plus solitaire dans l'être humain ;

sentir ses rapports, c'est la sphère légitime de l'objectivité, c'est le *se situer*, le *se classer* de Montaigne et de
Fernandez ; mais aussi qu'il est rare qu'on réunisse les
deux ! Laissons Montaigne, trop ample pour qu'on en
débatte au cours d'un rapide journal ; mais X... sent
ses rapports, sent moins sa vie, mais Y... sent sa vie,
sent moins ses rapports, et ainsi de suite, et je me demande si l'attachement chaque jour croissant que je
voue à Gabriel Marcel ne vient pas en partie de là : lui
sent également les deux. Et mon malentendu avec mes
amis de Pontigny, le dernier jour de la troisième décade,
ne tiendrait-il pas à ce que j'ai fait saillir en public ce
que c'est que de sentir sa vie, — chose que le français,
même et surtout lorsqu'il la sent, ne peut tolérer. Je rejoins avec ce texte de Biran le mot de Walter Pater sur
mon cher Marius qui n'avait jamais pu, et tout malgré
lui, « accepter les évaluations d'autrui ». *Introspections* à
vrai dire devrait porter les deux épigraphes. L'évaluation est l'acte le plus intime, le plus individuel qui se
puisse concevoir, et celui dont l'individu serait bien en
peine de pouvoir rendre compte, surtout de pouvoir fournir fût-ce un embryon de justification rationnelle. Oh !
que de choses, dictant ceci, il me semble apercevoir pour
la première fois alors que peut-être elles ne font que
couronner et récompenser un faisceau d'intuitions anté-

rieures. Mon anti-rationalisme doit se rattacher obscurément à ce que je viens de dire. En réalité, dans cette sphère de l'évaluation, les contre-sens foisonnent parce qu'on établit — et il est naturel que la logique soit encline à l'établir, à cause de l'apparent voisinage des notions — une relation entre la notion d'évaluation et celle de rapports, tandis qu'en fait elles communiquent si peu qu'elles appartiennent à deux zones incommensurables de l'être même. La notion de *rapports* est de l'ordre objectif ; l'opération enfouie, inexprimable, grâce à laquelle chacun de nous *évalue*, est l'acte le plus secret, le moins rationnel qui existe. En ce sens Biran n'a pas tort de le faire émaner de l'animalité, laquelle, ajoute-t-il, est inconnaissable. — Inconnaissable ? Oui, mais dès l'instant seulement que l'on n'admet d'autres modes de connaissance que le rationnel. Mon sentiment — et c'est de quoi, par la réussite ou l'échec à mes yeux, *Introspections* aura à faire la preuve —, c'est que notre animalité même peut accéder à la conscience lucide, à condition que l'on ne procède jamais vis-à-vis d'elle sur le plan de l'analyse discursive. Je veux dire — et déjà j'eus l'occasion, à une discussion rue Visconti, à l'Union pour la Vérité, de marquer le point au sujet d'Amiel — que l'introspection systématique et si je puis dire préexpérimentale est vaine, ne rend rien ; mais en va-t-il de mê-

me de l'introspection appliquée à ce que, laissée à elle-
même, l'expérience intérieure a fait remonter de notre
sous-sol ? Autrement dit, l'animalité est non seulement
la donnée première qui ne saurait être mise en question,
mais aussi la matière sur laquelle il y a lieu que l'introspection s'exerce. Et combien nous sommes proches ici de
ce « sens fondamental de la vie » dont parle Biran : pour
moi, jamais je ne sens mieux ni plus à fond ma vie qu'à
la faveur d'une expérience intérieure — de quelque ordre
d'ailleurs qu'elle soit — mais dont, si je suis sincère, je
ne saurais douter que tantôt l'animalité ·la fournit tout
entière, tantôt — comme dans certaines expériences
d'exaltation esthétique ou spirituelle le plus haut situées
— ne l'accompagne pas moins dans tout le cours du processus. Ce qui a paralysé à cet égard — et ici je reprends ce qui reste valable de mes objections — les philosophes français, Biran et Bergson exceptés, c'est le
clare ac distincte de Descartes, les idées claires et distinctes. Or, les idées, comme le montre si bien Biran, ne
sont plus du domaine de l'évaluation, mais de celui des
rapports. Sans doute, je ne me fais pas d'illusions : une
introspection telle que je la préfigure ici est sujette à
bien des erreurs possibles, à bien des leurres aussi; mais
il existe un cas privilégié — et un de mes précédents
journaux, je crois bien celui dicté à mon retour de Pau,

visait somme toute quelque chose d'analogue —, c'est le
cas de l'introspection appliquée à ce qui remonte en
cours de route dans l'effervescence du travail de composition : je veux dire, non point du tout ce qui s'inscrit dans
ce travail lui-même, mais ce que l'accomplissement dudit
travail vous apprend sur le complexe mi-animal mi-spi-
rituel qui l'a rendu possible. C'est pourquoi peut-être
n'y a-t-il, ne peut-il y avoir d'introspectifs qui ne soient
pas de quelque façon des créateurs, et par là s'expliquerait plus profondément la déficience de l'introspection
d'un Amiel qui n'est rien d'autre qu'introspectif pur, et
qui par suite, opérant toujours en état de repos, de détente des facultés, opère si souvent sur le néant. Et c'est
pourquoi il n'est guère d'introspectif plus grand que Biran, — Biran, l'homme qui d'un point de vue non point
moral mais purement psychologique place la notion de
l'effort au centre même de sa philosophie, et la pose parce qu'il sent que la tension des facultés livre encore plus
à l'introspection que leur détente. (Ah ! je sais bien — et
c'est la composite grandeur de Biran — que le Biran du
Premier Journal rapporte presque tout son butin de
l'observation au contraire des états de détente : ayant
compris mieux que quiconque le caractère sans analogue du Rousseau de la *Cinquième Rêverie*, et se posant
de surplus le problème du bonheur, il incline alors à le

voir dans un abandon à sa propre pente, dans les mues
du paysage, de l'atmosphère, du ciel intimes, sur les
quelles dans sa première période il se croit sans pouvoir;
mais cet état passif est un état plein, nuancé, riche, l'inverse du morne camaïeu toujours comme évidé d'Amiel).
La résistance même de la matière sur laquelle l'effort
s'exerce met plus puissamment en jeu les ressources —
et aussi les caractéristiques individuelles — de l'animalité. Si l'on pouvait avoir le loisir de faire de l'introspection en plein travail créateur, et sans suspendre le courant de celui-ci, je suis certain que cela livrerait beaucoup.

Quoi qu'il en soit, hier soir j'ai repris au lit le début
du premier volume des œuvres de Maine de Biran ; j'ai
senti aussitôt que pour moi la satisfaction en serait quasi
inépuisable, et j'ai commencé en même temps — pour
amorcer la réparation de l'inconcevable exil que je lui
avais fait subir dans ma bibliothèque — *le Mémoire sur
les perceptions obscures.*

Hier également, dans le tramway qui me ramenait cette
fois de Montreuil, j'ai commencé le livre de Monseigneur
Pierre Batiffol sur le *Catholicisme de Saint Augustin.* Il
débute par une analyse du *De utilitate credendi* qui m'a
tout de suite vivement intéressé, ainsi que l'exposé de la
position des Manichéens. L'intérêt est devenu poignant

lorsque j'ai abouti à cette phrase: « Vouloir voir la vérité
pour devenir meilleur est un contre-sens, puisqu'il faut
devenir meilleur pour voir la vérité ». Avant même de lire
la note d'un commentateur qui rappelle que ce fut déjà là
un principe de la philosophie platonicienne et surtout
néo-platonicienne, ma mémoire avait positivement bondi
vers la parole de mon Plotin tant aimé, et que j'avais
choisie pour épigraphe dans le programme intitulé
« Apollon et Psyché » que j'avais composé en janvier
1925 pour le premier projet de *Textes* : « Ne cesse pas
de sculpter ta propre statue... Il faut que l'œil se rende
pareil et semblable à l'objet vu pour s'appliquer à le
contempler. Jamais un œil ne verrait le soleil sans être
devenu semblable au soleil, ni une âme ne verrait le beau
sans être belle. Que tout être devienne donc d'abord di-
vin et beau, s'il veut contempler Dieu et le Beau. » (Que
j'aimerais qu'à l'intérieur en tout cas de la forme défi-
nitive que prendra *Textes* cette épigraphe pût figurer !)
Mais Plotin dit encore : le *Beau* ; Augustin, lui, dira le
Meilleur : dans ces deux mots gît la charnière de différence, sans doute d'irréductible, entre l'antiquité fût-ce
la plus épurée et le christianisme. Le Beau au sens plo-
tinien, le Meilleur au sens augustinien : quel beau sujet
pour moi un jour dans *Textes*. Quant au fond du problème lui-même, au point où j'en suis aujourd'hui, je

n'ai plus droit à l'éluder. « Bienheureux ceux qui ont le
cœur pur, car ils verront Dieu ». N'y eût-il pas de Dieu,
seul un cœur pur peut voir la vérité : de cela je n'ai plus
nul doute. Mais c'est ce matin à Saint Pierre de Mont-
rouge, pendant la messe pour le second anniversaire de
la mort de Jacques Rivière, que m'apparaissait une zone
autre encore du problème qui est aujourd'hui mien. Je
gagnai l'église, ayant pris place Saint Michel le 8, tout
en lisant, dans ma nouvelle édition de la Bible de Crampon que m'a offerte Z. pour le vingtième anniversaire de
notre mariage, les premiers chapitres de la *Genèse*, faisant sincère effort pour me déprendre du prestige, sur
moi tout-puissant, de la sonorité biblique et rejoindre
l'intrinsèque contenu. Mais sur cela il ne me faudra dicter que dans quelque temps et prendre des notes au fur
et à mesure. Ce matin cependant particulièrement frappé dans les jours de la Création par le refrain : « et Dieu
vit que cela était bon (*bon*, et non *beau* : voir plus haut).
J'étais encore ainsi ramené — dans la sphère de l'origi-
nel et du sublime — à mon éternel problème du génie
créateur : Dieu lui-même ne sait toute la bonté de son
œuvre qu'accomplie : toujours ce plus, ce surplus, ce
luxe que je conçois comme intérieur à l'acte même de
créer : mais il faudra y revenir, je ne note ceci que pour
garder un memento d'une reprise de contact avec la Bible

dont je veux qu'elle redevienne quotidienne. Au début de la messe je songeais à une parole que m'avait dite, il doit y avoir à peu près un an, I. R. au sujet de Jacques : « Avec sa nature qui ne pouvait jamais s'arrêter, le problème le plus subtilement difficile que rencontre une âme comme la sienne n'est point du tout celui de croire, mais de pouvoir, dans les moments où la grâce vous déserte, continuer à croire en continuant de se sentir vivant ». Et ce matin il y avait pour moi quelque chose de déchirant à sentir à ce degré le même problème poindre pour moi en assistant à une messe pour lui. Je me rappelais aussi ce que l'un d'entre nous (je ne sais plus lequel) a écrit dans l'*Hommage*, — à savoir que Jacques en revenant à la foi aurait eu le sentiment d'abandonner, de déserter une fois pour toutes ceux qui ne faisaient pas retour. (Vue non point semblable, mais assez voisine de celle que moi-même exprimais dans la fin de *De la féconde Humilité* : « Peut-être même ne se reconnaissait-il plus le droit de revenir sur ce qu'il avait si profondément compris : rien ne serait davantage dans le sens même de sa nature ».) Oui, ce que j'éprouvais ce matin, c'était un déchirement : j'étais non point exactement partagé, car s'il est domaine où l'on se doit de n'obéir qu'au seul appel intérieur, c'est certes celui de la religion, mais tout imbibé d'une tristesse spéciale due à l'idée que, si ce jour vient jamais, certains êtres que j'aime si chèrement me croiront perdu pour eux alors que ce sera tellement le contraire. (Mais là nous touchons le malentendu entre croyants et incroyants — auquel sans doute jamais on ne pourra rien). Pendant le reste de la messe, relu dans l'Evangile selon saint Matthieu tout le Sermon sur la Montagne en serrant contre moi le verset : « Mais vous autres soyez parfaits comme votre Père dans les cieux est parfait ». Perfection, sainteté, sources et peut-être seules sources par où se peut apercevoir, appréhender la vérité. Quel rôle peut-il rester à la pensée, après ? C'est là la tentation que marquait avec tant de profondeur le propos d'I. R., et à laquelle est exposé un esprit comme le mien tout autant que celui de Jacques, car là gît peut-être notre essentiel point de contact. Mais c'est à cause de cela aussi que je marquais à mon tour dans un précédent Journal qu'une fois la conversion pleinement accomplie, c'est une forme de sainteté qui se substitue à la pensée : plus précisément, jointe désormais et comme adhérente à notre vie quotidienne, la pensée est toute requise par le travail du modelage intime ; — et, à son plan, de ce travail, l'introspection, telle que j'ai essayé de la définir, reste, d'un point de vue chrétien, une précieuse artisane.

1927
Lundi soir 14 Mars, dix heures moins vingt,
Ile Saint-Louis.

Mal de tête depuis cinq heures, mais, comme je n'ai rien mangé cet après-midi ni ce soir, je garde l'espoir d'échapper à la crise d'adhérences et donc à la belladone. Pas pu dicter de journal depuis la fin de février, en partie à cause de l'intense travail de composition pour mettre sur pied en six jours les deux derniers tiers de mon avant-propos sur Hofmannsthal, en partie à cause du débordement de besognes multiples qui succède toujours inévitablement aux périodes d'entière claustration.

Sur l'expérience à plus d'un égard si instructive que me valut l'intensité même du travail pendant ces six jours, j'aurais voulu revenir avec plus de détail que je ne pourrais le faire ici. Qu'il me suffise de marquer que jamais je ne me suis senti possédé à ce point — et peut-être avec plus d'effroi, oui certainement ! beaucoup plus d'effroi que d'ivresse. — Notons l'épisode comique et sans précédent dans mon histoire. Un jour, après déjeuner, tandis que L. prenait son café et fumait sa cigarette, assis dans un fauteuil et cependant à mille lieues de la pièce, je relisais le brouillon du paragraphe que je composais et m'apercevais qu'à un endroit il fallait de toute évidence une virgule. J'étais en train de la mettre quand on frappe une première fois à la porte et n'obtient de moi nulle réponse, puis une seconde fois, et alors, sans relever la tête, machinalement, je criai d'une voix tonitruante : « Virgule » — ce qui livra passage à M... qui venait pour débarrasser le café.

Mais, sérieusement parlant, j'ai vécu dans une sorte de stupeur agissante, ensorcelé, et comme encerclé de je ne sais quel tout puissant maléfice ; les morceaux les plus miens de cet avant-propos : celui sur la Venise de *terra ferma* et la fin sur « Penser avec le cœur » me venant en une sorte de tâtonnement plein de sécurité. (A vrai dire, je n'ai jamais éprouvé à ce degré que l'espace psychique — que j'essayais de définir le printemps dernier dans mon cours sur Stefan George — correspond à une réalité. Si j'étais absent de l'espace réel, cependant je ne vivais pas dans un monde « déspatialisé » : au contraire, le monde intérieur était comme une vaste pièce obscure où je tendais la main tantôt dans telle direction et tantôt dans telle autre, et toujours sachant de façon tout inex-

primable que ce dont à tel moment j'avais besoin se
trouvait dans tel coin et non pas dans tel autre). Jamais
je n'oublierai à quel point pendant ces six jours Z. fut
tout indulgence à mon inhumanité. Il y a eu des périodes — par exemple en 1920, au début de l'époque où j'ai
commencé à savoir par expérience ce qu'est le travail
de composition — où, par cette inhumanité même, j'étais
exalté, où d'elle je me sentais presque fier. Que j'en suis
loin maintenant ! La sensation qui aujourd'hui domine
est celle de l'exclusion, du retranchement de la communauté humaine.

Mardi après-midi 19 Avril, trois heures moins vingt,
Ile Saint-Louis.

Avant même de me remettre à l'étude sur *Numquid et
tu?...* — qui est d'ailleurs en mouvement et que je repren-
drai dès ce soir —, je veux dicter un journal, ne fut-ce
que pour fixer succinctement, en tout cas pour garder un
memento de mon état d'aujourd'hui. La crise intérieure,
— qui sans doute se préparait déjà presque tout à fait
consciente dès août dernier, qui marqua un temps mé-
morable (dont j'ai eu le grand tort de ne pas garder de
traces écrites) pendant mon séjour fin décembre à Pau,
qui depuis lors, à travers toutes les variations que l'on
voudra, ne quitte plus le tout premier plan de mes préoccupations — en est arrivée aujourd'hui au point, où, seule, en profondeur, elle me requiert, et où, ignorant encore tout de ce que sera sa solution ultime, je vois avec
un maximum de clarté, d'évidence même, ce que pour

l'heure dans la pratique elle comporte. Et d'abord écartons tout de suite le mot de crise, dans l'occurrence le plus impropre qui soit : c'est comme si le contenu réel, véritable, de ma vie intérieure m'apparaissait enfin, ce contenu que sans m'en rendre compte — car au fond je ne crois pas être coupable de nulle préméditation à cet égard — j'avais toujours, je ne dis pas fui, mais doucement écarté, ou du moins remis au lendemain. Comment se peut-il que, depuis le printemps de 1918 jusqu'en août 1926, j'aie pu obtenir de moi-même cette succession de sursis ? Oh ! moi seul en ai la clef : cela tient à la presque monstrueuse et quasi continuelle surabondance d'émotion religieuse dépensée sur tous objets profanes : ma nature est à tel point religieuse qu'elle l'est partout, non seulement dans toutes les zônes de la poésie, de la musique, de l'art, du sentiment, des relations avec les êtres, de la vie en général ; mais j'irai jusqu'à dire que je suis religieux dans le mal même, dans tous les domaines où pas une seconde pourtant ma lucidité n'hésite à me donner tort. Oui, cela seul explique qu'à quarante quatre ans j'en sois encore à commencer à me centrer sur le centre ; c'est parce qu'à chaque seconde de ma vie tous les points de la périphérie ont été traités par moi comme autant de centres. Et cependant je n'ai jamais tout à fait perdu la sensation que le maître-autel de ma vie spirituelle demeurait vacant ; et peut-être même un inconscient et involontaire refus, au comble même de l'exaltation sur tel point de la périphérie, d'y rien introniser, aurait-il pu me devenir un indice de ce qui m'arrive aujourd'hui. Aujourd'hui, très exactement, ce n'est pas du tout que je voie, que j'entrevoie même ce qui un jour y sera intronisé , ce n'est pas même que j'aie la certitude que quelqu'un ou quelque chose y sera intronisé un jour, c'est tout simplement le sentiment impérieux et comme saturé d'irrévocable que dans la zone du religieux j'ai tout donné pendant vingt-cinq ans aux chapelles latérales et que seul dorénavant le maître-autel m'importe. Qu'implique dans la pratique cette persuasion ? Accepter — et ne jamais perdre de vue — le fait que tout nouvel afflux d'une émotion que je sais, en sa nature, religieuse doit me rapprocher, si imperceptiblement que ce soit, du contenu auquel elle correspond, Oui, c'est bien cela : je ne dois plus permettre à l'émotion diffuse de se perdre pour ainsi dire au sein d'elle-même : il faut que chaque exaltation ait pour résultat l'approfondissement en moi d'une conscience proprement religieuse. Après déjeuner, je relisais à Z. avec une émotion indicible les versets de saint Marc. IX, 22-24 : « Jésus lui dit : « Si vous pouvez (croire), tout est possible à celui qui croit. » Aussitôt le père de l'enfant s'écria, disant avec larmes : « Je crois

(Seigneur) ; venez au secours de mon incrédulité. » Cette parole — de toutes, celle qui m'est aujourd'hui la plus proche, — il est un sens où je reste encore en deça d'elle, et un autre où je vois cependant comment je retiens le droit de la prononcer. Je revis ce jour d'octobre 1924, ou plutôt de l'extrême début de septembre, — où F. L. G., à Pontigny, après avoir parlé de « l'intelligence sportive de notre ami Du Bos », l'ayant taxée d'inutile, et ayant impliqué que je n'avais aucune foi, en sortant de la séance, Ernol-Robert Curtius me prit affectueusement le bras en me disant : « Charlie, comment pouvez-vous vous laisser accuser de n'avoir pas de foi alors que vous en avez tellement plus que presque tous ici ?» — et la méditation de vingt-quatre heures à la suite dc laquelle j'exposai ma foi intime, et ce que j'ajoutai en 1925 à propos de Constant et en 1926 après ma communication sur Tchékhov. Ah ! non certes, je ne manque pas de foi — si je n'ai pas encore la foi catholique ; mais ce n'est plus à Pontigny ni pour personne, c'est pour moi-même, pour moi seul, que j'en veux dès cet été dresser le bilan. D'ici là ma tâche est de lire et relire Evangiles et Epîtres — de travailler simultanément sur plusieurs plans : le plan catholique, le plan Loisy, et surtout le plan personnel ; et puisque je suis et serai toujours cette *anima naturaliter christiana* qu'une lettre de Curtius, reçue ce matin même, reconnaît en moi, à vivre de la pratique, sinon de la foi chrétienne, en centrant tout mon effort sur l'élucidation de mon problème propre.

Mercredi après-midi 27 Avril deux heures et demie.
Ile Saint-Louis

Après avoir beaucoup souffert hier, je me sens aujour-
d'hui — est-ce le résultat de la belladone à laquelle je
recourus hier après-midi et que je n'avais pas prise depuis plus d'un mois ? — infiniment mieux, en état non
seulement de calme intérieur, mais de désir de reprendre
toutes choses en main et de ne plus m'impatienter.
J'avais hésité hier au plus fort de la douleur à aller le
soir à l'Opéra-Comique, à cette représentation de *Tristan* à laquelle nous avait conviés P. dans la baignoire de
B. Comme Z. a eu raison de m'entraîner, et comme, en
quelque état de santé que je me trouve, je ne dois jamais manquer une occasion d'entendre de la grande musique ! Au début — surtout pendant l'exécution du Prélude, du chant des matelots et de la première partie de la
scène entre Isolde et Brangaine, — j'ai été péniblement
affecté par l'absence de passion de l'orchestre et de son

chef : les longues, insistantes flammes sinueuses du Prélude, tout anémiées, étaient décolorées, ne retenaient
que des tons de pastel ou de tapisserie : nulle valeur
cumulative ; la sensation générale que l'orchestre avait
une peine infinie à soulever chaque masse, même isolément. Sans que jusqu'à la fin l'orchestre ait été un seul
instant à la hauteur de sa tâche, au bout d'un quart
d'heure cependant, l'on n'appartenait plus qu'à l'œuvre
elle-même, servie d'ailleurs par l'interprétation de Madame Balguerie, la seule Isolde française qui soit digne du
rôle. Je crois bien que je n'avais pas réentendu *Tristan*
depuis 1913, 1914 au plus tard : Z. est certaine de ne
l'avoir entendu qu'une fois avant l'expérience d'hier, et
avec moi ; mais les circonstances — lieu, interprètes,
chef d'orchestre — ne nous reviennent plus. Et moi-
même (en dehors des interprétations fragmentaires des
concerts) je n'ai guère dû assister dans ma vie à plus de
quatre ou cinq représentations en tout : la plus ancienne
en 1902 *Au Château d'Eau*, organisée par Cortot; une —
inoubliable celle-là — fin août ou début septembre 1904
au Prinz-Regent Theater à Münich avec Ternina que l'on
disait déjà sur son déclin (il est vraiment de beaux dé-
clins) dans Isolde et Van Dyck dans Tristan. Mais jamais
le premier acte ne m'avait fait impression aussi forte
qu'hier. Au fond, si j'adore vieillir, c'est que, vieillissant,

chaque chose dans le domaine du grand art me donne
toujours tellement davantage, et peut-être — ce qui serait
le signe que je vieillis si je puis dire avec jeunesse —
surtout quand il s'agit des chefs-d'œuvre de la passion.
Même à vingt ans, où déjà pourtant *Tristan* m'atteignait
si fort, je ne le sentais pas à ce degré ; et l'élément *passion*, d'une façon générale, j'y étais moins sensible dans
ma jeunesse, à cause de ce besoin conjugué d'idéal et de
règle de vie, d'idéal placé dans une règle de vie tout ensemble mystique et morale qui dominait tout C'est pourquoi — (et je ne veux pas dire que si je réentendais ce
soir *Parsifal*, il n'en irait pas de même, mais aujourd'hui
je saurai laisser *Tristan* régner et déferler comme je le fis
hier au soir dans un oubli total de *Parsifal*) — *Parsifal* à
vingt-deux ans signifiait pour moi plus que *Tristan*. La
passion de Schumann, de Liszt, de Julie de Lespinasse,
de Paul Drouot — je note selon l'ordre chronologique
qu'occupent ces révélations dans mon histoire intérieure,
— c'est relativement tard que leurs mondes se sont ouverts à moi. Hier soir pendant ce premier acte, en même
temps qu'à Wagner, c'est à Racine que je pensais (divertissante contre-épreuve du néant que constituent pour
moi les sacro-saintes catégories du *Romantique* et du
Classique) : l'analogie, je la sentais — oh ! à quel point
— dans cette dignité souveraine dont l'excès de la pas-

sion précisément investit leurs personnages : c'est l'excès
de la passion qui crée chez Wagner et non moins chez
Racine cette atmosphère d'héroïsme. C'est alors qu'une
Isolde ou qu'une Phèdre tiennent les propos à la fois les
plus désordonnés et les plus impérieux qu'une gravité,
qu'une dignité aussi, les ceignent, adhèrent, collent à
elles comme la plus inaliénable draperie. Je songeais à
cette expression que l'un de nous — je ne me rappelle
plus qui — appliquait aux déclarations de Phèdre : « ce
déchaînement harmonieux ». Et encore faut-il ici ne pas
entendre harmonieux dans le seul sens du *stylisé*, de la
musique du vers : chez Phèdre et chez Isolde l'harmonie
vient de l'héroïsme de cet excès de passion, du sentiment
d'une nécessité non moindre — et, pour nous, modernes,
combien plus poignante — parce que tout intérieure —
que la notion grecque du destin et de la fatalité. Jamais
je n'oublierai l'impression que me fit hier soir la musique
tandis qu'avec la pesante lenteur de l'inéluctable, Tristan
descend enfin le grand escalier qui le mène vers cette
femme qui, depuis le début de l'acte, lui enjoint avec une
altière supplication de comparaître devant elle. Rien de
plus beau chez Wagner que ces moments, à dessein
prolongés, où en silence les personnages s'affrontent et
où tout se passe dans le seul orchestre. La musique de
ces moments-là atteint au comble de la valeur légendaire

dont toujours Wagner sut revêtir ses figures. Chacune
d'elles est à la fois intensément elle-même et le héraut
de quelque sentiment ou passion d'une telle stature qu'il
appartient à un ordre de choses aboli, — aboli et dont
cependant l'extrémité du dernier rayon vient encore, non
point jusqu'à nous, mais jusqu'à notre faculté imagina-
tive. En sortant du théâtre je cherchais avec Z. à me rappeler un mot de Jean-Louis Vaudoyer (mot que je viens
de rechercher dans *Propos et Promenades* sans parvenir à le retrouver), et où Jean-Louis dit en parlant du
monde de Wagner : « ce monde où les dieux sont plus
tristes encore que les hommes ». Dit-il cela, ou dit-il « où
les hommes sont tristes comme des dieux ». Non, il doit
dire à peu près la première chose ; et la seconde est sans
doute de moi, mais si contraires qu'elles apparaissent,
j'ai besoin des deux pour traduire dans sa complexe unité
mon impression d'hier soir. Et, dictant ceci, voici que
surgit une nuance nouvelle, — et qui éclaire juste de la
façon dont je le souhaitais ce que je n'étais pas parvenu à
me définir hier au soir en pensant à *Pelléas* en fonction
de *Tristan*. La pathétique dans *Tristan* de cet alliage de
l'homme et du dieu est un pathétique où chacun des deux
éléments a le maximum de sa masse, de sa densité, de
son poids, où l'homme et le dieu sont à égalité dans la plénitude de leur être respectif ; le pathétique de *Pelléas* est

inverse, moins pathétique peut-être par là, mais en revanche plus poignant encore; c'est que les personnages (et ceci peut être dû en son origine à la vision que le Maeterlinck d'alors se faisait de la vie, — mais que n'y a pas ajouté le génie de Debussy !) sont de toutes petites choses, d'une faiblesse, d'une fragilité déchirantes dont un impersonnel destin (au sens grec cette fois et non plus moderne du terme) tire les fils, qu'il manœuvre à son gré, ne leur laissant à eux que le touchant balbutiement devant l'écrasement incompréhensible. Le « je ne suis pas heureuse » de Mélisande est la beauté suprême, la beauté limite de ce poignant-là. Ce n'est pas seulement la femme ici qui reste l'enfant : tous sont des enfants, et la vieillesse même d'un Arkel ne peut que se pencher sur eux et les bénir de sa compréhension. Une lumière lui est venue à lui, mais ne lui est venue que parce qu'il sait que bonheur et malheur ne sont en rien le fait des personnages eux-mêmes, que ceux-ci sont d'innocents et donc de pitoyables jouets. Je tenais en fonction de *Tristan* à dégager, à sortir même à l'excès cette différence ; mais il va de soi — et c'est cela qui donne, non plus au drame cette fois, mais à la musique de Debussy sa pénétration deux fois poignante — que grâce à la musique précisément l'intimité, l'intériorité sont toutes restituées aux sentiments des personnages, mais restituées en vain,

— et c'est ce que je voulais dire par le caractère deux fois poignant de cette musique sans analogue due à ce sans analogue génie.

En sortant de notre cher Opéra-Comique, en regardant après avoir entendu *Tristan* ensemble l'escalier que nous descendions, après avoir entendu *Pelléas* ensemble, le 20 novembre 1906, l'escalier où nous nous fiançâmes, en marchant par une douce nuit — parlant interminablement de *Tristan* et de tout le reste — jusqu'au thé de la *Marquise de Sévigné*, nous revenions toujours en ce qui concerne Wagner à ce mot de grandeur. Je pensais à ce que je dictais dans mon Journal d'avant-hier sur les œuvres contemporaines qui, même lorsqu'elles détiennent des éléments de grandeur, sont les œuvres d'auteurs qui eux-mêmes ne sont pas grands. Wagner, lui, était grand. Je me redisais le passage de la lettre à Liszt que cite Guy de Pourtalès, et que je veux transcrire en conclusion de cette inoubliable soirée : « *L'Or du Rhin* est fini, mais moi aussi je suis fini.... Ce n'est qu'avec un véritable désespoir que je reviens à l'art. Si je le fais, s'il faut que je renonce encore une fois à la réalité, s'il faut que je me rejette dans les flots où se débat la fantaisie de l'artiste pour me contenter d'un monde imaginaire, il faut du moins qu'on vienne en aide à ma fantaisie et qu'on soutienne mon imagination. Dans ce cas, je ne puis vivre

comme un chien, je ne puis coucher sur la paille et me
délecter à boire de l'eau-de-vie de bas-étage ; il faut que,
d'une manière quelconque, je me sente flatté si l'on veut
que mon esprit mène à bien cette œuvre entre toutes dou-
loureuse et difficile : *la création d'un monde qui n'existe
pas* ». Cette dernière phrase, — je n'en connais aucune
qui rende avec une simplicité, avec une nudité plus défi-
nitives ce qu'il y a d'héroïque dans la vie de l'artiste.

1927
Mardi soir 24 Mai, 10 heures moins 10,
Ile Saint-Louis.

It is ages since I have dictated a diary in english, and this evening — to lull a little the usual pain — I avail myself of M. D's presence to try it again. In fact I feel that the deplorable conditions created by P's departure are gradually making me forget my English altogether. (The only advantage of being condemned to dictating my journal in — how shall I say ? — impure pure French is that it puts a stop to the motley of French and English of which during the four unforgettable years of P's presence my journals were mostly concocted, preparing thereby to the editors of a century hence a work of translation which is sure to have comical results, and relieving thereby the sustained gloom of many sad journals). My relation to the english language — which ought to have been rather a fine thing of its kind — is rapidly deteriorating. But I must put an end to the process,

and the writing of the article on Bremond for The Du-
blin Roview *which I intend to write simultaneously in
French and in English — and, better still, my future
book on Walter Pater — which is the only one of my
books that I should wish to appear in English as well as
in French — may help me to set matters right.*

*What a strange life is mine just now ! Every day I
arise more full of creative possibilities than ever, every
day I honestly try, and every day I am laid low by ex-
cruciating pain. Not only by physical pain but by what
Hardy calls so profoundly « a full recognition of the coil
of things ». How since November I have managed to
work at all, to write the Boylesve, the Hofmannsthal and
the Numquid et tu? articles, without mentioning a respectable number of journals, is inexplicable to myself, or
rather is the best and most reassuring proof of my favou-
rite motto : « Est Deus in nobis ». But now I am stop-
ped, not so much by my health as by the countless com-
plications of our wholly precarious situation. To-day I
had dictated before lunch an important journal, but that
had left me — as sometimes happens — with too
much spare strength which, not having been immedia-
tely directed in its right channel, ended in a combination
of nervousness and prostration that invalidated me until
half past three when began Dieckmann's communication*

*on the last philosophy of Schelling. This-with the inter-
lude of a tea were my philosophical friends displayed a
ravenous but justified appetite — carried us until half
past seven with the necessity, as the last philosophy of
Schelling sems to be the longest of all, of fixing another
meeting next week. Apart from Dieckmann and his-
young German friend whose name I did not catch, were
present Gabriel Marcel, Joseph and Jean Baruzi. All
through I was tortured with pain : during the last half
hour Marcel was growing livid, and I hope that he is not
overcome by fever this evening, Jean Baruzi restless, and
Joseph (for whom the ordeal was the hardest as he scarcely understands German) full of a benignant and sunny
languor. Dieckmann was altogether remarkable, Marcel,
the most piercing philosophical fencer that exists, but
Marcel and I occasionally exchanged covert glances that
intimated that, however remarkable, the experience pro-
ved only too clearly to us both to what degree we had
outgrown pure philosophy. The pathetic of the case is
that Dieckmann also has, or at least wants to outgrow
it, and Schelling is almost the only philosopher to whom
he keeps an allegiance ; but the problem is whether,
should he everso sincerely wish it, a German can ever
outgrow philosophy. And then Dieckmann is only quite
at his best when en tête-à-tête with me, for he knows that*

I understand him completely, that I love him dearly, and he has told me that I am in Paris the only human being with whom he can communicate.

During dinner M. D. spoke of Hamlet *that the Pitoeffs are just producing, and suddenly whilst she spoke I was flooded anew by the play and by Shakespeare in general, and thinking of the first twenty-two sonnets — which I retranslated last year with Le Brun, and which all rest on the single and to us to-day not otherwise interesting theme that the hero has no right not to have a son so that his beauty may not perish, — I was telling to Z. that Shakespeare stands quite alone in his genius for investing with supreme importance the tritest of contents : the expression always — to use the excellent formula of Lytton Strachey — « carried to the bursting point » seems less a verbal triumph than one of those opulent fruits, a pomegranate, a plum, a fig, a tomato that at Venice make up such a feast for the eye when one meets heaps of them loaded on a barge in a deserted rio.*

Well, this English diary has filled its purpose which was only to make me spend a pleasant hour in the english recesses of my being, the existence of which I was some what prematurely beginning to doubt of.

1927
Mardi soir 31 Mai, 9 heures un quart,
Ile Saint-Louis.

J'ai terminé ce soir vers sept heures, dans le tramway
qui me ramenait de chez P., *Cat's Cradle* de Maurice Baring que m'avait prêté J. H., dont les cent premières
pages m'avaient paru tellement languissantes que lorsque je vis A. et J. mercredi dernier, je leur dis que je
n'étais même pas certain que je continuerais à lire le
livre. A quel point n'avais-je pas tort, et J. n'avait-il pas
raison dans son appréciation ! Si je n'avais pas lu *Cat's
Cradle*, la première page de ma note sur *Daphne Adeane*
eût été, sous des apparences sages et judicieuses, le
comble de l'inexactitude et de l'injustice. Je veux absolument arriver à vaincre en moi ce bondissement immé-
diat qui ne me permet pas de patienter jusqu'à achèvement de la lecture pour former et communiquer mes
impressions. Je m'aperçois que ma rapidité — dont je
sais bien tous les avantages qu'elle comporte — serait

susceptible sur le plan du jugement littéraire de me con-
duire à des erreurs que je ne me pardonnerais pas.
J'étais au bord, selon l'expression adorable de Stendhal,
de faire ce dont il dit qu'il se faut toujours garder, à
savoir de « construire une théorie avec les pièces de mon
ignorance ». Enfin, cela peut se réparer et sera réparé
ce soir même.

J'ai repris *Cat's Cradle* pour le lire sérieusement vendredi soir ou samedi matin, et depuis lors, depuis dimanche surtout, j'ai vraiment vécu dans le livre. A constater
le plaisir toujours accru que me donne une expérience
de cet ordre, il me faut bien reconnaître que je ne lis
presque plus jamais, par où j'entends que je ne m'em-
barque plus dans un livre pour la seule volupté de la
navigation : je lis dans tel ou tel livre, au moment précis
où j'en ai besoin pour tel ou tel travail de composition,
tel ou tel passage dont j'exprime alors le suc, l'essence
même ; mais cela, c'est un acte tout différent. Une lecture
comme celle que je viens de faire est pour moi un merveilleux voyage : oui, vraiment, ne voyageant plus jamais
et ne le pouvant plus faire, j'ai tort de ne pas m'offrir
plus souvent ce luxe, qui dans mon cas constitue un véritable alibi. Les sept cents pages et plus de *Cat's Cradle*
ont été pour moi une dérive au sein de cette Angleterre
dont, en ces dernières années, j'avais presque fini par

oublier à quel point elle m'est native, indispensable, indiciblement chère. Ce livre, qui est en son centre la longue, l'interminable histoire d'une destinée de femme et de toutes les autres destinées qu'elle entraîne dans son orbite, — livre qui à tels instants privilégiés est presque digne du Henry James de *The Portrait of a Lady*, — ce matin je me le définissais comme un poudroiement doré à l'intérieur, analogue à cette poudre d'or qui flotte dans les rares très beaux paysages de Gainsborough. C'est bien cela : un élément diffus, impalpable, mais qui flatte la vue, *une irréalité réelle* (cette expression va loin dans ce qu'au cours même de ma note je souhaiterais indiquer des personnages de Baring : ils sont réels dans tout l'ordinaire de leur vie où ils s'appuient sur de si robustes, de si inattaquables conventions ; et puis — et sans doute y a-t-il ici la plus subtile relation de cause à effet — dans les minutes où soudain ils se trouvent transportés au sein même de la réalité, de l'autre, de la vraie, toujours alors ils sont du même coup plongés dans un sentiment d'irréel, comme si vivre vraiment descendait toujours sur eux sous les formes du *dream* et du *fairy-tale* : aux minutes essentielles de leur existence, ils ont la sensation de flotter ; c'est que les amarres sont à ces minutes-là coupées avec l'armature étoffée, confortable, protectrice, des conventions sur lesquelles ils ont toujours l'habitude

de compter). Dans leurs maisons de campagne à la fois
si noblement et si familièrement séculaires, dans leurs
parcs et leurs jardins, tantôt chassant à courre et tantôt
patinant lorsqu'ils ne sont pas en train de danser avec
une ingénuité, une innocence sportive, oui, mais jamais
forcenée, écoutant de temps à autre quelque lied de
Schumann pour aussitôt l'associer au bel et suggestif
visage d'une femme présente, — ils ont, je ne le sais que
trop, l'infériorité (je veux dire au point de vue du suprême rendement psychologique) d'ignorer toute lutte pour
la vie, ces soucis d'argent qui sont peut-être la clef qui
ouvre le mieux les dernières profondeurs humaines —
(et sans doute est-ce aussi pourquoi la réalité les visite
sous les espèces de l'irréel). Et cependant il y a une contre-partie à la richesse anglaise qu'à mon sens du moins
nulle autre richesse ne possède : tandis qu'ailleurs presque toujours la richesse a vite fait de tuer en l'être humain les possibilités (en tout état de cause si fragiles)
de vie intérieure, le loisir anglais au contraire a souvent
pour résultat de développer la vie intérieure elle-même.
C'est qu'hommes ou femmes, les Anglais sont à la fois
si conventionnels et si individuels, individuels semble-t-
il dans la mesure même où à la convention la part est
faite tellement étendue. Seul peuple où les êtres ont la
matière, le grain, l'inconsciente beauté de fleurs, de

plantes ou d'animaux ; où — physiquement et morale-
ment — l'enfance est préservée, parfois jusqu'au terme
Mais sur ce chapitre, je pourrais être intarissable ; mieux
vaut que je m'arrête

Un autre point qui ne m'a peut-être jamais plus frappé
qu'en lisant *Cat's Cradle*, ce sont les avantages inesti-
mables que peut recueillir l'expérience elle-même de l'incapacité et du refus combinés de l'anglais à s'exprimer.
Parce que non seulement par principe rien entre les êtres
n'est jamais dit, mais qu'il n'est même pas concevable
que cela le soit, d'une part à l'intérieur de chaque être,
à la faveur de cette inexpression même, les remous individuels ont cette fraîcheur florale que flétrit ailleurs l'abus
de l'expression ; d'autre part — comme dans les deux
grandes scènes conjugales entre Blanche et Bernard —
lorsque la passion s'exprime avec ses inconséquences, ses
violences, ses *insolubles*, l'économie de tout ce qui a
précédé et de tout ce qui suivra donne à ces éclats une valeur déchirante; et enfin il y a une beauté spéciale, indéfinissable, *uncanny*, qui donne le frisson, dans le fait que
tous ces êtres savent la vérité les uns sur les autres, que
chacun d'eux sait que l'autre sait la sienne, et que maintenue jusqu'au bout, tout juste avivée par les quelques
éclats indispensables, la conspiration du silence, comme
un parfait orchestre obéissant au bâton d'un chef tou-

jours invisible, obtient que la vie se poursuive comme si de rien n'était, et que tout le monde fasse front et face. Oui, ma formule du tragique étouffé, en ce qui concerne Baring, est bien la dominante ; et c'est pourquoi il faut revenir aussitôt à cette note dont je veux, mettant à profit chaque ligne qui m'est accordée, qu'elle aît une valeur de miniature exacte.

1927
Dimanche 5 Juin, 10 heures soir.
Ile Saint-Louis.

Nul journal dicté depuis le 31 mai, mais en raison —
comme je l'ai si souvent noté — d'un excès de plénitude
intérieure : il est désastreux que toujours la plénitude se
trouve sacrifiée, et qu'au contraire ce soit l'atonie qui
reçoive le plus large tribut de journaux. Avant de noter
en détail l'organisation du travail à venir, sauvons quel-
ques-unes au moins des innombrables impressions de
ces derniers temps. Depuis que je vais à la Grand'Messe
chez les Bénédictines de la rue Monsieur, les dimanches
matins ont pris un caractère tout spécial, — et d'abord
parce que chaque dimanche je me mets en mouvement
sans aucune espèce d'attrait, presque avec l'unique sentiment d'accomplir ce qui m'apparaît présentement comme mon devoir. Dimanche dernier cette note d'indifférence persista jusqu'au milieu même de l'office où alors
intervint ce sentiment si curieusement mien que je dé-

nommerai : une détresse exaltante. Moi-même ne saurais
tout à fait en isoler les éléments : au centre peut-être, ce
noyau de solitude radicale que figure le fait que ma position — oh ! je le dis avec toute la honte que mes meilleurs amis, par leur contre-sens coutumier appelleraient
tout mon orgueil — est, en son essence, tout incommunicable, tout informulable; et — par une contradiction non
moins mienne — encerclant de toutes parts ce noyau de
solitude, le sentiment inverse : celui d'une immense par-
ticipation — non point tant (et c'est là où la position est
mystérieuse jusqu'à la bizarrerie) à l'office auquel j'assiste qu'à un monde spirituel illimité, invisible, dont jamais ne s'interrompt la majestueuse révolution, dans lequel, quelle que soit la place réelle que nous occupons et
celle que nous croyons occuper, tous tant que nous sommes nous sommes pris, emportés. Sentiment chez moi
à cette heure si fort que dans le regard que je dirige sur
chaque être il y a comme une tendresse apitoyée pour
la communauté du destin. J'en viens à nous envisager
tous comme des passagers : ah ! que Pascal a raison de
dire que nous sommes « embarqués » ! — et dans le sentiment que j'éprouve entre la sensation combinée d'un
naufrage et d'une gloire.

Ce matin j'eus bien la même hésitation, mais dès avant
l'arrivée rue Monsieur elle était surmontée, — à cause

de la Pentecôte, de toutes les fêtes de l'année celle
peut-être qui m'adresse l'appel le plus direct, le plus
personnel, et parce qu'avant de partir j'avais dans ma
bibliothèque relu l'Epître et l'Evangile du jour. La Pentecôte, en effet, est la fête idéale de celui pour qui mystique sacrée et mystique profane se font entendre l'une
dans l'autre, la fête qui est le symbole exact de cette
veine de *Prière et Poésie* qui de toutes m'est au fond la
plus naturelle, partant la plus chère. Aussi, sitôt dans la
chapelle j'étais capable de participer, et cette fois vraiment, à l'office du jour. Je n'en ai au reste jamais vu de
plus beau, d'une pompe plus intime, et comme interminable en sa lente dignité. Les ornements des prêtres —
qui alliaient ces grenats et ces carmins qui sont le triom-
phe de l'Ingres de *la Chapelle Sixtine* — donnaient à la
cérémonie un éclat alternativement sourd et vif, je ne
sais quelle robustesse tout ensemble séculaire et noblement distante. Et les chants — entre lesquels s'interca-
lait, après l'Offertoire et jusqu'au Sanctus, la longue
méditation de l'orgue — avec les merveilleuses, les pénétrantes paroles latines (les pédants qui considèrent le la-
tin d'église sous les espèces d'une décadence sont à peu
près aussi clos, aussi imperméables aux harmonies que
ceux qui dans Baudelaire verraient la décadence de Ron-
sard), sveltes et intrépides, opéraient dans l'âme je ne

sais quelle délicate et curative déchirure. Le *Veni Sancte Spiritus* (dont mon Paroissien Romain dit qu'il est l'œuvre de Robert le Pieux et date du Xe ou du XIe siècle), où chaque mot donne le choc de l'absolue simplicité, se déroule, monte, redescend et remonte, tel un arceau à la courbe duquel on obéit ainsi qu'à d'inévitables épousailles. Mais je suis trop ensommeillé ce soir pour pouvoir parler comme il faudrait de ces choses, et ce journal n'avait d'autre objet que de ne pas tout laisser perdre.

1927
Mardi 14 Juin, 10 heures soir.
Ile Saint-Louis.

Je viens de me faire relire par M. les deux derniers
journaux, et ayant encore une heure et demie devant moi
— la première heure et demie depuis une semaine qui
soit *toutes choses cessantes (this evening there is almost
no motto that I could hug more dearly than that one)* —
je veux voir si le plaisir de dicter me permettra de vaincre, *for the time being,* l'intolérable fatigue qui est
mienne.

La devise de Disraeli : « *Never complain, never explain* », — oui, je ne la connaissais pas avant la lecture
des *bonnes feuilles* de Maurois, et je me rappelle qu'alors
mon impression en la découvrant fut double : une admiration d'ordre purement esthétique *for the curtness of
the formula* où je sens d'ailleurs cette pointe de dandys-
me à laquelle je suis d'autant plus indulgent qu'elle m'est
aussi étrangère que les mœurs de telle espèce animale
de moi inconnu, (dictant ceci, je m'aperçois que ma

radicale ignorance pour tout ce qui touche aux sciences naturelles pourrait les inclure toutes), puis un amusement attendri à l'idée de la satisfaction qu'elle dut apporter à Maurois : elle figure à tel point son idéal de tenue dans la vie.

Mais moi, malgré la boutade de lassitude qui m'inclinait à clore sur elle mon journal de ce matin, en quoi est-elle mienne, et même l'est-elle du tout ? Oh ! pour le *never complain* je sens très bien quel est *mon* never complain — je veux dire sur le plan de l'idéal, non pas hélas sur celui de la pratique — : c'est le never complain de Tchékhov, c'est-à-dire de l'homme dans l'acception pleine, tranquille, inébranlablement courageuse du terme, et non point de ce grand seigneur à la seconde puissance qu'est le grand seigneur parvenu. Mais le *never explain* — dont, objectivement, je puis fort bien apprécier la « distinction », le prestige, même si l'on veut en un certain sens le *cran*, — *what can I do with it I who always explain, who cannot otherwise, who explain when people — and even people who love me dearly — would give anything to obtain that I should stop explaining.* D'où vient dans ma nature la force si impérieuse de ce besoin d'expliquer ? Je crois qu'elle doit tenir à la déification — oui, le mot n'est pas trop fort — que je fais subir à l'acte même de comprendre. Comprendre est à mes yeux un

acte si total parce que dans mon cas il comporte purifi-
cation, *catharsis* au sens aristotélicien du mot. Quand
je pense à la parole de Madame de Staël : « Tout comprendre, c'est tout pardonner », je commets presque à
son égard un monstrueux péché d'orgueil, — je veux
dire que j'ai l'impression qu'elle me l'a d'avance dérobé.
Et là réside une des charnières de malentendus entre mes
amis et moi. Mes amis posent en principe que tout se
comprend d'autant mieux que moins expliqué ; et moi —
tout en percevant la valeur esthétique, poétique même de
ce point de vue, — je garde mes doutes; et ai-je si tort de
les garder quand je vois le monceau de contre-sens qui
prospèrent confortablement à l'abri de la certitude de
s'être compris ?

Seulement, voilà : *how explain without always seeming
to complain? For years I thought that I had found the
solution by explaining* sur ce mode mien que j'appelle
le mode purement *descriptif*, — j'entends sans jamais
joindre l'ombre d'un éloge ou d'un blâme. Mais, ainsi
que je le constatais dans mon journal dès 1920, les amis
vous en veulent d'autant plus de cette absence de commentaires — d'abord parce qu'au fond ils ne croient jamais que l'on puisse être purement descriptif (et je reconnais qu'on ne l'est pour ainsi dire jamais au point où
je le suis : peut-être touché-je ici l'élément le plus spé-

ciliquement intellectuel de ma nature), et puis parce que
s'ils ont du cœur et si — fait plus grave — ils ont l'imagination du cœur, *they speak out to themselves in tneir
immost being what you have deliberately left unspoken,
and they suffer for your sake.*

Réfléchissant à ceci ce soir de plus près qu'il ne m'était
encore arrivé de le faire, je me rends compte que mon
journal tout entier donnera, sans que j'y puisse rien,
beaucoup plus l'impression *that I am complaining* qu'en
fait il n'est vrai, *and that is due solely to my absolute
inner necessity of explaining.* Mais je crois que j'ai vraiment fait au mot de Disraeli tout le sort qu'il méritait,
et ceci m'amène à un autre mot qui me hanta tout le jour
pour des motifs fort différents.

C'est le mot d'Henri de Régnier dans *Donc* — mot dont
Jaloux a eu tellement raison de louer l'inépuisable profondeur sous sa forme si lapidaire (mot qui m'arrêta il
y a un mois tandis que je feuilletais le livre chez Madame
S.. et qui me le fit acheter) tant hélas il peint dans sa
tragique nudité le destin de trop d'entre nous — : « Vivre
avilit ». Formule sans doute la plus brève qu'ait jamais
trouvée une vérité de fond. Et cependant, si elle me hantait aujourd'hui, ce n'est point que je me l'appliquasse—
le besoin de penser contre moi-même ne va pas tout à
fait aussi loin que ça —, mais bien parce que je la ré-

crivais sous une forme assez autre et qui, elle, n'a pas le prix de la concision : « Vivre avilit en ce sens que la vie ne laisse pas le temps de vivre ». Par où je visais ce sentiment de dégradation dont plus d'une fois déjà mon journal garda registre, et que j'éprouve quand il me faut constater que depuis huit jours la vie ne m'a pas permis d'accéder à la réflexion intime de nature créatrice qui devient, ou plutôt qui deviendrait si j'avais le temps précisément, la mienne. Mais il est onze heures et demie. Demain matin je compte, dans ma leçon aux S., opérer un nouveau départ sur Proust. Mais peut-être vaut-il mieux qu'il jaillisse dans l'improvisation, et, comme L. assistera, tout n'en sera pas perdu.

Lundi matin 25 Juillet, onze heures 20,
Ile Saint-Louis.

Le Journal de lundi dernier — que je me proposais de poursuivre dès le lendemain matin — n'a jamais pu être repris. C'est assez le signe de cette contradiction que récemment encore je notais entre le travail créateur et le travail religieux intime. Ce n'est pas encore ce matin — trop fatigué pour alourdir encore ma serviette, allant à pied à la gare de Vaucresson, du poids de la Bible de Crampon — que je pourrai vraiment y revenir ; et déjà, je ne dis pas les résultats, mais la plénitude de l'état du dimanche matin 16 Juillet en relisant l'Evangile de saint Jean, je ne parviens pas tout à fait à la ressaisir. (Mais il se peut que ceci soit dû à la crise physique d'hier, à l'affreuse nuit, à la combinaison d'intoxication, d'urticaire et de faiblesse qui est mienne ce matin). En tout cas, il importe que demain je rapporte de la Celle Saint Cloud, la Bible, et que j'aie médité à nou-

veau tout l'Evangile de saint Jean avant mon entretien
avec l'abbé Altermann. (Je me suis promis — et
tâcherai de passer chez Nourry cet après-midi même —
d'acquérir et de lire le gros livre de Loisy sur le sujet,—
simplement pour voir ce que la partie adverse, dans celui de ses représentants que j'estime le plus, peut avoir
à produire : je procède sans cesse de la sorte depuis
quelques mois, et le ferai jusqu'à un terme qui me paraît
chaque jour plus proche). J'ai retrouvé hier dans l'article de John Middleton Murry *Reason and Criti-
cism*, (supplément littéraire du *Times*, 8 juillet 1926)
— article qui fut critiqué par T. S. Eliot, et qui par
là donna le départ à l'admirable étude de Murry dans
le dernier numéro du *Monthly Criterion* — un paragraphe qui m'a atteint en plein centre, et qui, soit dit
en passant, se rattachera à merveille, pour le creuser
encore, au point de vue qui sera le mien l'an prochain dans mon livre sur Keats. « L'homme qui
laisse l'expérience poétique dans la condition d'un miracle isolé n'est pas seulement dénué de critique, il n'est
pas, à proprement parler, en vie. Il lui faut pour lui-
même la coordonner. Mais cette coordination ne saurait
être accomplie en réduisant l'expérience à une catégorie
intellectuelle que cette expérience même transcende ».
Pour moi, — et indépendamment de l'ensemble des pro-

blèmes soulevés par Murry, — cette phrase m'atteignit si fort parce qu'elle rejoint mes préoccupations et ma volonté de l'heure présente. J'ai noté le point dans plusieurs journaux de ces mois derniers ; en son fond il se ramène à ceci : je suis depuis vingt-cinq ans en possession d'un nombre appréciable d'intuitions *isolées*, nées d'expériences précises et tenues par moi comme conductrices de vérités. Mon travail actuel est de coordination, — et je dirai même qu'aujourd'hui ma solution religieuse ne peut m'être fournie que par ce que donnera ce travail. Je suis dans le moment où je sens la convergence de tous les éléments — si loin l'un de l'autre qu'ils puissent en apparence être situés — qui me furent soit donnés, soit révélés ; je la sens à tel point que peu s'en faut que le rayonnement même qui s'en dégage n'inhibe en moi le travail de coordination lui-même. Cela, c'est ce qu'il ne faut pas. Alternativement je suis baigné de lumière, et alors la tentation est grande de me dire : à quoi bon ? Tu sais ; tu ne doutes plus : que sert de poursuivre éternellement la recherche de ce que tu as déjà trouvé ? N'est-ce pas en toi manie pure, — et manie de cette « volubilité de l'esprit » que « rien n'arrête », selon la si profonde formule de Pascal ; — mais alternativement aussi je me laisse tout reprendre par la force créatrice de mon esprit lui-même. (Il serait étrange qu'à la dernière heure ce fût cette force créatrice — laquelle au contraire à l'origine me fut comme la preuve vivante du *Deus in nobis* — qui m'empêchat — non seulement par l'impossibilité où je suis de m'en déprendre, mais aussi par le sentiment invincible que je n'ai même pas le droit de m'en déprendre — d'aboutir sur le plan religieux aussi vite que je le pourrais, — étrange et bien conforme aussi à l'enseignement chrétien qui jusque dans la force créatrice voit la volonté de puissance — qui n'est pas seule en elle, mais qui est en elle aussi). Oui, faire la part du travail créateur et celle du travail religieux, telle est bien ma difficulté du moment.

1927
Vendredi matin 29 Juillet, 10 h. 10,
Ile Saint-Louis.

Si je dicte ce journal, ce n'est certes pas que j'espère
qu'il puisse traduire, en toute sa complexe intensité, avec
tous ses remous, le travail intérieur qui s'opère en moi
depuis hier cinq heures ; c'est tout simplement que jusqu'à demain cinq heures, ce n'est pas que je sois incapable de m'occuper ou de penser à autre chose — au
contraire, et je serais même tenté de dire hélas !, mais
que sais-je si c'est bien l'exclamation qui convient ? je
suis plus que jamais tenté de bondir dans autre chose,
dans mon livre sur Gide, dans n'importe quelle occupation, bref de *penser pour n'y point penser* —, mais c'est
que j'estime que je n'en ai plus le droit. Que l'état de
grâce est mystérieux en son surgissement, dans le temps
qu'il choisit pour apparaître ! Hier après-midi, si la matinée avait été fort bonne, si le tête-à-tête avec Z. en dé-
jeunant au restaurant Marius, rue de Bourgogne, l'avait

été également, cependant le fait d'avoir mangé de façon normale m'alourdissait plutôt, j'étais content que des rangements, des soins ménagers, le thé et la paisible conversation avec L. m'occupassent ; je ne me sentais nullement en état spirituel, pas davantage d'ailleurs dans son contraire, mais dans cet état de neutralité dont s'accompagne chez moi la détente engourdie d'un bien-être physique quel qu'il soit. Puis, l'Abbé Altermann venu, après que je l'eusse, comme convenu avec M. D... entretenu de son cas pour préparer le conversation qu'elle devait avoir avec lui tout de suite après moi, j'abordai mon sujet propre : j'étais très calme au commencement de l'entretien, calme presque jusqu'à la tiédeur, et ceci persista même au début de ce que je voulais dire à l'Abbé concernant ma lecture de l'Evangile selon saint Jean. Je sollicitai divers renseignements sur le Symbole de Nicée, sur le Concile de Trente, et l'entretien semblait de part et d'autre devoir simplement prolonger celui du dimanche 10 juillet, lorsque je demandai à l'Abbé quand il partait et pour jusqu'à quelle date : « Lundi, me répondit-il, et jusqu'au 30 septembre ». Alors le problème — à mes yeux, car dans tout ceci volontairement l'initiative me fut entièrement laissée — se posa dans toute son urgence ; à ma tiédeur, à mon calme succéda cet état dans lequel je vis depuis lors, et qui pourrait se définir :

une agitation incessante, sans cesse traversée de flèches
lumineuses d'un éclat presque insoutenable. Je voulus
chercher mon Journal du lundi 25 juillet, mais j'étais si
plein de ce qu'il renferme qu'avant que je n'eusse pu le
faire j'exposai à l'Abbé le dilemme que j'y ai marqué ;
et surtout je mis l'accent sur le mot de Pascal qui ne me
quitte plus : « Rien n'arrête la volubilité de notre esprit ». « Je puis attendre, disais-je, mais dois-je attendre ? Tout est là ». Tout est tellement là, en effet, que
peut-être jusqu'à demain soir moi-même ne saurai pas ce
qui à la dernière heure interviendra. Hier, à la fin de
l'entretien — après avoir convenu avec l'Abbé que de
toute façon je viendrais le voir demain à cinq heures et
demie, et qu'il acceptait d'avance celle des deux réponses
que j'aurais alors à lui apporter — je me sentais sûr que
je n'attendrais pas ; puis, le soir, de huit heures à minuit, en proie à un va et vient, à un tiraillement intérieur
vraiment atroce, j'avais à peu près convenu avec moi-
même que j'attendrais fin septembre : je voulais encore
avoir étudié, avoir lu davantage, avoir parfait la justice,
Dieu sait pourtant combien libérale, que ma nature veut
accorder au point de vue adverse ; j'avais même été —
mais très à la surface, et, je m'en aperçois ce matin, mû
par ce sentiment si mien du devoir allant contre tout moi-
même — légèrement repris par des préoccupations tex-

tuelles ; mais en fin de soirée tout cristallisa autour de l'idée que mon attente aurait lieu surtout en fonction de *The Life of Jesus*, de mon très cher ami J. M. Murry, que je voulais avoir lue de près. Or, avant de m'endormir, puis ce matin à six heures et demie, durant mon petit dé-déjeuner, et dans le jardin en attendant la voiture, j'ai lu les chapitres qui m'importaient le plus, non point tout le livre vis-à-vis duquel je prends la ferme résolution de m'acquitter ; mais ce que j'ai lu, je l'ai lu — à un degré plus fort encore — comme je lis toutes choses mainte-nant, avec cette vision immédiate, directe, suraiguë, sans que j'y puisse rien, contre laquelle l'interposition de nul écran protecteur ne retient la moindre efficacité ; et ce qui m'est apparu alors, c'est que l'image du Christ qui nous est ici présentée est celle-là même — mais aussi celle-là seule — que mon ami qui (et il ne m'est jamais apparu plus anglais dans le meilleur sens du terme, mais aussi avec toutes les limites que ce meilleur sens com-porte) déploie, sans le savoir, une toute puissante ingé-niosité, veut à tout prix être la vraie. Il faut que le Christ n'ait rien qui puisse choquer l'anglais le plus pur et le meilleur de l'an 1927, à savoir Murry lui-même. Et je sais parfaitement que nous sommes tous plus ou moins ainsi, mais je sais aussi que le Christ est le seul avec qui nous n'ayons plus le droit de procéder de la sorte. Il faut

ou nous abstenir, ou nous résigner à des chocs (au sens
« choqué » du terme) qui passent notre entendement, —
non point que chaque parole prise isolément, pour inépuisable qu'elle soit, ne trouve toujours en nous l'organe
sur lequel il lui suffit d'appuyer pour que cet organisme
réponde ; mais ce qui passe notre entendement, c'est que
ces paroles entre elles ne se laissent pas à notre gré con-
cilier en un « corps de raison » (même si, comme Murry,
nous accordons à ce corps de raison et au mot de raison
lui-même un sens infiniment élevé au-dessus du rationnel, et que Vauvenargues, quand il employait l'expression, ne soupçonnait pas). Peut-être le vice dernier de
notre esprit est-il, non point tant de vouloir la
cohérence, que d'être assuré que notre esprit même est capable de toujours percevoir la cohérence quand il s'agit du plan qui entre tous nous transcende. Peut-être à cet égard n'y a-t-il pas de parole
plus sage et plus profonde que celle de Bossuet quand il
dit: « Il faut tenir solidement les deux bouts de la chaîne
même si nous n'arrivons pas à voir le milieu par où l'en-
chaînement se fait ». Je me représente la Vérité incréée
comme un immense cercle : à telle heure de notre vie,
tels points du cercle s'illuminent ; à chaque descente de
l'état de grâce, il s'en illumine sans cesse de nouveaux ;
et parce qu'entre les phares il demeure des zones d'om-

bre, faute de voir l'éclairage d'une rampe ininterrompue, ou bien nous décomptons les lumières visibles, ou bien au contraire nous tenons celles que nous vîmes pour épuisant le cercle entier, et nous reléguons ce qui nous choque, nous choque parce que nous échappe, dans l'imaginaire, le mythique ou l'apocryphe. Et cependant, elle est du Christ la parole qui nous avertit : « Bienheureux sont ceux à qui je ne suis pas une occasion de scandale ».

L'Abbé Altermann me rappelait hier une parole de mon cher saint Augustin dont je n'avais pas gardé souvenir : « Il faut nager avec le courant ». Personne, de par tout son être, spontanément, ne le fait autant que moi, — et cependant personne par devoir (si ce n'est le Rivière d'un certain temps, tel aspect de Gide, Nietzsche par dessus tout) n'aura autant nagé à contre-courant aussi. Et pourtant, n'ai-je pas écrit moi-même, au sujet de Jacques, qu'il faut se garder de passer le point quand il s'agit de penser contre soi-même. Oui, là est aujourd'hui mon péril, — plus peut-être que mon péril, ma perversité. Je suis pervers en la mesure où sans cesse dans la vie — et cela m'advient sur tous les plans — je décide contre le meilleur de moi-même, quelquefois aussi contre ce que je sais et crois vrai. Et ici le mot de Newman complète celui de saint Augustin :

« Je n'ai jamais péché contre la lumière ». Que je prenne bien garde qu'à cette heure — résultat d'un travail qui
dure depuis août de l'an dernier — la lumière surabonde
en moi, qu'elle peut refluer, se retirer, que je mérite
presque qu'elle le fasse, que j'ai vis-à-vis d'elle une responsabilité accumulée, et que tarder, c'est sans doute
manquer à cette lumière-là en faveur de l'accroissement
d'une lumière à laquelle sur tous les autres plans, et
nommément sur celui de la mystique profane et de l'art,
je n'accorde aucun prix. Il est tout de même un peu fort
de penser que ce que spontanément j'ai fait toute ma vie
pour Keats, je le marchande à Dieu et au Christ. Ma nature est insondable : à cette minute précise elle m'apparaît tel le nœud gordien qu'il faut trancher et non dénouer plus avant.

Mercredi 14 Décembre soir, 9 heures 1/2,
Ile Saint-Louis.

J'éprouve ce soir le premier moment où je me sente
en possession de moi-même depuis le lundi 28 novembre
(le seul journal dicté depuis lors — celui du 9 décembre
— ayant eu pour point de départ l'analyse d'une *absence,* alors que ce soir c'est une *présence* qui me met en
mouvement), et je veux — car à partir de demain je
dois me réembarquer pour une période indéfinie dans un
travail qui ne me laissera, je le prévois, que bien peu de
temps à consacrer au Journal — ce soir du moins, toutes
affaires cessantes, me mettre en face de moi-même et me
rendre compte, puisqu'enfin j'ai la sensation d'émerger,
de ce qui *s'est passé* plus encore que de ce qui *se passe*
en moi. Au fond, là aussi, c'est d'une *absence* qu'il s'agit:
je veux dire que sans nulle préméditation, sans conscience à proprement parler, mais aussi — ce qui aggrave
les choses, et même ne m'est pas encore tout à fait com-

préhensible — sans vrai remords, je me suis *absenté* de ma foi. Oh ! comment définir cela ? Ce n'est pas que j'aie eu des doutes, ou une crise, ou quoi que ce soit d'ordre intellectuel ou même spirituel : c'est tout simplement que *j'ai, si j'ose dire, oublié que je croyais.* Il s'est produit en moi, à une échelle généralisée, sur un plan le plus médiocre, le plus étale qui se puisse concevoir, le phénomène que je relatais un jour à l'abbé Altermann, lorsque je lui disais que je me reprochais dans l'afflux du travail de ne plus penser à Dieu, de ne plus penser à rien d'autre qu'au travail. A quoi fort sagement il me répondit de ne m'en préoccuper point, et par une oraison si brève soit-elle, par un simple memento au début du travail, d'offrir à Dieu le travail lui-même. Ceci en plein accord avec ce qui nous est rapporté, et qui à tel point m'émeut, de saint Thomas d'Aquin s'engageant dans une méditation intellectuelle. Que semblable oubli ait pu se produire exige et mérite l'examen. Il importe que je me rappelle d'abord que l'état de foi est pour moi un état tout nouveau, donc tout fragile, l'état même dont jusqu'aux évènements de Juillet j'allais jusqu'à poser en principe qu'il m'était par définition interdit, inaccessible, que cet état même, (je laisse ici à dessein hors de cause l'opération de la grâce, non certes que je me refuse à l'admettre — et tout au contraire, — mais parce que je

persiste à penser que d'elle nous ne pouvons rien dire
au delà de la reconnaître avec la plus humble gratitude,
et parce que sur le plan purement introspectif où, tout
en sachant qu'il est subordonné, j'estime qu'il y a encore
pour moi avantage à me placer, je n'en puis rien dire de
valable), plutôt qu'il n'a jailli par une poussée autonome, est venu couronner, illuminer, centrer toute une
gerbe d'intuitions. La foi pour moi est, et sera sans doute
jusqu'au terme, ce que définit le verset de saint Paul :
« *l'évidence des choses non vues* » ; et même — je m'en
aperçois à l'instant en dictant ceci — de ce verset de
saint Paul, l'autre membre de la définition : « *la substance des choses espérées* » joue un rôle beaucoup moins
grand dans ma foi à moi. Ceci tient à la faiblesse, pour
ne pas dire à la nullité en mon cas, de la catégorie et du
sens même de l'espérance : je puis espérer par devoir
religieux, spontanément je ne secrète pas espérance.
Qu'est-ce à dire ? Que chez moi la foi dépend tout entière
du maintien continuement préservé du monde invisible.
Dès que je visualise l'invisible — (et quand je ne le visualise pas, je suis d'autant plus coupable que sur tous
les plans je vis ou peux vivre dans l'invisible qui
est à proprement parler mon élément), — je crois :
dès que je cesse de le visualiser, non seulement je ne me
sens plus croire, mais, comme je le disais en commen-

çant, j'oublie que je crois, — et alors je retrouve, comme
un vieux vêtement usagé mais non moins confortable
pour cela, le scepticisme de ma nature, scepticisme radical précisément dès l'instant que l'invisible n'est plus
en jeu. D'autre part, si la prière-action de grâces
est chez moi toute spontanée, la prière-appel, la prière-
demande (et il va de soi que par demande je n'implique
rien de différencié, rien de plus qu'appui, secours dans
l'acception la plus générale du terme), elle, ne l'est pas
du tout. Au fond, je ne sais pas prier parce que je prie
presque toujours à partir d'un surplus et non pas à partir d'un manque : il y a dans ma nature tout un ensemble de singularités des plus graves, et qui sont comme
autant d'anomalies : je m'adresse volontiers à Dieu alors
que comblé par Dieu, et il n'y a rien à dire contre cela :
c'est le principe même de l'action de grâces ; mais il y
a tout à dire contre l'absence de contre-partie : or, si je
suis tout à fait sincère avec moi-même, dans le dénuement je ne m'adresse à personne : je me terre, je me
tapis, tout au plus je rejoins alors ce *mood* de la *self-
pity* que j'ai tant étudié à propos de mon cher *Marius*,
et qui consiste au fond à serrer sur son cœur une icône
qui est soi-même. De tout ceci — qui n'en existe pas
moins toujours à l'état latent — je ne souffre pas de façon consciente quand j'ai ma messe et ma communion

matinales parce qu'alors je suis pris et comme plongé
dès le réveil dans cette *Présence de l'Invisible* dont la
toute-puissance aussitôt opère. Et je ne le dis pas seulement de la grâce proprement sacramentelle, mais du
simple fait d'être à l'église, uni avec les quelques assis-
tants dans cette communauté sans analogue qui, aux matins où je suis bien disposé, m'apparaît imbibée de je ne
sais quelle solennité tout ensemble intime et expiatoire.
Comme les choses, à l'intérieur du catholicisme, se passent autrement que du dehors on ne se les représente !
Du dehors, on redoute presque et la pratique et les sa-
crements, on se dit presque que l'on prierait mieux chez
soi, dans l'absolu de la solitude ; et l'épreuve de ces
quinze derniers jours me montre, à moi du moins, que
chez moi je ne prie pas, que c'est à peine si je me recueille. J'ai hâte d'aller voir l'abbé Altermann, de reprendre ma vie religieuse quotidienne. Comme il serait
facile — si l'on était dénué de sens introspectif — et en
tout cas l'introspection sert du moins à cela. — de transformer en une crise de la croyance les formes irréducti-
blement personnelles que cette croyance revêt chez chacun de nous. Je l'ai évité, et peut-être même dans mon
cas y a-t-il intérêt à ne pas être préoccupé jusqu'à la
hantise de la question de savoir si ce que je pense sur
n'importe quel point donné est ou non orthodoxe, — car

— et là j'aperçois un des glissements qui en mon cas
pourraient se produire — on peut alors être tenté, en désespoir si je peux dire d'orthodoxie, d'éprouver qu'on
n'est plus libre, et par là — j'imagine que ce doit être un
piège démoniaque assez fréquent — de s'évader du vrai
rien que par crainte de n'être pas assez dans le vrai.

Non, ce journal n'aura pas été inutile si, tout en
m'incitant à reprendre la situation parfaitement en main,
il me montre du même coup tout ce qui en moi reste iné-
branlable. A vrai dire — contrairement à ce que mes
amis non-croyants peuvent penser, contrairement à cette
forme de tentation si mienne qui consisterait à le penser
à mon tour pour ne pas les laisser seuls dans l'acte même
de le penser, — ce n'est pas en croyant, mais bien en
cessant de croire, que je me renierais. Ma foi est le couronnement de tout ce que je pense sur tout, de tout ce
que je sens sur tout, de tout ce que je veux sur tout.
Mais — et il est salutaire que je ne l'oublie pas, — en
même temps, sur ce plan si humble, mais si humain,
dont la profondeur catholique sait si bien tenir compte,
sur le plan de l'accoutumance, ma foi est un enfant : eh !
ne suis-je pas moi-même de mille manières un enfant ?
et ma prière, elle, n'est pas moins en état d'enfance. Je
touche ici la contradiction si mystérieuse entre l'assentiment et la pratique. L'assentiment peut en tant qu'as-

sentiment être total ; la pratique, elle, est comme le rocher de Sisyphe qu'il faut chaque jour rouler à nouveau. Sitôt le point final mis à mon livre sur Gide, il faut que dans mon travail l'activité spécifiquement religieuse soit appelée le plut tôt possible à intervenir. Etant donné ma nature, rien ne saurait lui être plus favorable.

Et ceci m'amène à la lettre que je reçus hier soir de Dieckmann, et à laquelle il me faut répondre — et répondre par des actes. Combien m'a ému son appel ! Oui, il a raison : je suis responsable de tout ce que je porte en moi : ce sentiment de la responsabilité, que de fois ne l'ai-je vu poindre au sein de ce Journal même ! Tout m'apparaît empreint de gravité, d'urgence. Je ne dois plus admettre de me laisser ainsi survoler et par moi-même et par les multiples espoirs que ceux qui m'aiment placent en moi. Ce que j'ai fait jusqu'à présent, à mes yeux, n'est rien — rien en regard de ce que je pourrais faire et donc de ce que je dois faire.

1927
Lundi matin 26 Décembre, 10 heures 1/2,
Ile Saint-Louis.

Nous avons eu un Noël de tous points si beau que je veux en garder mémoire, — d'autant qu'il marque pour nous la sortie hors de ce mois de Décembre qui fut peut-être le mois le plus pénible que nous ayons encore vécu. Rentré samedi à la fin de la matinée, après les dernières courses, je ne bougeai plus de l'Ile Saint-Louis jusqu'au départ pour la Messe de Minuit. J'étais encore dans un état d'atonie, dû surtout, cette fois, à une extrême fatigue physique, et qui empêchait qu'affleurât l'émotion qui peu après devait déborder. Désireux avant tout, pour me préparer à la communion du soir, de rétablir le contact avec mon être religieux, j'eus d'abord recours à Bossuet, et au début de l'après-midi — avant les visites de G. M., de J. L. V. et de J. L., — puis après leur départ, — je lus, dans le Tome VI de l'édition Lebarq des *OEuvres Oratoires*, le dernier en date des sermons pour

343

le jour de Noël, prononcé dans la Cathédrale de Meaux
le 25 décembre 1691, sermon que je ne connaissais pas,
mes lectures de 1908-1911 ne m'ayant conduit que jusqu'à la moitié du tome V, et qui, en outre de son extrême
valeur intrinsèque, offre cet intérêt accessoire qu'ainsi
que le dit Lebarq : « Bossuet, qui n'écrivait plus ses sermons à cette époque, fut obligé de dicter celui-ci après
avoir dit. Une note de Ledieu, son secrétaire, portait tex-
tuellement: « Cette copie faite de ma main est l'original
même du sermon, dont l'auteur n'avait rien écrit, et qu'il
me dicta depuis, à Versailles, en deux ou trois soirées,
pour Jouarre, où il l'avait promis. Il l'y envoya en effet
à Madame de Lusancy Sainte Hélène, religieuse que son
état empêchait d'assister aux prédications de l'Evêque
de Meaux dans sa Cathédrale, et qui avait souhaité une
copie du discours ». Je sais trop par expérience — je
veux dire par expérience négative — le tour de force
contre-nature que peut représenter un travail de ce genre, et je n'en ai admiré que davantage la ligne nue, in-
frangible, et comme la dense vérité de ce sermon bref
— beaucoup plus bref assurément que celui qui dut être
prononcé — où, laissant tomber non seulement la palpita-
tion de l'enveloppe, mais la chaleur pathétique, persuasive, contagieuse des appels, Bossuet ne retient que le
fructueux contenu, que ce qui enseigne et édifie rien qu'en

enseignant. Qu'ainsi frustré de tout ornement, le contenu s'impose avec tant de ferme évidence, c'est la gloire et de la doctrine et de ce génie à soi-même toujours égal, sans intermittences d'aucune sorte, capable tout ensemble de la majesté la plus ornée, et de cette pulsation, de ce battement où rien d'autre ne se laisse plus percevoir que la pulsation et le battement mêmes. Je songeais à mes récentes relectures de Bossuet — fin septembre, début octobre derniers — : le *Recueil des Oraisons Funèbres* et certaines des *Elévations sur les Mystères* (le rapport des secondes aux premières est bien le rapport des deux registres auxquels je viens de faire allusion). Samedi après-midi, plus que jamais Bossuet m'apparaissait, dans l'acception la plus pleine et la plus haute du terme, si raisonnable : dans l'innombrable concert des voix chrétiennes, il est cet instrument qui presque à la manière de quelque fugue austère et convaincante nous dit combien il est *raisonnable* de *croire* : tout ce que la raison — la raison intacte et intègre, la raison *réaliste* au sens thomiste du terme, celle que n'atteint pas, que ne blesse pas à sa racine l'idéalisme philosophique — a à dire et dit en faveur de la foi est là ; et derrière elle toujours, comme un immense répertoire au sein duquel Bossuet ne se lasse pas de puiser, la profondeur psychologique de saint Augustin, — de saint Au-

gustin qui semble avoir été envoyé par Dieu pour perpé-
tuer à notre usage ce que l'Evangile dit du Christ lui-
même « qui connaissait ce qu'il y a dans l'homme ». Dans
le sermon je fus particulièrement requis par un passage
dont j'aurai à faire grand état lorsque j'écrirai mes Notes sur la situation spirituelle de l'heure présente : partant de la notion évangélique et des commentaires qu'en
donnent les Epitres de saint Paul et de saint Pierre, de
la pierre d'angle qui devient en même temps la pierre
d'achoppement, citant la parole de Jésus-Christ répon-
dant aux disciples de saint Jean-Baptiste : « Bienheureux sont ceux à qui je ne suis pas une occasion de scandale », dans une remontée vigoureuse et sublime jusqu'à
l'origine même des choses — cette origine qui plane sur
nous comme en un éternel *présent* — Bossuet ajoute :
« Et pour porter cette vérité jusqu'au premier principe,
c'est Dieu même qui est primitivement en ruine et en ré-
surrection au genre humain ; car s'il est le sujet des plus
grandes louanges, il est aussi en butte aux plus grands
blasphèmes. Et cela c'est un effet comme naturel de sa
grandeur ; parce qu'il faut nécessairement que la lumière
qui éclaire les yeux sains éblouisse et confonde les yeux
malades. Et Dieu permet que le genre humain se partage sur son sujet, afin que ceux qui le servent, en voyant
ceux qui le blasphèment, reconnaissent la grâce qui les

discerne, et lui aient l'obligation de leur soumission ».
La phrase que j'ai soulignée vint, si je puis dire, se
ficher au centre même de mon esprit : — ce matin, dictant ceci, je reconnais que son action est due en partie
à une interprétation que je lui donne, qui d'ailleurs au
temps d'un Bossuet avait moins lieu de se produire, et
dont le fait même qu'elle me vienne souligne assez tout
le chemin parcouru : je veux dire qu'aujourd'hui, et dans
l'esprit de l'homme précisément, *c'est la notion même de
Dieu qui est en ruine*, par où je n'entends pas ou plus
exactement je ne vise pas — et là réside l'élément poignant, peut-être aussi l'encore vacillante aube d'espoir
que comporte la situation présente — l'athéisme en tant
qu'effort délibérément destructif de la notion elle-même,
mais le fait combien plus subtil que, disons de la lance
vierge et resplendissante de ce Parsifal sur lequel je re-
viendrai tout à l'heure, les meilleurs d'aujourd'hui — et
au premier rang l'insigne Proust — retiennent, à l'intérieur d'eux-mêmes, les tronçons épars, disjoints, dont
chacun continue de recéler sa lumière propre, mais une
lumière devenue, de par la fragmentation du *tout*, quasi
indéchiffrable, non moins attirante pour cela, et dont un
Proust emploie les suprêmes ressources de son génie à
dégager la signification. Ce qui en un sens fait la grandeur unique des sommets de l'œuvre proustienne, c'est

cet effort — comment dire ? — pour équivaloir à
Dieu en dehors de lui par la mystique aperception de
l'essence du Temps. Tel est pour l'homme le besoin de
Dieu que s'il refuse le Mystère de l'Incarnation, il lui faut
bien aboutir à procéder à une déification. Que s'il échappe au péril nietzschéen — avec ses deux moments : le
surhomme, que tout le génie de Nietzsche lui-même ne
parvient pas à sauver de la puérilité, ou la déification de
la personne, dressée alors contre le Mystère de l'Incarnation comme une incarnation à rebours (*Ecce Homo*),
— il déifie quelque élément supra-individuel ou même
supra-humain ; et sans doute, de ce point de vue, la solution du Proust du *Temps Retrouvé* survole les solutions nietzschéennes, tout en restant à mon sens elle-
même survolée par la solution de Platon et surtout de
Plotin, de tout ce que le platonisme et le néo-platonisme
représentent comme *thesaurus* de sublimité préchrétien-
ne. Mais — et ici je rejoins cet autre passage du sermon
de Bossuet qui samedi tant me frappa, le début du Premier Point — platonisme et néo-platonisme à leur tour,
de par le caractère même de leur élévation sans contrepoids, se révèlent tout inaptes à affronter le Mystère de
l'Incarnation. Le passage de Bossuet est si frappant, si
profond qu'il faut le transcrire ici : « Au commencement
le Verbe était ; et le Verbe était en Dieu, et le Verbe était

Dieu. Toutes choses ont été faites par lui ». Ce n'est pas
là ce qui scandalise les sages du monde; ils se persuadent
facilement que Dieu fait tout par son Verbe, par sa parole, par sa raison. Les philosophes platoniciens, dit saint
Augustin, admiraient cette parole, et ils y trouvaient de
la grandeur. Que le Verbe fût la lumière qui éclairait
tous les hommes qui venaient au monde ; que la vie fût
en lui comme dans sa source, d'où elle se répandait sur
tout l'univers, et principalement sur toutes les créatures
raisonnables : ils étaient prêts à écrire en caractères d'or
ces beaux commencements de l'évangile de saint Jean.
Si le christianisme n'eût eu à prêcher que ces grandes et
augustes vérités quelque inaccessible qu'en fût la hauteur, ces esprits, qui se piquaient d'être sublimes, se seraient fait un honneur de les croire et de les établir ;
mais ce qui les a scandalisés, c'est la suite de cet Evangile : Le Verbe a été fait homme : et ce qui paraît encore
plus faible, « le Verbe a été fait chair » : ils n'ont pu
souffrir que ce verbe, dont on leur donnait une si grande
idée, fût descendu si bas. La parole de la croix leur a
été une folie encore plus grande. Le Verbe né d'une femme, le Verbe né dans une crèche, pour en venir enfin à
la dernière humiliation du Verbe expirant sur une croix :
c'est ce qui a révolté ces esprits superbes. Car ils ne vou-
laient point comprendre que la première vérité qu'il y

eût à apprendre à l'homme, que son orgueil avait perdu, était de s'humilier. Il fallait donc qu'un Dieu, qui venait pour être le docteur du genre humain, nous apprît à nous abaisser, et que le premier pas qu'il fallait faire pour être chrétien, c'était d'être humble. Mais les hommes, enflés de leur vaine science, n'étaient pas capables de faire un pas si nécessaire. « Autant qu'ils s'approchaient de Dieu par leur intelligence, autant s'en éloignaient-ils par leur orgueil : « *Quantum propinquaverunt intelligentia tantum superbia recesserunt*, dit excellemment saint Augustin. Mais, direz-vous, on leur prêchait la résurrection de Jésus-Christ et son ascension triomphante dans les cieux : ils devaient donc entendre que ce Verbe, que cette Parole, que cette Sagesse incarnée était quelque chose de grand. Il est vrai : mais tout le fond de ces grands mystères était toujours un Dieu fait homme ; c'était un homme qu'on élevait si haut ; c'était une chair humaine et un corps humain qu'on plaçait au plus haut des cieux. C'est ce qui leur paraissait indigne de Dieu ; et, quelque haut qu'il montât, après s'être si fort abaissé, ils ne trouvaient pas que ce fût un remède à la dégradation qu'ils s'imaginaient dans la personne du Verbe fait chair. C'est par là que cette personne adorable leur devint méprisable et odieuse : méprisable, parce qu'elle s'était abaissée;

odieuse, parce qu'elle les obligeait de s'abaisser à son exemple. C'est ainsi qu'il a été établi pour la ruine de plusieurs : « *Positus in ruinam...* »

L'orgueil de l'esprit, oui, voilà bien l'obstacle essentiel que le christianisme rencontre dans les âmes, et que parfois il rencontre d'autant plus qu'il s'agit d'âmes par ailleurs plus haut situées. Obstacle essentiel parce que — et rétrospectivement je suis heureux d'avoir tant souligné le point dans ma dernière étude sur Rivière et dans la décade chrétienne d'août 1926 à Pontigny — le christianisme tout entier est *fondé en humilité*. On n'en a jamais fini avec l'orgueil de l'esprit, et moi-même, dans les pires évènements de ce décembre, j'en repérais chez moi un détour nouveau, inattendu — bien que se produisant, lui, dans une zone non religieuse. (Une des plus insignes grâces qui m'aient été accordées, c'est que dans la zone religieuse chez moi l'orgueil de l'esprit a toujours joué au minimum : c'est cela qui m'a conduit au point où j'en suis et où il ne joue plus du tout). Et c'est par là que saint Augustin apparaît à la fois si indispensable et si satisfaisant, car d'une part personne, et de par l'appréhension consciente. et de par la nature, le courant, la pente même de son génie, n'était un plus authentique platonisant, et personne d'autre part ne sentait de façon plus aiguë la lacune centrale du platonisme, ce qui peut parfois l'amener jusqu'à l'inhumain, à savoir qu'il n'a pas le sens de la faiblesse de l'homme. En laissant même de côté le rôle de la foi proprement dite chez saint Augustin, il y avait en lui cette vue dernière de l'homme qui, par sa seule profondeur psychologique, le conduisait à une synthèse toute spontanée du platonisme et de l'humilité chrétienne, en fonction de la nature humaine. De ce point de vue — qui m'apparaît chaque jour davantage le point de vue sain et valable — rien, je ne dis pas bien entendu de plus compréhensible, mais tout ensemble de plus naturel, de plus nécessaire, de plus beau que le Mystère de l'Incarnation. Du sermon de Bossuet, il est un moment encore que je souhaite détacher, c'est, dans le Second Point, celui qui a trait au fait « que l'homme ne peut souffrir la vérité », et aussi au début du Troisième Point « que le dernier sujet du scandale qui a soulevé le monde contre Jésus-Christ, c'est sa bonté ». Que l'homme se cabre devant la vérité, que fréquemment il soit exaspéré par la bonté elle-même, ce sont là deux faits que toute expérience psychologique tant soit peu profonde est en mesure de constater, et que résume une fois pour toutes la parole de Jésus-Christ citée par Bossuet : « Vous voulez me faire mourir, parce que ma parole ne prend point en vous ». Mais sur ces problèmes-là, j'aurai tant à revenir que mieux vaut pour le moment les réserver.

Aussi bien, en commençant de dicter au sujet de ce
sermon, mon objet était de marquer que, si totale que fût
en le lisant l'adhésion en moi de l'esprit, cependant
c'était encore sans sortir de mon atonie, sans entrer en
état de grâce. Celui-ci ne commença vraiment à poindre
qu'à onze heures et quart, juste avant de partir pour
Saint-Louis en l'Ile, en lisant dans mon Livre de Communion des prières de saint Thomas d'Aquin. Les prières de saint Thomas d'Aquin, c'est pour moi l'idéal
même de la prière : dans l'absolu de la soumission et de
l'abandon à Dieu, cette alliance de la prudence, de la
noblesse et de l'esprit même en tant que vase d'élection
où Dieu descendra. Puis à l'église, en attendant la messe
de minuit, dans le même Livre de Communion, des sentences de saint François de Sales, celle-ci surtout qui me
transperça tant elle correspondait à notre mois de décembre et semblait le couronner en lui donnant enfin son
sens : « Il faut abandonner le passé à la miséricorde de
Dieu, le présent à notre fidélité, l'avenir à la divine pro-
vidence ». A partir de ce moment, j'étais envahi, inondé,
et cette messe de minuit que nous vécûmes Z. et moi côte
à côte, dans l'oubli de toutes choses environnantes et de
toutes choses au sens absolu du terme, où je me sentais
comme enveloppé d'une épaisseur d'invisible, où c'est à
peine si de temps à autre mon regard rencontrait les

ors des boiseries du chœur, où j'éprouvais tout ce qu'il peut y avoir de presque intérieurement palpable dans l'état de recueillement, fut d'une beauté tout ensemble si pleine et si simple que rentrés dans le salon du second étage, devant notre réveillon, nous restâmes longtemps silencieux — comme s'il était presque difficile de revenir de si loin.

L'après-midi de Noël, Z. étant retenue par l'arbre de Noël traditionnel, pour m'irriguer après cet affreux Décembre j'allai seul au Conservatoire. Par suite d'une erreur, *la Semaine Musicale* indiquait comme programme la *Symphonie* de Franck, *l'Oratorio de Noël* de Bach et le Premier Tableau du 3e acte de *Parsifal*. Pour l'objet que je me proposais ce jour-là, tel programme m'agréait particulièrement, joignant l'héroïsme de Franck, la gravité de Bach, la toute-puissante infiltration de *Parsifal*. Or en réalité il s'agissait d'un festival Wagner dont le principe au fond ne m'agréait pas moins, mais j'eus pourtant un rapide changement de décor intérieur à opérer. Je regrettais surtout l'héroïsme de Franck, mais sitôt que se posèrent dans leur cyclopéenne majesté — telles les colonnes d'un temple de Paestum revu par Bach et par la Thuringe — les premières et toutes verticales assises sonores de l'Ouverture des *Maîtres-Chanteurs*, tout regret était balayé. Il y avait

longtemps, oui fort longtemps, que je n'avais réentendu
l'Ouverture des *Maîtres* : la majesté étoffée, l'ampleur
sûre et ici presque agile, presque maniable à la façon de
Bach précisément. La toute-puissance, c'est toujours à
ce mot là que je reviens avec Wagner : en sortant du
Conservatoire et en méditant sur l'ensemble du concert,
je me disais que le caractère premier, ce que Gœthe appellerait le *Ur-Phänomen* de cette musique, c'est que,
tandis que les autres musiques, par la multiplicité distincte des thèmes et de leurs modulations, se créent si
l'on peut dire peu à peu leur propre espace sonore, l'espace sonore wagnérien nous enveloppe dès le départ, et
dès le départ aussi — là gît un des plus miraculeux prestiges de cette musique — nous sature de son tissu opulent, qui fait songer à un lourd et inusable brocart
à l'intérieur duquel alors les thèmes eux-mêmes tantôt
fusent et pointent à tire d'aile comme quelque oiseau,
tantôt pèsent, insistent, glissent, s'insinuent. L'unité de la
trame, épaisse, dense, dans laquelle nous sommes d'un
bout à l'autre roulés, telle m'apparait la donnée wagné-
rienne qu'il ne faut jamais perdre de vue : c'est elle certainement qui sur Baudelaire exerçait tant de prestige, et
qui, lorsque pour réentendre cette musique il se précipi-
tait dans les casinos ouverts tous les soirs à une foule
amoureuse de volupté triviale — et qui étaient alors les

seuls lieux à Paris où retentissait la symphonie de l'orchestre, — lui dicta la phrase inoubliable : « La majesté fulgurante de cette musique tombait là comme le tonnerre dans un mauvais lieu. » Oui, la majesté et une majesté qui a le caractère d'un grand phénomène naturel, qui fait tout trembler jusqu'aux assises : ce mot de majesté convient tout particulièrement à l'Ouverture des *Maîtres-Chanteurs*. *Siegfried-Idyll* en revanche — que je n'avais pas réentendu non plus depuis fort longtemps — fut pour moi le seul point de déception du concert : œuvre (ce qui est si rare chez Wagner) languissante, traînante presque, où l'on sent le titan mal à l'aise dans l'émotion domestique : il s'est bien dit qu'il fallait saluer l'arrivée de l'enfant, et puisqu'il le baptisait Siegfried il y avait lieu de recourir aux thèmes qui appartiennent en propre au héros, mais Wagner est le contraire de l'homme qui en réduisant sa stature rejoint la grâce : il lui faut l'ampleur illimitée des mouvements ; et, de tous les genres, celui qui lui est le moins naturel est l'idylle précisément. Retrouvé dans le Prélude de *Lohengrin* ces argentines prémices célestes, le très lointain écho de cloches paradisiaques : d'avoir su tracer et maintenir la ligne mélodique à ce registre si ténu, si distant, et cependant tracé, tramé avec une si impondérable assurance, c'est là une réussite à tel point surprenante qu'elle rend indifférent à

ce qu'il peut y avoir de plus conventionnel, par rapport
au Wagner ultérieur de plus *premier degré,* dans le reste
du Prélude, lequel d'ailleurs retrouve à la fin son niveau.
Mais il était immédiatement suivi du Prélude de *Tristan*
et de la Mort d'Isolde, et devant ce Wagner-là tout le
reste s'estompait quelque peu. L'orchestre a été admirable et dans le prélude et dans la fin, permettant d'abord
de ne pas voir (du moins pour moi qui fermais résolu-
ment les yeux) la cantatrice qui conviendrait assez bien
pour, plutôt qu'Isolde, figurer le Chahut dans quelque
café-concert de Périgueux, et de l'entendre juste dans la
mesure où, couverte, calmée et comme bénie par l'orchestre, sa voix ne gênait rien. Je sais bien que je n'arri-
verai pas à rendre ce qui se visualisait en moi pendant
cette exécution de la Mort d'Isolde : un bûcher, telle
était l'image qui me hantait d'abord, la femme-torche
consumée ou plutôt se consumant avec quelle altière allégresse, la montée, la descente rapide de flammes toutes
pures, puis — le changement d'image fut-il dû à
un excès de ruissellement ? — j'aperçus un immense can-
délabre d'argent en forme de cierge, d'où le jet d'eau
surgissait, giclait, retombait pour rebondir encore. Dans
Tristan ce caractère d'éléments purs déchaînés, la passion étant ici comme le précipité des éléments secondai-
res. Mais arrêtons : il est périlleux pour moi d'ouvrir le

registre *Tristan*, car toutes les fois où je l'ouvre, il n'y a plus de raison pour le refermer. *It is one of the most supremely convincing achievements in the whole realm of art.* Puis vint le premier tableau du troisième acte de *Parsifal*, et au début peut-être fus-je moins que de coutume repris aussitôt par l'atmosphère : en revanche, dès qu'intervint le thème du graal, je fus submergé. Je ne connais rien dans toute la musique qui s'insinue en moi de façon plus persuasive que ce thème. Repensant à lui, tandis que je dicte ces lignes, me revient la petite phrase de Barrès, la petite phrase que j'aime tant sur la chanson arabe au début du livre sur le Greco : « une goutte de miel qui déborde du cœur ». Tout *Parsifal* est le très lent, le très graduel goutte à goutte d'un miel du cœur.

Je sortis après *Parsifal*, et, avec le sentiment d'être tout ouaté et comme protégé par les ondes qui prolongeaient en moi leurs volutes, je remontai à pied, sous un ciel plombé, à travers les flots d'une foule compacte mais qui ne me dérangeait en rien, les boulevards jusqu'au Bar de la Paix : et là, tout en prenant le thé coutumier et indispensable, je songeais à ce que je mentionnais samedi après-midi à G. M. — et sur quoi lui et moi sommes d'ailleurs en plein accord —, à savoir qu'un des motifs pour lesquels j'ai un si impérieux et si indestructible besoin de musique, c'est que quand j'entends de la musique, je sens qu'en elle il y a *de la vérité*, une vérité à laquelle je n'accède pas moins pour être tout incapable de la préciser ou de lui donner un nom ; et une heure plus tard, à la fin de ma visite à I. R., je lui disais que je ne serai jamais trop reconnaissant à la musique, et que je ne lui demeurerai jamais trop fidèle, parce que, d'une façon tout impossible à expliquer, je sens à quel point la musique, et par sa seule vertu de musique, m'a rapproché de Dieu.

Mercredi 25 Janvier, 6 heures 5 soir,
Ile Saint-Louis.

Pendant cette lamentable semaine, sur le détail de laquelle je préfère ne pas revenir maintenant, car c'est encore trop proche de moi, le seul compagnon de ma torpeur, exactement de mon abaissement de température, fut le *Journal* de Jules Renard, et je n'aurais pu trouver compagnon plus approprié, ni surtout avertisseur, moniteur mieux adapté, — à tel point que sans cesse en le lisant je pensais à ces poteaux indicateurs qu'on voit dans les gares ou ailleurs : Attention ! Danger de mort ! Oh ! non pas une mort par électrocution ou par commotion d'aucune sorte, mais comment dire ? par la plus intelligente, la plus consciente des platitudes. L'atmosphère de Renard, c'est le génie même du terrain plat, de la plaine sur laquelle on pourrait presque passer la main sans y surprendre la plus minuscule velléité d'élévation. Et qu'on ne se méprenne pas ici sur ma pen-

sée : je nourris pour Renard une admiration à peu près
sans réserves, à condition qu'on le maintienne dans
son ordre, où d'ailleurs lui-même est si strict à se maintenir, — et, laissé dans son ordre, je le tiens pour indispensable. Comme contenu, il est pour notre temps un
Montaigne minuscule dont La Bruyère aurait affûté ie
style. Je veux dire par là que pour lui, sans l'ombre de
tragique nietzschéen (et d'ailleurs, la limite de Renard.
c'est que le mot même de *tragique* jure d'être accou-
plé à son nom), tout n'est qu'humain, trop humain, —
et encore le terme de *trop* est, lui aussi, inapplicable ici ;
car, lui aussi, la seule évocation de Renard l'exclut.
Chez Renard — autre limite — mais, en même temps,
secret de la qualité très spéciale de son art, — le *trop*
est inconcevable ; l'ajustement est absolu, avec un bonheur d'expression si réel que dans le *Journal*, surtout
dans les notations pittoresques d'une ligne ou d'une ligne
et demie, il en naît comme une poésie, presque une magie de la précision, quelque chose qui s'inscrit juste au-
dessous de telles estampes japonaises, en particulier des
scènes où l'on voit de minuscules personnages traverser
de guingois un pont sous la pluie. C'est cette poésie de
la précision qui, à mon avis, sauve Renard par où j'entends l'exhausse au-dessus de ceux de sa lignée. Et cependant tout ce qu'il fait est réussi tellement au plus juste

que cela en revêt comme un caractère pénible. Mais
ceci est une parenthèse : ce que je voulais noter, en disant que Renard est un moniteur indispensable, c'est
qu'il nous donne le résidu de ce que peut déposer, chez
un homme d'une irréprochable intelligence et d'une conscience de soi des plus poussée, un monde sans Dieu,
sans âme, sans générosité, sans surabondance, à l'abri de
toute critique, un monde d'un néant qui n'est que plat,
par où je veux dire qu'ici le néant même n'a qu'une seule
dimension, n'a pas ces trois dimensions que lui confère
l'auguste désolation d'un Hardy. Hardy serait pour Renard une assez terrible pierre de touche ; mais je le répète, je n'ai aucune envie d'accabler Renard qui pendant
ces huit jours m'a été une très précieuse leçon de choses.
Voilà — me disais-je tout le temps — où conduisent les
abaissements de température. Sans compter — mais ceci
est un tout autre chapitre — qu'une intelligence même
irréprochable, pour reprendre le mot fameux, si elle sert
à tout, ne suffit à rien, et surtout pas à prémunir contre
ces erreurs esthétiques grossières qui sont celles que
partagent tous les gens d'une époque : pour Renard, si
intelligent qu'il fût — et tels sont les tours que joue l'intelligence inassistée, — Rostand est un homme de génie. Il y aurait beaucoup à dire en fonction du *Journal* de
Renard sur la disproportion que l'on fait subir à ses con-

temporains, — et il convient de traiter Renard avec bénignité à ce sujet, car nul doute que chacun de nous ne soit en train à sa manière d'en faire autant.

N'importe : en lisant le *Journal*, je pensais aux deux vers sublimes du poète anglais Daniel (que je revoyais hier encore cités par Coventry Patmore) — et que j'ai moi-même cités à la fin de mon article sur *Confession de Minuit* de Duhamel : « A moins qu'il ne puisse s'élever au-dessus de lui-même, quelle piètre chose est-ce que l'homme ! »

1928
Samedi après-midi 28 Janvier, 5 heures moins 20,
Ile Saint-Louis.

Il est certain que je suis beaucoup trop faible pour
pouvoir rendre le moins du monde justice à l'extraordinaire matinée d'aujourd'hui; il m'apparaît toutefois inad-
missible de n'en pas tenir, et aujourd'hui même, un registre, si partiel, si défectueux soit-il.

Hier après-midi, j'avais eu, pour ma laryngite, la seconde séance de traitement chez le Docteur L., et l'inévitable mais redoutable triumvirat du nitrate d'argent,
de la cocaïne et du café m'avait valu une combinaison
de douleurs et d'insomnie contre laquelle cette fois la
reprise du dernier volume du *Journal* de Renard s'était
montrée tout inefficace : immobilité non point comme
l'autre nuit lucide et active, mais vaine et interminable
à la manière de ces gardes nocturnes que, soldat, je
montais il y a vingt-cinq ans. Aussi, quand ayant fini par
m'endormir, je me réveillai à sept heures et demie, en dé-

pit du bain, du petit déjeûner, de la halte chez le coiffeur, le refroidissement par la cocaïne s'accentuant, dans le taxi qui m'emmenait chez les Bénédictines de la rue Monsieur je grelottais. Lorsque j'arrivai, la messe chantée par l'Abbé Altermann — à qui derrière la grille les moniales donnaient le répons — venait de commencer. Je m'assis : c'est tout juste s'il me fut possible deux ou trois fois pendant la messe de m'agenouiller ; prier activement, suivre même avec attention l'office, étaient hors de question ; et cependant jamais je ne m'étais senti moins malade, plus vivant et plus joint qu'au sein de cette passivité : elle développait en moi un état réceptif qui me faisait accéder à la frange de l'intemporel. Le *Gloria*, le *Credo*, le *Sanctus*, l'*Agnus Dei* jamais ne m'apparurent plus persuasifs, et, par dessus tout, *éternels*. C'est comme si toujours aux Bénédictines la parole rituelle (que la sourde mélopée de l'abbé Altermann en distille gravement la dignité !) : *Per sæcula sæculorum* exprimait le sens même de tous les offices : le sentiment d'éternité couronnant la sensation d'intemporel, cette majesté à soi-même toujours égale, ces dimensions, cette échelle, ce refus précisément de rien prendre en considération qui n'ait pas les dimensions de l'éternité, cette souveraine importance de chaque parole, de chaque geste, cette liturgie à tel point imprégnée de signification que nos esprits, nos sensibilités, nos imaginations sont inaptes à assimiler simultanément tout ce que chaque minute liturgique implique, — ah ! oui ce matin, et même en dehors des afflux de contrition, je répondais à tout, je répondais si je puis dire de toutes parts, avec incohérence, sans que l'office, qui continuait de se dérouler, me permît de suivre jusqu'au bout l'une quelconque de mes propres réponses. Dans les chants deux moments m'envahirent tout particulièrement : le *Tu solus altissimus* du *Gloria* et l'attaque du *Sanctus.* : l'affirmation qui par trois fois éclate : ce génie du christianisme qui consiste à ne poser qu'un idéal : celui de la sainteté, puis aussitôt, et comme du même mouvement semble-t-il, rabattant jusqu'aux virtualités de notre orgueil, tout en nous le proposant, de nous rappeler qu'il est réservé à Dieu seul.. A la fin de l'office, je caressais, si je puis dire, de la caresse du plus tendre désespoir, la phrase si profonde de Léon Bloy que cite souvent mon ami Jacques Maritain (Jacques : avec quelle fraternelle affection ma pensée va-t-elle maintenant vers lui chaque jour) : « Il n'y a qu'une tristesse, c'est de n'être pas des *saints*. »

Après la Messe, attendant l'abbé Altermann en arpentant la cour des Bénédictines, je me murmurais à nouveau les deux textes qui furent pour moi, en ces dernières semaines, les compagnons, les soutiens sans prix : le verset du Psaume CXIII : *Non nobis, Domine, non nobis ; sed nomini tuo da gloriam,* — non point à nous Seigneur, non point à nous... (avec quelle émotion ne découvris-je pas, un récent matin à Notre-Dame, que le verset se trouve dans le Psaume dont un autre ami, fraternellement aimé, lui aussi, l'Abbé Henri Bremond, l'auteur de *Prière et Poésie,* pour tant d'entre nous le donateur de Bérulle, de Condren, du Père Lallement, apprenant la grâce qui m'avait été faite, transcrivit et m'adressa sans nul commentaire le début et la fin : *In exitu Israël de Aegypto... Sed nos qui vivimus, benedicimus Domino...*), — et, dans les *Aurea Dicta* de Coventry Patmore, le précepte qui à mes yeux détient valeur finale : « *To him that waits all things reveal themselves,* », *provided that he has the courage not to deny, in the darkness, what he has seen in the light.* » — A celui qui attend toutes choses se révèleront », *à condition qu'il ait le courage de ne pas renier, dans les ténèbres, ce qu'il a vu dans la lumière.* » — La fidélité à la lumière reçue, — tout est là ; et la suprême adresse de ceux que je me définis parfois à moi-même sous le nom de profiteurs du Saint Esprit consiste à renverser les responsabilités, à déplacer la trahison, à porter le reniement au compte de ceux qui entendent rester ou devenir (dans toutes les acceptions de ce terme en lui-même si plein) : *des fidèles.*

Un entretien avec l'abbé Altermann est à présent sans comparaison ce qui compte le plus pour moi, et non pas du tout seulement sur le plan religieux, mais tout aussi bien sur celui des plans humains qui de tout temps le plus m'importa : le plan de la profondeur. Je voudrais tellement ne perdre le souvenir d'aucune de ses paroles, et cependant toujours après coup je m'aperçois que je n'arrive pas à les transcrire exactement telles qu'elles furent prononcées. A quoi cela tient-il ? Avant tout, à ce qu'elles sont aussi *désindividualisées* que possible, et que c'est au contraire l'indice individuel de la parole qui met la mémoire en mouvement. Ici, dans toute conjoncture — et en une mesure si appropriée à ce que requiert la conjoncture, — la perfection de la profondeur, de la justesse, de l'expérience; mais tout cela, parce que tout surnaturel, parce que tout sous le régime des dons du Saint Esprit, si impondérable, si immatériel que nous en recevons l'empreinte immédiate à même notre esprit et notre cœur ; mais, comme il ne s'agit ici que des *fruits (flores fructusque perennes*, disait saint François de Sales, et ici l'accent est sur *fructus* plus encore que sur *flores*). il semble que, parce que ce n'est pas la mémoire mais bien l'efficace qu'elle vise, la parole soit d'avance comme résorbée en sa propre efficacité. — Parole nue, mais jusque dans les moindres circonstances tout aromatisée de dignité. Nous avons parlé de la foi, de la tentation mienne de souvent penser et me dire que non seulement je ne crois pas, mais qu'au fond personne ne croit — tentation à quoi j'aboutis à force de fausser, en le majorant, en le sublimant, ce qui est requis dans l'acte de foi. L'abbé Altermann me répondait que c'est exactement le contraire qui est vrai, que les êtres croient infiniment plus qu'ils ne le pensent et même qu'ils ne se savent croire, et il me citait le merveilleux exemple de la vieillesse des saints qui sont déjà presque au ciel, et à qui Dieu lui-même, pour qu'au sommet de la sainteté ils finissent dans la pure humilité, suscite parfois une tentation de cette nature.

Dieu ne peut pas envoyer à un être humain grâce plus précieuse que de lui faire rencontrer l'abbé Altermann et de le remettre à sa direction. Je reviens toujours en son cas à la notion des dons du Saint Esprit. Il me suffit de m'entretenir un moment avec lui, et je dirais presque au sujet de n'importe quoi, pour éprouver qu'il n'est pas d'article de foi qui soit plus facile à croire que la foi au Saint Esprit. Et puis, tout en ayant au plus haut point le sens de la faiblesse humaine et l'amour de la chrétienne humilité, il ne cesse de nous proposer l'idéal de perfection et de sainteté qui seul à ses yeux est digne de l'aspiration

du vrai chrétien. Je songe que le jour où je le vis pour
la première fois et lui fus présenté, le lundi 14 février
1927, le jour où il disait la messe pour le second anniversaire de la mort de Jacques Rivière, mon Journal
porte l'indication que, relisant pendant la Messe, dans
l'Evangile selon saint Matthieu, le Sermon sur la Montagne, je serrais contre moi le verset : « Mais vous autres soyez parfaits comme votre Père dans les cieux est
parfait ». Que je rende à jamais grâces au Père de
m'avoir envoyé celui qui est pour moi ici-bas le visible
et vivant rappel du tout inapplicable mais aussi du tout
inoubliable verset.

IMPRIMERIE DE TREVOUX
G. PATISSIER
—
1928